光復 70주년
大韓民國 7대과제

21세기 일류국가를 위한 정책 제언

임현진 · 손열 엮음

진인진

지은이 (집필순)

임현진 · 서울대학교 사회학과 명예교수, 한국사회과학협의회 회장
최대석 · 이화여자대학교 대학원 북한학과
이상근 · 이화여자대학교 통일학연구원
손 열 · 연세대학교 국제학대학원, 한국사회과학협의회 연구위원장
김형기 · 경북대학교 경제통상학부
임혁백 · 고려대학교 정치외교학과
신광영 · 중앙대학교 사회학과
윤성이 · 경희대학교 정치외교학과
이재열 · 서울대학교 사회학과

엮은이

임현진 · 서울대학교 사회학과 명예교수, 한국사회과학협의회 회장
손 열 · 연세대학교 국제학대학원, 한국사회과학협의회 연구위원장

광복70주년 대한민국 7대과제 – 21세기 일류국가를 위한 정책 제언

초판 1쇄 발행 ǀ 2015년 11월 27일

지 은 이 ǀ 임현진·최대석·이상근·손열·김형기·임혁백·신광영·윤성이·이재열
엮 은 이 ǀ 임현진·손열
편   집 ǀ 배원일
발 행 인 ǀ 김영진
발 행 처 ǀ 진인진
등   록 ǀ 제25100-2005-000003호
주   소 ǀ 경기도 과천시 별양동 1-14 과천오피스텔 614호
전   화 ǀ 02-507-3077~8
팩   스 ǀ 02-504-3079
홈페이지 ǀ http://www.zininzin.co.kr
이 메 일 ǀ pub@zininzin.co.kr

© 진인진 2015

ISBN 978-89-6347-237-9 93300

*이 책은 한국연구재단 SSK-성과홍보확산지원사업에서 발간비를 지원받았습니다.

목차

광복 70년, 대한민국의 새 길을 묻다

세계를 돌아보면 한국만치 역동적 나라도 드물다. 길거리를 오가는 사람들은 활기에 넘쳐있다. 가정, 학교, 직장에서 사람들은 뛰다 못해 넘어지더라도 멈추지 않는다. 그러나 최근 한국은 마치 '러닝 머신'에 서 있는 것처럼 앞으로 나가지 못하고 있다. 일인당 국민소득 2만 불을 넘은지 10년이 됐다. 인구 5천만이 넘는 나라로 일인당소득 3만 불에 달하는 30-50클럽에 가입을 눈앞에 두고 제자리를 맴돌고 있다.

해방 직후 한국은 선진국들이 자동차, 선박, 비행기 등을 만들었을 때 자전거조차 만들지 못했다. 오늘의 한국은 선박, 자동차, 반도체, 스마트폰, 석유화학 등 생산에서 세계 선두를 달리고 있다. 그러나 한국은 세계경제 규모 2위 중국과 3위 일본 사이에 끼어있다. 중진국 함정은 벗어났지만 겉모양은 선진국인데 행동은 후진국이라 할 일종의 '피터팬' 증후도 보인다. 흥미롭게도 대학진학률은 세계 1위인데 성형수술률이 세계 1위, 자살률, 산재율도 세계 1위다.

그간 한국은 후발(後發) 발전국으로서 산업화와 민주화를 동시에 이루어 왔다는 자부심을 가졌다. 그러나 압축발전의 과정에서 전후좌우를 살피지 않고 오로지 앞만 보고 달려 오다보니 과정 보다 결과, 내실 보다 외형, 안전 보다 속도를 중시하는 적당주의, 형식주의, 편법주의가 나타났다. 경쟁과 효율을 강조하다 보니 협동과 연대가 약화되고 있다. OECD국가들 중에서 한국은 사회갈등의 수준이 매우 심각하다. 온갖

사회갈등 - 계층갈등, 지역갈등, 이념갈등, 세대갈등, 성갈등 등 - 으로 가득 차 있다. 갈등은 나쁜 것이 아니다. 오히려 사회갈등이 존재한다는 사실은 사회가 살아 움직인 다는 얘기다. 그러므로 우리는 사회갈등을 소모적이고 파괴적인 것에서 건설적이고 생산적인 것으로 바꿔가야 한다. 민주주의의 대화와 타협의 정신을 통해 사회갈등을 극복하여 사회통합으로 가는 21세기 한국의 미래를 준비해야 한다.

한국은 세계화라는 기회와 위협에 마주하고 있다. 얻은 것도 많지만 잃은 것도 많다. 문제는 성장과 배제가 동시에 일어나는 상극적 발전(antagonistic development)이다. 이에 따른 사회경제적 양극화는 단순히 빈부격차의 차원을 넘어 도시와 농촌, 대기업과 중소기업, 취업자와 실업자, 정규직과 비정규직, 그리고 남성과 여성 사이에 구조화되고 있다. 세계화가 명암이 교차하는 것은 부정하기 어렵지만, 이른바 '80대 20'의 사회가 남의 문제가 아닌 우리의 현실로 등장하고 있다. 이러한 모래시계형 사회가 가져올 위험은 '두개의 국민'으로의 분열이라는 최악의 시나리오다.

한국 경제의 현실 역시 만만치 않다. 세계경제는 '장기적 침체국면'(secular stagnation)에 접어들어 있다. 지구 도처에서 나타나는 경제, 자원, 환경 등 복합위기가 그것이다. 우리의 경우 저출산, 고령화 추세가 이어진다면 한국의 인구는 2030년 5,216만명으로 정점에 오르고 2100년에는 3,700만명으로 줄어들 것이다. 2040년이 되면 한국 인구의 중위연령이 52세로 올라가고 25% 정도의 일하는 사람들이 65세 이상 노령자와 14세 이하 유년층을 먹여 살려야 한다. 결국 경제활동인구가 급감해 생산과 소비가 멈추는 인구절벽 → 재정절벽 → 국가절벽 시나리오를 가상할 수 있다. 노동인구의 감소와 부양인구의 증가는 장기적으로 경제성장을 둔화시킬 것이다. 앞으로 10년 동안 세수 보다 세출의 증가로 인해 정부의 재정적자가 눈덩이처럼 불어나게 되어 있다. 복지, 교

육, 국방, 산업 등 세출수요는 늘어나게 되어 있지만 지금의 조세체계로
는 이를 감당하기 어렵다. 2015년 현재 국가, 기업, 가계 빚이 각기 대략
1,000조원을 넘고 있다. 국가부채의 경우 GDP 대비 50%를 넘어 있다.

국제정치 환경 역시 어렵다. 동북아는 여전히 지나온 역사의 하중으
로부터 자유롭지 못하다. 중국과 일본은 민족주의와 국가주의의 덫에
갇혀 있고 한국도 예외는 아니다. 이런 속에서 아시아를 둘러싼 미국과
중국의 쟁투와 미국과 일본의 밀월 사이에서 한국외교는 여러 어려움
을 겪고 있다. 북한의 개혁과 개방을 유도하는 정책은 실효를 거두지 못
하고 있고 남북 사이의 이질화는 심각한 수준이다. 이념과 체제의 극한
대치는 완화되지 않고 있다.

이러한 다중의 어려움을 극복하고 미래 한 세기를 준비하기 위해서
는 우리는 해방 70년의 압축발전의 빛과 그림자를 미분하고 적분하여
귀중한 교훈을 도출해야 한다. 이런 배경에서 기획된 이 책은 한국사회
과학협의회가 중앙일보와 함께 개최한 "대한민국 광복 70주년, 7대 과
제" 심포지엄과 중앙선데이 기획물("광복 70년, 기적의 70년")을 토대로 작
업한 것이다. 광복 70년의 역사를 10년 주기로 7개 시기로 나누고 각
시기별 최중요 과제를 선정하였고 주제별 학계 최고전문가를 모셨다.
한국전쟁과 50년대, 한일국교정상화와 60년대, 박정희 개발모델과 70
년대, 민주화와 80년대, 세계화의 그늘과 90년대, 뉴미디어와 2000년대,
이중 불안사회 그리고 2015년, 이상 7대 과제를 재조명하여 미래 한국
사회에 해법을 제공하는 작업이다.

이 책이 제시하는 미래 한국의 길은 우선 경제성장과 사회복지 사
이의 조화와 균형에 있다. 경제성장이라는 삶의 양도 중요하지만, 사회
복지라는 삶의 질이 그에 못지않게 중요하다. 그리고 경제성장과 사회
복지를 민주주의라는 협치(協治)의 방식으로 담아내야 한다. 또한 새로
운 발전전략은 인간과 자연 사이의 생태적 공존을 중시해야 한다. 서양

이 발전을 '개발과 활용'이라는 적극적인 의미로 사용하면서 인간과 자연 사이의 상극이라는 생태위기를 낳아 왔다면, 우리는 그것이 '개발과 황폐'라는 양면성을 가지고 있다는 점에서 인간과 자연 사이의 관계를 상생의 원리에 의해 조화할 수 있도록 새로운 지속가능한 발전을 추구해야 한다. 정의롭고 민주적인 국가를 향해 시민참여에 기반한 자기중심적 발전능력을 키우는 것이 시급하다. 이와 함께 대외적으로 분단이 불행의 씨앗이라면 통일 한국을 위해 중국과 일본을 적극 활용하면서 북한의 개혁과 개방을 통한 스스로의 변화를 유도하는 지혜를 짜내어야 한다.

비전은 안 보이는 것을 볼 수 있는 안목과 능력이다. 미래는 찾아갈 수 없지만 만들 수 있다. 한 세기 앞을 내다 볼 수 있는 비전을 갖고 미래창발(創發)을 위한 예지와 방략을 세워야 한다. 미래 한국의 생존과 번영을 위해 우리는 자포적 비관론에 빠져서도 안 되지만 안이한 낙관론에 머물러 미래를 위한 준비를 게을리 해서는 결코 안 될 것이다.

이 책이 나오기까지 많은 분의 노고가 있었다. 우선 주어진 주제에 대한 집필을 흔쾌히 허락해 주신 필자들께 감사드린다. 바쁜 일정에도 불구하고 학술대회용 발표논문, 중앙선데이 기사, 그리고 이 책의 원고, 세 단계에 걸쳐 수고를 아끼지 않았다. 진인진의 김지인 팀장은 세심한 편집으로 원고의 수준을 높여주었다. 또한 이 책이 별탈 없이 출판하게 된 데에는 기획에서 출판까지 궂은 일을 도맡아온 한국사회과학협의회 윤여령 국장의 도움이 컸다. 끝으로 이 프로젝트에 재정적 지원을 아끼지 않은 한국연구재단과 국민은행, SK 하이닉스에 깊은 감사의 뜻을 표하는 바이다.

임현진, 손열

1

해방 70년, 한국의 과거와 미래

임현진

머리말

오래전 한국은 선진국들이 자동차, 선박, 비행기 등을 제조했을 때 자전거도 제대로 만들지 못한 나라였다. 그러나 오늘의 한국은 LCD페널, 조선, 무선통신기, 반도체, 자동차, 석유화학, 철강 등 생산에서 세계 선두를 달리고 있다.[1] 해방이후 6·25한국전쟁, 4·19학생혁명, 5·16군사정변, 5·18민주항쟁을 거치는 어려운 상황아래 지난 반세기에 걸쳐 산업화와 민주화를 동시에 이루어내면서 한국은 개도국의 딱지를 벗어나 이제 국제계층구조 안에서 미국, 일본, 영국, 프랑스, 독일, 네델란드, 덴마크, 스웨덴 등 선진국 반열에 들어서기 위해 노력 중이다.

그럼에도 작금 전세계적인 경제, 자원, 환경 등 복합위기의 와중에

---

* 이글은 필자의 《세계화와 반세계화: 21세기 한국의 미래를 묻는다》, 세창, 2012의 제4장, 제1장의 일부를 다시 편집한 것이다.

1 세계5위권 한국의 산업 분야는 LCD페널 1위, 조선 2위, 무선통신기기 2위, 반도체 3위, 자동차 5위, 석유화학 5위, 철강 6위 등이다(지식경제부, 2010). 한국의 5대 수출 품목에는 반도체, 석유제품, 자동차, 석유화학, 일반기계가 자리하고 있다(산업통상 자원부, 2014).

서 한국은 세계화라는 기회와 위협에 동시에 직면하고 있다. 이미 한국이 겪어온 세계화 경험은 우리의 미래 발전에 관해 여러 가지 시사점을 던져준다. 세계화로 인해 얻은 것도 많고 잃은 것도 많기 때문이다. 특히 1997년 외환위기 이후 대세로 자리잡은 신자유주의적 구조조정에 따라 성장과 배제가 동시에 일어나는 상극적 발전(antagonistic development)을 겪고 있다. 가장 우려되는 문제로 사회적 양극화를 지적할 수 있다. 이러한 방식의 배제를 통한 경제성장이 앞으로 민주주의의 심화를 위한 사회경제적 토대를 잠식할 수 있다는 걱정이다. 그러지 않아도 지역, 계층, 이념, 세대 사이의 정치균열이 해소되지 않고 있는 가운데 사회적 양극화가 기존의 사회갈등을 확대재생산함으로써 한국의 미래 발전을 위한 국민적 합의의 기반을 붕괴시킬 수 있기 때문이다.

사회적 양극화는 단순히 빈부격차의 차원을 넘어 도시와 농촌, 대기업과 중소기업, 취업자와 실업자, 그리고 정규직과 비정규직 사이에 구조화되고 있다. 세계화가 명암이 교차하는 것은 부정하기 어렵지만, 이른바 '80대 20'의 사회가 남의 문제가 아닌 우리의 현실로 등장하고 있다는 점에 심각성이 있다. 이러한 모래시계형 사회가 가져올 위험은 '두 개의 국민'으로의 분열이라는 최악의 시나리오이다. 그럼에도 불구하고 대다수 국민들은 현실을 개탄할 뿐 미래에 대한 준비에 별반 관심을 표명하지 않고 있다.

한국의 국내외적 여건은 우리의 미래가 반드시 밝지만은 않다는 사실을 알려주고 있다. 2008년 미국발 금융위기와 2010년 유럽발 재정위기가 이어지는 가운데 그랙시트와 같은 유로존의 동요에서 볼 수 있듯 세계경제의 침체와 이에 따라 우리 경제가 불안하다. 바깥으로는 남북관계가 얼어붙어 있고, 안으로는 서민생활은 주름이 지워져 있다. 여기서 우리가 필요 이상의 자포적 비관론에 빠져서도 안 되지만 안이한 낙관론에 빠져 미래를 위한 준비를 게을리 해서는 결코 안될 것이다.

세계화는 국경을 넘는 개방과 교류를 통해 지구의 부를 총체적으로 늘여주지만 선진국과 후진국들 사이의 간격을 더욱 넓혀주고 있다. 특히 위로부터의 신자유주의적 세계화는 후진국들에게 지나친 무역개방과 자본이동을 허용함으로써 외환.금융.재정 위기의 위험성을 높여주고 있다. 이 와중에서 사회적 양극화가 정치불안과 사회갈등의 원천으로 작용하고 있음은 물론이다. 근래에 세계 여러 나라들에서 확산되고 있는 내전, 폭동, 저항, 시위, 테러 등이 좋은 보기이다. 그러므로 세계화를 무조건 수용하거나 거부하는 것을 넘어 미래 한국의 생존과 번영을 위하여 오늘의 메가트렌드로서 세계화에 대처하고 관리할 수 있는 역량을 키우는 것이 매우 중요하다.

국제계층구조안에서 중심과 주변 사이의 불균등 복합발전을 심화시키는 세계화를 이겨내기 위해서는 국가, 비정부조직(Non-Govermental Organizations: NGOs), 그리고 국가간 정부조직(Inter-Governmental Organizations: IGOs)들 사이의 상호 견제와 균형아래 국제적 공조가 필요하다. 그러나 오늘의 현실은 국가간 국제체제의 힘의 논리와 자본주의 세계경제의 시장의 논리로 인하여 지구시민사회 안에서의 지방, 국가, 지역, 세계를 아우르는 다층적 거버넌스의 구축을 어렵게 하고 있다. 세계화와 반세계화의 와중에서 대안적 세계화(alt-globalization)에 앞길은 지난할 뿐이다.

냉전체제의 붕괴 이후 우리의 시야에서 사라진 것은 자본주의가 아니라 사회주의이다. 이는 자본주의가 스스로의 모순을 극복하기 위하여 자체 나름대로 개량이나 변혁을 통해 내구력을 키워왔기 때문에 가능한 일이라고 볼 수 있다. 이점에서 자본주의의 다양성에 관한 논의는 한국의 바람직한 미래 발전을 위하여 여러 가지 측면에서 함의하는 점이 많다.

세계화 와중에서 비교우위에 입각한 교역을 통해 우리가 먹고살고 있지만 한국의 현실은 매우 어렵다 못해 참담하다. 가장 중요한 식량과 에너지의 경우, 전자의 자립도는 26퍼센트, 후자의 자립도는 3퍼센트에 지나지 않는다.[2] 주요 자원에 대한 해외의존으로부터 나오는 취약성이 너무 크다. 세계시장에서 식량이나 에너지 위기가 오면 그야말로 생존의 문제에 직면할 수밖에 없는 나라가 바로 한국이다.

한국의 인구는 2025년을 절정으로 내리막길로 접어들게 되어 있다. 세계에서 유례를 찾기 어려운 정도의 빠른 속도로 진행되는 고령화와 저출산으로 인해 우리나라 인구는 앞으로 10년후 5천만을 정점으로 줄어들 전망이다. 노동인구의 감소와 부양인구의 증가는 장기적으로 경제성장을 둔화시킬 것이다. 또한 앞으로 10년 동안 세수 보다 세출의 증가로 인해 정부의 재정적자가 눈덩이처럼 불어나게 되어 있다. 복지, 교육, 국방, 산업 등 세출수요는 늘어나게 되어 있지만 국민의 세금으로 이를 감당하기에는 힘이 부친다. 2000년 111조 이던 국가, 기업, 가계 빚이 2014년 말 각기 대략 1,000조원으로 늘어나 있다. 국가부채의 경우 GDP 대비 50%에 해당하는 규모이다.

경제성장이 지속되지 않으면 국가채무는 악화될 수밖에 없다. 1997년의 외환위기 당시 정부재정은 건전한 편이었다. 그러나 구조조정 와중에서 막대한 공적자금이 사용되었다. 만약 정부의 국가 부채와 민간의 기업 및 가계 부채 상환이 동시에 맞물리면 지난번과 달리 총체적

---

2 2010년대 들어 매해마다 식량 수입액은 150억 달러, 에너지 수입액은 1,200억 달러를 넘고 있다. 2013년에는 국제유가 하락이 있었음에도 불구하고 원유 수입액이 약 1,000억 달러, 그리고 천연가스(LNG) 수입액이 360억 달러에 이른 바 있다(관세청 수출입무역통계).

경제위기가 언제든 나타날 수 있다. 결국 우리에게 경제성장의 마지막 기회가 되는 향후 10년 안에 한국의 미래가 달려 있다고 해도 지나치지 않다. 이 동안 재도약을 위한 성장의 기틀을 마련하지 못하면 한국이 국제사회에서 낙오하지 말라는 법도 없다. 그러므로 한국은 지금까지의 노동, 자본, 기술 등에 의존하는 성장방식을 넘어 정보기반의 지식집약적 산업화에 입각한 자가충전적 성장동력을 찾아내야 하는 과제를 안고 있다. 외부로부터의 자원에 대한 의존은 불가피하더라도 기술의 자립을 통한 철강, 자동차, 선박, 섬유 등 전통산업의 유지, 발전과 아울러 IT, BT, NT, GT 등 지식과 정보 기반의 첨단산업의 발굴과 이들 사이의 융합이 동시에 이루어져야 할 것이다.

한국의 미래발전을 위해서는 거시적이고 종합적인 안목이 필요하다. 적어도 한 세기를 내다보는 비전계획아래 장·중·단기 실천프로그램을 갖춰야 한다. 글자그대로 국가백년대계의 혜안을 지녀야 한다. 우리에게 중요한 것은 향후 몇 년 안에 일인당 국민소득 3만불을 이루거나 G10이 되겠다는 가시적 목표보다 한국의 국내외 여건에 걸맞는 새로운 발전모델을 만들어 내는 데 있다. 자유, 평등, 성장, 분배, 자주, 참여, 복지, 환경, 안전 등 다양한 발전가치를 국민적 합의아래 우리의 미래발전 모델에 담아내는 노력을 통해 성장이냐 분배, 개발이냐 보전, 종속이냐 자립 등 이분법적 구분을 넘어 우리 상황에 걸·맞는 실현가능하고 지속가능한 발전모델을 창출해야 할 것이다.

지구적 변환으로서 세계화

오늘의 지구적 변환의 중심에 세계화라는 메가트렌드가 놓여 있다.

이러한 세계화란 세계 전체가 국경의 벽을 넘어 하나의 단위가 되는 것을 일컫는다. 이 와중에서 과거 국가는 물론 그것의 품 안에 있었던 개인, 기업, 지방이 그 테두리를 벗어나 세계와 직접 맞상대하며 또한 여러 형태의 민간 조직들이 국경을 넘어 국가의 간섭을 벗어나 활동한다. 아래의 〈그림 1〉에서 볼 수 있듯이 세계화는 국제적인(international) 단계를 넘어, 다국적이고(multinational), 초국가적인(transnational) 차원을 거쳐 전지구적인(global) 단계로 이행하고 있다고 말할 수 있다(Borrogo, 1999: 185). 그러므로 세계화는 국제화, 다국적화, 초국적화와 달리 전지구적 현상으로 지금까지의 생활 공간으로서 국민국가의 독자성을 침식하게 마련이다. 케네디(Paul Kennedy)가 적절히 지적한 것처럼, 국가는 세계와 지방이라는 위아래로부터 권위의 재분배(relocation of authority) 압력을 받고 있다(Kennedy, 1993). 이점에서 로버트 코헨(Robert Keohane)과 조지프 나이(Joseph Nye)는 국가들 사이의 상호 작용이 국가, 국제 기관 및 비(非)정부기구(NGO)들의 국가간 그리고 초(超)정부적인 관행과 제도의 형성으로 이어지는 '복합적 국제주의(complex internationalism)'를 낳고 있다고 지적한 바 있다(Keohane 외, 2001).

세계화란 자본, 노동, 상품, 지식, 문화, 정보 등이 국경을 넘어 교류되는 과정을 의미한다. 이러한 세계화는 국경을 초월하여 경제, 정치, 사회, 문화 관계의 심화를 가져온다. 경제적으로 국제적 무역 및 생산의 확대, 자본 이동의 심화, 정치적으로 정부들 사이의 협력과 갈등의 혼효, 국제 정부, 비(非)정부 조직의 증대, 사회적으로 국제 이주와 관광객의 증가, 난민과 외국인 노동자의 출현, 그리고 문화적으로 지구의식(global consciousness)의 등장과 세계의 압축(compression of world) 등이 그것이다(Robertson, 1993). 이러한 전지구적 상호 의존은 세계 곳곳으로 넓게 뻗어나가는 확장(stretching)과 깊은 영향을 주는 심화(deepening)

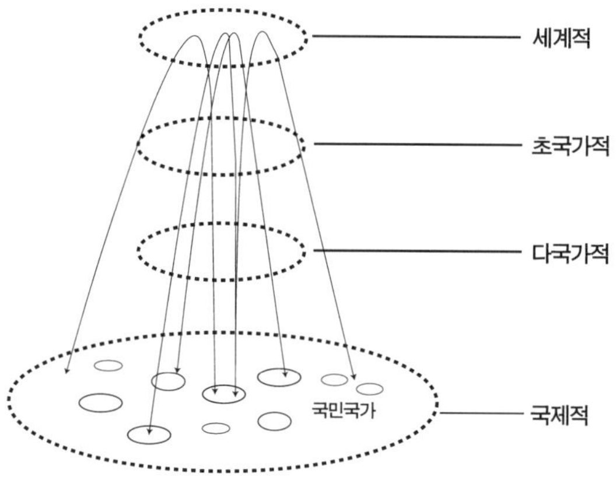

그림 1 세계화의 흐름: 국제적 → 다국적 → 초국적 → 세계적

의 성격을 지닌다. 이 와중에서 세계화는 지역, 국가, 지방, 기업, 개인이란 하위 체계의 변화를 초래하고 있으며, 그 무엇도 세계화란 대세로부터 자유로울 수 없다.

세계화는 자본의 초(超)국가적 흐름을 중심으로 한 세계 시장과 자유 무역의 확대를 의미한다. 그러므로 세계화는 자본주의를 모태로 하여 점차 산업적 축적에서 금융적 축적의 방향으로 나아가고 있다. 이러한 세계화에 대해 국민 경제가 사라지고 있으며, 국가의 수호자로서 기업도 국적이 없어지게 된다는 주장도 있고(Reich, 1991), 이와 달리 세계화는 무역, 금융, 거시경제정책에서 국민 경제들 사이의 상호 의존이 증가하는 것에 지나지 않는다는 반론도 있다(Gilpin, 2001). 어쨌든 세계화가 진행되면서 국민국가의 정책적 자율성이 약화되고 있는 것은 사실이다. 그리고 어느 나라의 국민이건 복수의 국적을 지닐 수 있고 나아가 지구시민(global citizen)으로 행세할 수도 있다.

그러나 그 첫 10년이 지나면서 세계화는 매력과 권위를 잃어가고 있다(Ferguson, 2005; Wolf, 2006; Rosenberg, 2005; Milanovic, 2006).

세계화의 시대가 지나가고 있다는 생각도 든다. 작금의 미국이나 유럽, 그리고 신흥국 등 전지구적 경제 불안은 고삐 풀린 시장의 질주에 대한 해결을 위해 정부의 역할을 다시금 들먹이고 있다.

그러기에 과연 세계화가 앞으로도 존속할 수 있는가라는 회의도 가질만하다(Wolf, 2006). 오늘의 세계는 인류의 화합과 공존 보다 갈등과 분열의 모습을 보여주고 있기 때문이다. 특히 2001년의 9.11 테러를 계기로 하여 '국제주의'에 대한 기대는 쇠퇴하고 '제국주의'가 다시금 도래하고 있다는 우려에서 세계화에 대한 기대가 깨지고 있다. '지구촌'(global village)이 '약탈로 가득 찬 지구'(global pillage)에 다름 아니라는 비판이 나온 지 이미 오래 전이다(Brecher and Costello, 1994). 실상 세계는 곳곳에서 문화충돌, 민족갈등, 인종분쟁의 형태아래 전쟁, 폭력, 테러가 끊이지 않고 빈곤, 기아, 압제를 볼 수 있다.

세계질서를 보더라도 미국 중심의 단극체제는 무너지고 있다. 이러한 견지에서 무극(無極) 혹은 비극(非極)의 관점에서 G0 형태로서 세계무질서의 미래가 운위되기도 한다. 그러나 중국이 부상하고 유럽이 쇠퇴하면서 헤게모니의 변화를 읽을 수 있다. G2의 대열에 중국이 유럽에 대신하여 미국과 어깨를 나란히 하고 있다. 문명사적으로 아시아가 서구적 근대성에 대해 대안으로까지 언급되고 있기까지도 하다.

그럼에도 오늘의 세계는 국민국가들 사이의 상호 연관과 작용의 정도가 그 어느 때보다도 심화되면서 범지구적 차원에서 좁아지고 있는 것은 부인하기 어렵다. 그러나 이러한 세계화의 추세는 한편으로 EU, NAFTA, APEC, MERCOSUR 등과 같은 지역주의 형태의 초(超)국가주의의 대두와 다른 한편에서 구소련, 구유고, 캐나다, 스페인, 멕시코 등에서 인종, 종교, 언어에 입각한 분리주의의 의미를 갖는 소(小)민족주의의 등장이라는 통합과 분화의 모순적 동태를 보이고 있다. 이렇듯이 세계는 그 구성단위 사이에서 한편 상호의존이 늘어나면서도 다른 한편 생존경쟁이 심해지는 모순적인 모습을 보인다. 즉, 세계는 통합적일 뿐만아니라 분열적인 이중적 역학아래 협력과 갈등, 타협과 반목을 나타내고 있다. 국민국가를 중심으로 볼 때 세계화의 와중에서 구심력과 원심력이 동시에 작용하고 있는 셈이다.

세계화의 동인은 이윤 실현을 확대하려는 자본의 논리, 그리고 전지구적 연결망을 가능케 하는 과학 기술과 정보 통신의 혁신 등 다원인적인데, 초국적 기업(TNC)을 세계화의 주역 중 하나로 볼 수 있다. 구미 자본주의의 장기 불황에 대처하기 위하여 나타난 포드주의 이후의 다품종 소량 생산으로 특징되는 축적체제에서 초국적기업은 과학 기술과 정보 통신의 혁신에 따른 전세계적 연결망을 토대로 네트워크 전략을 통해 생산과 유통과 소비 과정을 총괄하면서 자본주의의 전(全)지구적 확산을 가져오고 있는 것이다.

세계가 좁아지고 있다. 한 지역에서 일어나는 사건이나 현상은 그 시공간적 독립성을 넘어 다른 지역에도 영향을 미친다. 앤소니 기든스(Anthony Giddens)의 시공간원격화(time/space distantiation) 개념에 의하면, 오늘의 세계에서 개인이나 제도는 '여기 있음(present)'에 구애받지 않고 공간적으로 멀리 떨어져 '여기 없는(absent)' 상대방과의 연결과 소통이 가능하다(Giddens, 1990: 18). 세계화는 '지방적인 것(the local)'과 '세계적인 것(the global)' 사이의 체계적 상호 연결과 소통을 통해 이른바 세계지방화(Glocalization)와 지방세계화(Locabalization)를 이끌고 있다. 점차 내가 어디 있는가라는 절대적 위치에 대해 생각할 필요가 없어지고 있다. 데이비드 하비(David Harvey)는 이것을 시공간압축(time-space compression), 기든스는 시공간응축(time-space shrinkage)으로 표현한다. 세계의 모든 사건이나 현상은 시간과 공간을 초월하여 같은 시간대에

TGIF(Twitter, Google, Internet, Facebook)라는 정보통신기구를 갖춘 사람들에게 공유될 수 있는 것이다. 그 누구도 다양한 네트워크에 바탕을 두고 집, 거리, 사무실이라는 장소의 구속 없이 국경을 넘나들며 서로 지식과 정보를 나눌 수 있다. 현재 전세계 인구 중 8억여 명이 SNS를 사용하고 있다. 한국은 미국, 폴란드, 영국 다음으로 세계 제4위의 사용국이다. 수직적 문화를 갖는 독일과 일본보다 수평적 문화를 갖는 미국과 영국 등이 SNS를 보다 많이 이용하고 있는 것도 흥미롭다. 우리나라도 6세 이상의 인터넷 사용자 중 삼분의 이가 SNS를 쓰고 있다.

이러한 모바일 혁명은 일반 민중을 수동적에서 능동적으로 바꾸면서, SNS를 통해 국내외 주요 현안에 개입하는 '감독자시민(monitorial citizen)'을 배출하고 있다. 네트워크 시대의 도래다. 20세기가 자동차로 고속도로를 달리는 시대였다면, 21세기는 모바일로 네트워크를 달리는 시대라 할 수 있다. 모래알같이 흩어진 대중의 결집이 이루어지는 배경이다.

마이크 페더스톤(Mike Featherstone)은 전지구적 일치(global ecumene)를 이끄는 것으로서 지구 문화의 상호 작용의 확장과 지속적인 지역 문화와의 상호 교환을 중시한다(Featherstone, 1991: 6). 이러한 일련의 문화적 흐름은, 첫째로 문화적 동질성과 문화적 무질서를 동시에 불러일으키며, 둘째로 국민국가 단위를 넘어서는 '제3의 문화'로서 초국적 문화(transnational culture)의 형성을 가져온다. 이러한 현상을 가능하게 하는 것은 초국적 기업의 국경을 초월하는 활동, NGO들의 범 국제적인 활동과 정부간기구(IGO)의 확장, 그리고 매스 미디어의 전지구적 확산 등이라고 할 수 있다. 아파두라이(Arjun Appadurai)는 이러한 전지구적 문화 현상의 요인으로서 다음의 다섯 가지를 들고 있다(Appadurai, 1991: 296-301). 첫째 관광객, 이민, 피난민, 외국인 노동자에 의해 이루어지는 민속적인 양상(ethnoscapes), 둘째 다국적 기업, 직접 투자, 기술의 흐름인 기술적 양상(technoscapes), 셋째 통화 시장과 주식 거래에서 화폐가 급속하게 이동하는 금융의 양상(financescapes), 넷째 신문, 잡지, 텔레비전, 영화에 의해 생산되고 분배되는 이미지와 정보 매체의 양상(mediascapes), 그리고 다섯째 민주주의, 자유, 복지, 인권과 같은 서구 계몽주의 세계관의 요소로 이루어진 국가나 반(反)국가 운동 등 이념의 흐름인 이데올로기적 양상(ideoscapes) 등이 그것이다.

토마스 프리드먼(Thomas Friedman)의 예견과 달리 세계화는 '평평해지는' 지구를 가져오지 않고 있다(Friedman, 2005). 비단 무역과 금융뿐만 아니라 지식과 정보 영역에서의 지구적 불균형(global imbalance)이 나타나고 있다. 세계화가 성장과 발전에 기여한다는 옹호론자에 대해, 빈곤과 불평등을 가져온다는 반대론자가 맞서고 있는 이유이다. 최근에는 이러한 세계화의 명암을 극복하기 위하여 대안세계화론(alt-globalization)이 나타나고 있다. 세계화 옹호론자들은 세계화가 자유로운 교역과 거래를 통해 지구 전체의 부를 늘림으로써 개도국들이 후진의 멍에로부터 벗어날 수 있다고 본다. 그러나 현실은 국가들 사이뿐만 아니라 국가 안에서도 개인, 집단, 부문, 계층 사이의 불평등이 늘어나고 있다. 이점에서 세계화 반대론자들은 초국적 자본에 의해 주도되는 세계화가 이른바 '20대 80'이라는 빈부 격차를 가져온다고 비판한다. 따라서 세계화를 반대하는 것을 넘어 그 근원으로 제국주의의 전세계적 확장을 막아야 한다는 논의도 있고, 지역 수준에서 주민의 경제적, 사회적 권리를 강화하거나 혹은 집합적인 재산권의 확보를 통해 세계화를 저지해야 한다고 주장도 있다.[3] 대안세계화론자들은 세계화 자체를 송두리째

---

3 세계화 반대론자들 중 전자의 입장을 역세계화(rolling back globalization)라 하고, 후자의 입장도 또 다른 역세계화(global backlash)라고 할 수 있다.

부정하기보다 그것이 경제적인 측면에서 지니는 모순을 직시하고 이를 극복하기 위한 인간적 세계화를 위해 풀뿌리 시민의 역능화와 정부의 적절한 개입을 강조하고 있다(Evans, 2008).

올해 지구의 나이는 45억 4,000만 살을 넘고 있다. 이러한 지구가 중병에 걸려있다.[4] 인간의 건강에 비유해보면, 지표면의 기압은 수시로 바뀌고 있으나 수시로 발생하는 강진으로 인해 부정맥 증상이 있다. 지구의 혈액인 바다가 기름과 쓰레기와 방사능으로 오염되어 좋지 않으며, 강물과 바닷물을 걸러내는 습지와 갯벌의 훼손으로 간과 콩팥 기능도 매우 나쁘다. 그리고 지구의 허파인 아마존 산림의 파괴로 인해 폐 기능이 계속 악화하고 있다. 북극과 남극 상공의 오존층의 손상으로 지구의 피부도 갈수록 나빠지고 있다.

흥미롭게도 토플러 협회(Toffler Associates)는 2010년 이후 다음 40년 간 변화할 중요한 것 40가지를 제시한 바 있다(Toffler Associates, 2010). 이를 정리한 것이 〈표 1〉이다. NGO의 권력 강화, 무력과 협상을 병용하는 스마트 파워의 유효성 증대, 개방 네트워크에 기반한 상호 접근성 증대, 나노 기술의 확산, 고령화로 인한 국가의 재정 부담 증대, SNS로 인한 인간 관계의 변화, 세계 경제대국으로서 중국의 부상, 지식의 자본으로의 전화, 기후 변화에 따른 갈등 확대, 환경 문제 해결 위한 집단 행동의 증가 등을 눈여겨 볼 수 있다.

이 중 몇 가지에 대해 중점적으로 살펴보면 다음과 같다.

NGO: 국가로부터 자유롭게 움직이는 초국적 행위자로서 국제

---

4   2011년 4월 22일 제 42회 '지구의 날'을 맞이하여 중앙일보가 미국 항공우주국(NASA)과 지질조사국(USGS)의 자료를 바탕으로 지구를 종합건강 검진한 결과이다(「중앙일보」 2011/04/22).

NGO들을 들 수 있다. 이들은 국가의 경계를 넘어 탈중심적 지역 행위자들로서 담론과 실천 네트워크를 통해 지구 시민사회를 이룬다. 국민국가들은 지구 시민사회 안에서 NGO들과 정책 대결, 정책 대체, 정책 강화, 정책 실현 등 다양한 관계를 맺으면서 견제와 균형을 취한다. 일종의 세계시민정치(world civic politics)가 이루어지고 있다.

개방 네트워크: 정보통신 기술의 발달에 따른 다대다(多對多)의 커뮤니케이션 기술의 심화가 가져오는 개방 네트워크 사회의 도래는 의사 결정 과정에서 시민의 개입을 증대시킨다. 개방 네트워크 아래 중심 세력이 존재하지 않으며, 시민 개개인이 주체가 되면서 서로 접근성이 강화된다. 개방, 공유, 협력을 표방하는 웹 2.0시대를 맞이하여 평범한 개인들은 수동적인 지식의 소비자에서 능동적인 지식의 생산이라는 집단 지성(collective intelligence)으로 등장한다.

표 1 토플러 협회의 '이후 40년 동안 진행될 40가지 변화'

정 치	비국가적 행위자(non-state actors)의 권력 강화와 국가에 대한 도전 무력과 협상을 병행하는 스마트 파워 전략의 유효성 증대 세계 리더십의 변화로 인한 혼선
기 술	개방 네트워크의 출현으로 전세계 전문가들 사이의 접근성 증대 나노 기술의 확산으로 산업 및 사회 전반에 엄청난 파장 정보 과잉으로 소중한 정보가 사이버쓰레기(cyberdust)가 될 위험 상존
사 회	고령화로 인한 국가 재정 부담의 증대 소셜네트워크(social networking)로 인한 인간 관계 개념의 전면적 변화 소비자의 사회적 영향력 증대
경 제	중국이 장기적으로 세계 경제 대국 지위를 유지 지식이 가장 중요한 자본으로 변화 경제에서 장소의 중요성이 점차 소멸
환 경	기후 변화로 다수 국가들이 갈등에 노출 환경 문제에 대한 인식 제고로 집단 행동의 증가 글로벌 기업들의 환경 문제에 대한 책임성 증대

* 출처: Toffler Associates, 2010.

고령화: 앞으로 20년 안에 65세 인구가 전체 인구의 절반을 차지하는 초고령 사회가 도래한다. 평균 수명 100세 시대를 맞이하여 노령 인구를 경제 활동 가능 인력으로 활용하여 이들의 경험을 노동 현장에 배치하는 것이 유용하다. 지식 기반 사회에서 인공 지능이 모든 일자리의 30% 이상을 차지하고, 상징 분석, 일상 노동 대면 노동 등으로 노동 기능의 분화가 나타난다. 미래의 대안은 경쟁력 강화라기보다 노동의 나눔에 있다.

기후 변화: 기후 변화는 비단 환경 문제를 넘어 사회, 문화, 경제, 안보 등 인류 생존과 연관되어 있다. 강수량의 변화는 자연 생태계에 영향을 미쳐 결국 인체 건강에 위협을 가할 수 있다. 말라리아, 렙토스피라증, 비브리오균, 뎅기열 등 질병 증가가 그 보기다. 지구 온난화로 인해 인류는 폭염, 한파, 가뭄, 홍수가 서로 교차하는 롤러코스터에 앉아있다. 특히 식수와 토지를 둘러싼 분쟁은 자원 갈등, 식량 위기, 인종 청소를 가져올 수 있다. 2050년이 되면 전세계적으로 20억 명의 난민이 발생하고, 이로 인한 급격한 인구 이동은 국경선을 강화하는 상황으로 나아갈 수 있다.

한국의 발전에 대한 비교 분석

한국의 국력: 하드파워와 소프트파워

정치학자인 조셉 나이(Nye, 1991)는 미국의 헤게모니가 쇠퇴하고 있다는 단순한 주장에 대한 반론으로, 헤게모니를 구성하고 있는 두 가지 권력을 구분한 바 있다. 권력을 '특정한 자원의 보유를 바탕으로 타인의 행동에 영향을 미쳐 자신이 원하는 결과를 얻는 능력'으로 정의한다면, 이러한 권력은 군사력이나 경제력과 같은 강제나 보상에 기반한 권력, 즉 '하드파워'(Hard Power)와 문화나 민주주의, 인권, 개인의 기회 보장과 같이 동의에 기반한 권력, 즉 '소프트파워'(Soft Power)로 구분할 수 있다는 것이다. 나아가 그는 세계헤게모니를 유지시키는 주요한 권력의 양상이 하드파워에서 소프트파워로 전환되고 있음을 주목해야 한다고 역설한다. 오늘날 세계헤게모니 국가인 미국의 예에서 볼 수 있는 것처럼, 미국은 여전히 가장 강력한 하드파워를 가지고 있다는 사실은 부인할 수 없다. 그러나 9.11 이후 '테러와의 전쟁'에서 나타난 미국의 국제무대에서의 자국중심저인 일방주의적 경향은 소프트파워의 약화를 여실히 보여주고 있으며, 이는 세계헤게모니 그 자체의 쇠락을 암시하는 것이기도 하기 때문이다.[5]

　　나이의 논의는 사람들이 전통적인 '국력'으로 사고해왔던 하드파워 이외에도 소프트파워가 가진 중요성을 인식하게 하는 데 기여했다. 소프트파워가 '강제나 보상보다는 사람의 마음을 사로잡아 원하는 것을 얻어내는 능력'이라면, 국제적 차원에서 소프트파워는 한 나라의 문화나 민주주의와 인권 수준에서 우러러 나오는 매력과 관련된다. 요컨대, 특정 국가의 가치체계를 동경하게 만들고, 그것을 모방하도록 만드는 것이 소프트파워의 핵심인 것이다(김상배, 2009 참조). 그런데 여기서 분명하게 강조되어야 할 사실은 하드파워와 소프트파워 사이의 관계다.

5　나이는 2차 세계대전 이후 미국의 세계헤게모니 국가로의 등극은 하드파워와 소프트파워의 적절한 조화에 기반했다고 주장한다. 더 나아가 소프트파워를 적절히 활용한 덕택에 소련의 붕괴를 유도할 수 있었다고 지적하기도 한다. 그러나 냉전이 끝나면서 미국은 소프트파워에 대한 관심이 저하되고 공공외교를 소홀히 함으로써 전 세계적인 반미주의적 비판에 직면했으며, 이는 다시 헤게모니 지위의 약화로 이어지게 되었다. Joshep Nye(2004)를 보라.

나이 자신도 정확히 지적하고 있듯이, 권력양상의 중요성이 하드파워에서 소프트파워에서 전환되고 있는 것은 사실이지만, 하드파워 없이는 소프트파워는 결코 적절히 행사될 수 없다. 어느 정도의 하드파워의 자원을 보유한 상황에서야 소프트파워 또한 성공적으로 행사할 수 있고, 또 소프트파워의 성공적인 행사는 하드파워를 행사하는 데 유리한 조건을 마련해 줄 수 있다. 따라서 이 둘은 대체관계가 아니라 보완관계인 셈이다.[6]

2014년 한반도선진화재단과 조선일보가 공동으로 기획한 '종합국력지수'는 조셉 나이의 하드파워와 소프트파워 개념에 근거하여 한 국가의 국력을 척도화하고 국가간 비교를 시도한 결과이다. 나이의 연구가 추상적·이론적 수준에서 논의를 전개한다면, '종합국력지수'는 이를 실용적·실증적으로 접근함으로써 중장기적인 발전모델을 적립하는 것을 목표로 삼는다는 점에서 주목할 가치가 있다. '종합국력지수' 연구는 우선, G20 국가들을 대상으로 해서 종합국력을 하드파워(60%)과 소프트파워(40%)의 결합으로 정의한다. 그리고 하드파워를 측정하는 지수에는 ① 기초국력(국토, 인구, 천연자원 등), ② 강제력(국방력), ③ 핵심자원생산력(경제력), ④ 과학기술력, ⑤ 교육력, ⑥ 정보력, ⑦ 환경관리력의 7가지 항목이 포함되며, 소프트파워를 측정하는 지수에는 ① 국정관리력, ② 정치력, ③ 외교력, ④ 문화력, ⑤ 사회자본력(국가기관신뢰도), ⑥ 거시

---

6 이러한 문제의식에서 나이는 최근 하드파워와 소프트파워의 결합을 바탕으로 둔 '스마트파워'(Smart Power)라는 새로운 개념을 구상해냈다. 스마트파워란 하드파워와 소프트파워를 잘 조합하여 성공적인 전략을 도출하는 권력이다. 결국 하드파워와 소프트파워는 스마트파워를 매개로 더욱 강화될 수 있다. Nye(2008) 참조. 이러한 '스마트파워'의 특성을 두고 김상배(2009)는 '권력에 대한 권력' 혹은 '메타권력'이라고 요약한다. 김상배, 2009위의 논문. 나는 완력과 매력이 합쳐진 진짜 실력으로 스마트파워를 정의하고 싶다.

변화대처력의 6가지 항목이 포함된다. 분석결과는 다음 〈표 2〉와 같다.

표 2 종합국력점수 및 순위

국가명	종합국력		하드파워		소프트파워	
	점수	순위	점수	순위	점수	순위
미국	68.33	1	43.87	1	24.45	1
중국	55.92	2	35.25	2	20.66	7
영국	53.56	3	30.72	5	22.83	2
독일	53.20	4	30.94	4	22.25	3
호주	52.39	5	30.16	7	22.22	4
캐나다	52.11	6	30.06	9	22.04	5
프랑스	52.01	7	30.35	6	21.65	6
일본	51.52	8	31.74	3	19.77	8
한국	48.42	9	29.37	10	19.04	11
스페인	48.21	10	29.06	11	19.14	10
인도	48.02	11	28.57	13	19.45	9
이탈리아	47.74	12	28.89	12	18.84	12
러시아	46.47	13	30.06	8	16.41	19
멕시코	45.84	14	27.41	15	18.43	13
브라질	45.74	15	28.15	14	17.58	15

* 출처: 한반도선진화재단(2014)

위의 〈표 2〉가 요약적으로 보여주고 있듯이, 미국이 하드파워와 소프트파워 항목에서 압도적인 1위로 종합국력 수위를 차지했으며, 중국은 하드파워에서는 2위이나 소프트파워에서는 7위로 종합국력 2위를 차지했다. 이는 최근 국제사회에서 중국의 위상이 급상승했음을 보여주고 있으나, 종합점수에서는 미국의 60점대에 비해 아직 50점대로, 미국과 동등하게 견줄 정도는 아닌 것으로 보인다. 다만 세부항목에서 보면, 정치력, 문화력, 사회자본력 등 소프트파워 항목으로 분류된 것에서 1

위를 차지했는데, 이는 국가기관의 정치력을 우선시하는 중국의 독특한 정치체제의 성격과 정치기관의 경제발전에서 보인 놀라운 성과를 단적으로 보여주는 것이라 말할 수 있다(한반도선진화재단, 2014: 22-23).

한국의 경우 종합국력은 9위이며, 소프트파워(11위)보다는 하드파워(10위)가 더 강한 나라로 분류되었다. 따라서 한국은 하드파워에 걸맞은 소프트파워의 강화가 필요하다. 세부항목별 순위를 보면, 국방력(5위)과 변화대처력(6위) 및 과학기술력(7위)에서 경쟁력이 높은 것으로 나타난 반면, 기초국력(14위), 외교력(12위), 환경관리력(11위), 정치력(15위) 및 사회자본력(15위)에서는 낮은 경쟁력을 보였다. 이는 한국의 종합국력을 증진시키고 대안적인 발전모델을 모색하기 위해서는 환경과 정치, 사회자본에 대한 보다 높은 관심 제고가 필요하다는 사실을 시사한다(앞의 책: 19-21). 현재 한국은 농업생산성을 높이기 위한 방안으로 화학비료 사용량이 다른 선진국들에 비해 높으며, 온실가스배출량 또한 상대적으로 높은 편인데, 이를 해결하기 위해서는 친환경적 농업 및 산업으로의 전환을 강구해야 한다. 또한 지속적으로 지적되어온 한국의 후진적 정치문화를 극복할 필요성도 제기된다.[7] 더욱이 세계에서 가장 낮은 출산력과 급격한 고령화로 인해 경제활동인구는 줄어들고 노령세대에 대한 복지부담의 증가에 따라 성장의 잠재력이 시간이 갈수록 떨어지고 있다. 마지막으로 한국의 경험한 압축성장의 그늘이라고 할 수 있는, 제도적 불안정성과 이에 따른 제도에 대한 낮은 신뢰 역시 시급히 극복해야 할 과제라 할 수 있다.

---

7 그러나 한반도선진화재단의 연구에서 '정치력' 항목은 민주주의의 정도와는 관련이 없다는 사실이 지적되어야 한다. 중국의 정치력이 1위로 평가된 데에서 알 수 있듯이, 이 연구에서 '정치력'은 오직 안정성과 효율성의 측면에서만 평가되고 있다는 한계를 지닌다.

경제성장의 국제비교: 한국의 위상

한국의 경제성장의 기적은 익히 알려진 대로다. 해방 이후 지금까지 지난 70년에 걸친 압축적인 경제성장은 여러 분야에서 손쉽게 관찰된다. 예컨대, 총발전량은 1948년 694GWh(1948년)에서 2012년 50만 9,600GWh로 734배, 무역규모는 1948년 무역규모 $2.3억에서 2012년 $10,675억으로 4,641배 이상으로 커졌고, 그리고 도로 길이도 1947년에 2만 4,433Km였던 것이 2012년엔 105,703m로 4.3배 이상으로 늘어났다. 국내총생산은 1953년 대비 868배, 1인당 국민소득은 $67(1953년)에서 $22,708(2012년)로 339배 이상, 연평균 경제성장률 6.8% 이상(1953~2007년), 조강 생산 508배 이상, 자동차 생산 2,512배 이상(각각 1962년 대비, 2013년 기준), 선박 건조량 2,329배 이상(1973년 대비, 2012년 기준), 반도체 생산 181배 이상(1980년 대비, 2007년), 세계무역 점유비중은 수출 103배 이상, 수입 10배 이상(1960년 대비, 2013년)으로 증대되었다. 외환보유액도 1960년 $1.61억에서 2013년 $3,417억 달러(금 제외)를 넘어 2,136배 이상으로 증가했다(통계청, 2008·2014; 통계청 국가통계포털; 한국무역협회 무역통계정보시스템 참조).

분명 현재까지 한국의 성장이 괄목할 만하다고 자평하는 데 무리가 없어 보인다. 그런데 보다 중요한 문제는 이러한 성장이 미래에도 지속될 수 있는가라는 질문과 관련된다. 예컨대, 골드만삭스는 2005년 12월에 장기성장잠재력지수를 바탕으로 발표한 한 보고서에서 한국의 1인당 실질소득은 2025년 51,923달러로 미국, 일본에 이어 세계 3위로, 2050년에는 81,462달러로 미국에 이어 세계 2위로 올라설 수 있을 것이라는 장밋빛 예측을 한 바 있다. 반면 삼성경제연구소는 만약 모든 것이 순조롭지 못하다면 2050년 한국의 1인당 국내총생산은 8,700달러로

1994년 수준으로 후퇴할 수도 있다는 경고를 하였다.[8] 이러한 정반대의 예측에서 나타나듯, 문제는 과거의 성취에 안주할 것이 아니라, 지난 60년간의 성장의 결과이기도 한 현재의 다양한 조건들을 재검토하고, 다른 국가들과의 경험을 비교 시각에서 살펴봄으로써 미래의 성장동력을 가늠해보는 작업이 필요하다.

현재 한국이 처한 조건들을 평가하기 위해서는 한국과 유사한 발전단계에 있었던 국가들과 현재의 한국의 상황을 간접적이나마 비교해보는 일이 유용하다. 즉, 한국의 현재 일인당 국민소득과 유사했던 시기의 선진국들의 제도, 자본, 정책들을 살펴봄으로써 경쟁력 결정요인에 대한 보다 심층적인 분석이 가능한 것이다(김병연, 2010). 다음의 〈표 3〉은 일인당 국민소득이 각각 2만 달러대와 3만 달러대에 위치한 초급 선진국과 고급 선진국으로의 진입기간을 측정하여 요약한 표이다.

오른쪽의 17개 국가들을 분석해보면, 1만 달러에서 2만 달러로 진입하는 걸린 시간은 4-15년 정도이다. 한국의 경우는 1995년 1만 달러를 넘어선 뒤, 2006년 2만 달러를 상회한 후, 2008년에 다시 1만 달러대로 하락하였다가, 2010년에는 다시 2만 달러로 복귀하여, 이른바 20-50클럽에 가입하였다. 그러나 2만 달러에 도달한지 10년이 지났지만 아직도 3만 달러를 넘지 못하고 있다. 이는 위에서 살펴본 국가들 중 가장 긴축에 속한다. 2만 달러에서 3만 달러대로 진입하는 데 걸린 시간은 4-16년으로 1만 달러에서 2만 달러 대로 진입한 기간과 유사하다. 그렇다면

---

8 흥미로운 사실은 이러한 전망에서 각각 암묵적으로 전제되어 있는 것은 통일과 분단에 관한 예상이다. 통일 한국이란 관점에서 최상의 시나리오가 낙관적 전망이고, 분단 한국이란 입장에서 최악의 시나리오가 비관적 전망인 것이다. 여기서 우리는 남한과 북한이 결합하기 위해서 만만치 않은 통일비용이 필요하며, 또한 남한과 북한 사이의 대결이 지속되는 한 분단비용도 만만치 않다는 사실을 알 수 있다.

표 3 초급 선진국과 고급 선진국 진입 기간

국가	1만 달러에서 2만 달러로 증가하는 데 소요된 기간	2만 달러에서 3만 달러로 증가하는 데 소요된 기간
호주	15년 (1980-1994)	9년 (1995-2004)
오스트리아	4년 (1986-1989)	13년 (1990-2002)
벨기에	10년 (1980-1989)	13년 (1991-2003)
캐나다	10년 (1980-1989)	14년 (1990-2003)
덴마크	9년 (1978-1986)	8년 (1987-1994)
핀란드	8년 (1980-1987)	15년 (1988-2002)
프랑스	11년 (1979-1989)	14년 (1990-2003)
독일	11년 (1979-1989)	15년 (1990-2004)
아일랜드	8년 (1988-1995)	6년 (1996-2001)
이태리	5년 (1986-1990)	14년 (1991-2004)
일본	4년 (1984-1987)	4년 (1988-1991)
네덜란드	13년 (1978-1990)	13년 (1991-2003)
노르웨이	10년 (1977-1986)	8년 (1987-1994)
스웨덴	10년 (1977-1986)	16년 (1987-2002)
스위스	8년 (1977-1985)	4년 (1986-1989)
영국	8년 (1987-1995)	7년 (1996-2002)
미국	10년 (1978 -1987)	9년 (1988-1996)

* 출처: 김병연(2010)

한국의 경우는 어떻게 될까? 이를 예측하기 위해서는 아래와 같이, 유사한 경제수준을 경험했던 다른 나라들과의 보다 적극적인 비교가 필요하다.

다음의 〈표 4〉는 1만 달러대의 한국과, 일본·스위스·영국이 각각 1-2만 달러의 소득을 가졌을 때를 비교한 것이다. 이는 한국의 경쟁력을 낙후시키는 요인들을 분명히 드러내고 있다. 즉, 한국은 자본 부분에서는 강하나, 정책 부분에서는 약한 편이며, 제도 부분에서는 대단히 취약한 것으로 나타났다. 특히 일본이 1-2만 달러대에 있던 시기의 지표들과 비교해보면 제도와 정책의 측면에서는 단 하나의 지표도 나은 것이 없다.

표 4 한국과 다른 국가들의 경쟁력 결정 요인 수준 비교

	항목	척도	1만 달러대 한국	1-2만 달러대 일본	1-2만 달러대 스위스	1-2만 달러대 영국
제도	부패	6	3.19	5	6	5.02
	법질서	6	4.56	5	6	5.52
	관료의 질	4	3.13	4	4	4
	집행부 제약	7	6.00	7	7	7
	재산권	100	82.0	96.3	–	90
	재산권	10	5.9	–	–	8.25
	사법독립성	10	5.36	–	–	8.67
	계약의 이행	10				–
	관료비용	10	5.90	–		7.2
정책	연구투자 지출 비중 (GDP 대비)	–	2.71	2.82	2.22	1.99
	노동시장 규제	10	4.35	7.65*	4.9*	7.02
	창업	10	6.03	–	–	7.62
	공공지출 교육비 (GDP 대비)	–	3.86	4.85	4.98	4.93
자본	연구자수 (1백만 명 당)	–	2516	–	–	2553
	중등교육 취학률	–	96.9	96.3	95.1*	130.1
	고등교육 취학률	–	64.8	23.3	11.4*	46.2
	고정자산형성 비중 (GDP 대비)	–	31.8	29.7	26.1	17.6

* (주: 제도, 정책 지표들은 숫자가 높을수록 바람직함. * 표시는 관찰치가 적어 신뢰성 낮음).
* 출처: 김병연(2010)에서 재구성.

김병연은 한국의 이러한 상황을 '제도적 함정'과 '정책적 부족'이라고 규정짓는다. 즉, 한국은 부패, 법치, 관료의 질, 최고결정권자에 대한 제약 정도의 면에서 제도적 발전이 정체되어 있으며, 정책의 부족으로 인해 창업이 어렵고 공교육지출도 열악한 상황이다. 그는 이러한 현상의 원인을 한국인의 가치관과 신념체계에서 찾는다. 공공기관에 대한 낮은 신뢰수준, 그리고 높은 수준의 물질주의 가치관 및 뚜렷하지 않은

이념적 정향이 사회 전체적으로 어떤 정책과 제도를 수립해야 할지에 대해 혼란을 주고 있다는 것이다(김병연, 2010).

물론 한국의 경쟁력 부족의 원인을 우리 나름의 뿌리깊은 가치관과 신념체계에서 찾는 것이 과연 타당한가는 다소 논쟁적일 수 있지만, 현재 한국과 유사한 경제적 수준에 있었던 다른 국가들과의 경험과 비교해 보는 것은 매우 경청해볼 가치가 있다. 흥미롭게도, 한반도선진화재단의 분석과 김병연 교수의 연구는 유사한 결론을 내린다. 즉, 통상적인 이해와는 다소 상반되게, 한국의 지속적 성장과 경쟁력향상을 위해서는 하드파워나 자본부문으로 대표되는 경제력 부문의 일방적 성장보다는, 소프트파워나 제도 및 정책부분의 보완이 절실히 필요하다는 것이다.

21세기 한국의 새로운 발전모델

후기-후발 발전으로서 한국의 발전

흔히 발전이라 할 때 그것은 유럽이 최초로 겪은 역사적 발전 경험으로서 '근대화'(modernization)를 일반화한 것이다. 유럽은 영국의 산업혁명과 불란서의 시민혁명을 전기로 하여 네셔널리즘이라는 민족주의 이데올로기를 주조함으로써 자본주의의 틀 안에서 국민국가의 건설과 시민사회의 형성으로 나아갈 수 있는 결정적인 돌파구를 열었다. 이렇듯이 18세기 이후 대략 200여년에 걸쳐 유럽에서 정치, 경제, 사회, 문화면에서 이루어진 총체적 변동을 근대화라고 통칭한다(임현진, 2009: 13-20).

이렇듯이 발전의 한 유형에 불과한 근대화가 제3세계 나라들에게 오히려 발전의 전형적인 모델로 자리잡게 된 배경이다. 근대화를 선구적으로 추진한 서부 유럽의 발전 경험이 그 뒤를 좇아가려는 나라들에게 가장 중요한 전범이 될 수밖에 없었던 것이다. 그러나 벤딕스 (Bendix, 1967)가 일찍이 지적한대로 근대화는 시기(timing)와 국면 (sequence)에 따라 달라지게 마련이다.[9] 세계체제안의 위상과 사회구성 의 성격이 근대화의 상수라면 시기와 국면은 근대화의 변수가 된다. 제 아무리 공통된 근대화의 조건에 있더라도 나라마다 발전이 똑같은 형 태로 되풀이 되지 않는 연유이다.

그러므로 발전의 동인, 과정, 결과를 비교시각에서 그 차이점과 유 사점을 면밀히 검토하기 위해서는 선발 발전과 후발 발전의 특성을[10] 대조해 보는 것이 필요하다. 이에 나는 수평적 근대화와 수직적 근대화 라는 이념형에 의해 선발 발전과 후발 발전의 특징을 대비하고자 한다. 수평적 근대화는 민중적 기반아래 밑으로부터 발전의 동력이 마련된다 면, 수직적 근대화는 발전의 동력이 위로부터 주어지는 것으로 엘리트 동맹에 의해 추진되는 경향이 있다. 전자에서는 정복적 부르조아의 형 성에 따라 자유방임 국가가 나타나고 시민권의 확대가 대의민주주의라 는 형식을 통해 계급타협적인 자본주의 발전을 가져온다. 이와 달리 후 자에서는 개입주의 국가의 보호막아래 합작적 부르조아가 기생하면서 권위주의 체제의 형태로 시민권이 부정되고 계급배제적인 자본주의의 발전이 이루어진다. 대체로 수평적 근대화는 세계체제로부터 자유로운

9   이에 관해서는 많은 연구들이 있다. 거쉔크론(Gerschenkron, 1962)의 선도적 연구 를 따라 허쉬만(Hirshman, 1968)과 커스(Kurth, 1979)를 참고하라. 이들은 산업화 의 시기와 계기 면에서 볼 때 서부 유럽, 동남부 유럽, 남미 나라들에서 발전전략 뿐 만 아니라 부르조아의 역할, 권위주의의 성격, 민주주의로의 이행 등에서 현저한 차 이를 나타내고 있음을 고찰하고 있다.

10 대체로 영국·불란서의 선발 발전, 독일·일본·미국의 후발 발전, 그리고 오늘의 제 3세계 나라들의 후기–후발 발전으로 유형화할 수 있다. 한국의 경우는 세 번째 유 형에 속한다.

여건에서 자심적이고 내생적인 발전의 과정을 밟는다면, 수직적 근대화는 세계체제로부터 구속을 받으면서 종속적이고 외생적인 발전의 과정을 거친다. 수직적 근대화를 시도하는 나라들의 경우 과거 식민지 경험이 이와 무관치 않다. 그럼에도 불구하고 국가의 구심적 역할이 후발 발전으로 갈수록 현저하게 나타나고, 따라서 자원동원을 위한 동의기제도 선발 발전에서는 합의가 중시되는 반면 후발 발전에서는 강제가 편재한다. 후발 발전의 시점에 있는 국가일수록 선발국을 따라잡기 위해서 평등보다 성장, 형평보다 효율, 자율보다 통제와 같은 발전기제를 추구함으로써 잉여배제적인 수직적 근대화는 잉여포함적인 수평적 근대화에 비해 사회에 대한 침투능력은 강하지만 통합능력은 약하다.

그렇다고 유럽의 발전이 수평적 근대화의 원형이고 아시아, 아프리카 및 라틴 아메리카의 발전이 수직적 근대화의 전형을 보여주고 있는 것은 물론 아니다.[11] 세계사의 경험은 두 가지 근대화의 방법이 시간과 장소를 불문하고 혼재하거나 중첩되고 혹은 전환하는 모습을 보여준다. 제3세계 안에서의 발전 경험의 다양성과 복잡성만 보더라고 이는 이론의 여지가 없다.

일반적으로 자본주의 후발 발전에서 나타나는 공통점은 후발국이 선발국을 따라잡는다는 강박감속에서 세계체제로 부터의 제약(world

---

11   한 연구는(Halperin, 1997) 서부 유럽조차도 제2차 세계대전 이전 까지는 지금의 제3세계와 권위주의 국가, 국가·지주계급·산업자본가 사이의 연합, 해외시장에의 종속, 취약한 중간계급, 현저한 불평등과 가난, 부분적 민주주의라는 측면에서 거의 비슷한 수준에 있었다고 주장한다. 서부 유럽이 오늘의 민주주의와 경제발전을 향유하게 되기까지 두 차례에 걸친 전쟁을 거치면서 나타난 계급갈등과 계급타협이 주효했다는 것이다. 필자들은 이 견해에 일부 동의하지만 국내변수에 비해 국제변수가 경시됨으로써 선발 발전과 후발 발전의 세계체제적 맥락이 제대로 고려되지 않고 있음을 지적하고 싶다.

system constraints)을 후발발전의 효과(late-development effects)에 의해 극복하는 방식 여하에 따라 발전의 경로와 귀결이 달라질 수 있다는 사실이다. 대체로 후발국은 선발국의 경험에 바탕하여 지식과 제도와 기술의 손쉬운 유입을 통해 기획, 교육, 훈련, 동원, 투자 등에서 시행착오를 줄일 수 있지만(Vogel, 1979), 선발국과의 현격한 격차아래 국제적 국가체제와 자본주의 세계경제로부터 시장, 금융, 기술 면에서 압력과 통제를 받아들일 수밖에 없는 상대적으로 어려운 처지에 있다(젱아스, 1990). 제3세계의 대부분의 나라에서 관찰되는 빈곤과 억압은 후발의 이점 보다 불리함이 만만치 않다는 사실을 입증해 준다. 월러슈타인(Wallerstein, 1991: 115-116)은 자본주의 체제 뿐만아니라 사회주의 체제의 경우에도 후발국은 선발국을 따라잡아야 한다는 일념에서 성장에만 전력을 집중하는 나머지 불평등 문제를 해결하는 데 근본적인 한계를 보여 주어 왔다고 지적한다. 이것이 제3세계에서 발전의 실상이다. 사실상 후발 발전의 맥락에서 수직적 근대화를 성공적으로 이끈 사례는 아주 적다. 일본이 후발발전의 효과를 잘 활용한 경우라면, 독일과 미국은 세계체제로 부터의 제약을 거의 받지 않은 경우라고 할 수 있다. 실제로 세 나라는 모두 산업 자본주의의 세계적 팽창 시기에 식민지 내지 유사(類似)식민지를 경영한 제국국가였다.

그러므로 후기-후발 발전의 입장에 있는 한국이 중심부로 진입한다는 것은 하늘에 별따기처럼 어렵다고 보아야 한다.[12] 특히 한국은 냉

---

12 자유주의나 맑스주의 시각에서 공통적으로 발견되는 현상이다. 써로우(1992: 204)는 19세기와 20세기 사이에 중심부로 위치변경을 한 유일무이한 나라로 일본을 들고 있다. 마찬가지로 체이스-던(Chase-Dunn, 1983: 80-81)은 일본, 구소련, 이태리, 핀랜드, 노르웨이, 캐나다, 덴마크, 뉴질랜드, 호주 등 9개 나라를 예시한다. 그런데 이중 일본, 구소련, 핀란드를 제외한 나머지 나라들은 이미 19세기에 중심부에 진입한 경우이다. 반면, 아르헨티나, 브라질, 포르투갈, 체코 등은 반주변부로 진입하는 문턱에서 좌절하였다.

전질서의 첨예한 틈바구니속에서 해방과 분단을 맞이함으로써 그 어느 나라 보다도 세계체제로 부터의 종속성이 심한 경우이다. 우리가 국제 계층구조안에서 위치 상승을 시도하고 있는 과정에서 여전히 기술개발, 자본조달, 상품시장에서 대외의존도가 높다는 사실은 다시금 우리에게 지식집약적 산업화를 통한 자아충전적 발전모델의 중요성을 재삼 알려 주고 있다.

해방이후 한국의 지나온 발전을 압축적 발전으로 표현할 수도 있다. 수직적 근대화를 통한 초고속형 후기-후발 발전은 매우 압축적인 만큼 전체사회의 여러 부문들 사이의 불균형과 파행성을 안아왔다는 점에서 불균등하고 복합적인 성격을 나타내고 있다. 새 것과 옛 것, 그리고 안의 것과 바깥 것이 서로 혼효되면서 농경사회와 산업사회와 정보사회의 여러 요소가 공존하는 가운데 도농, 빈부, 산업, 연령, 성별, 환경, 문화, 의식 면에서 격차와 갈등을 보여주어 왔다. 후발 발전은 사회구조와 가치체계 내부의 분화와 긴장을 유발하면서 역동성과 모순을 동시에 잉태하고 있는 것이다.

우리 사회의 곳곳에서 발전의 과잉, 발전의 왜곡, 그리고 발전의 부재를 볼 수 있다. 예를 들어, 산업구조에서 1차산업의 축소가 3차산업의 비대화와 함께 2차산업의 확대를 가져왔다. 즉, 이것은 서비스영역에서 공식부문 외에 비공식부문의 성장에 기인한다. 2차산업에서도 노동집약적 부문과 자본집약적 부문 사이의 격차가 매우 크다. 지식집약적 부문의 등장으로 그러한 격차는 더울 늘어나고 있다. 반도체, 자동차, 철강, 선박 등에서 한국이 세계5위권의 생산국이지만 외국 기술과 부품으로부터 자립도는 아직도 취약하다. 반면 섬유, 의류, 신발 등에서 가내수공업 뿐만 아니라 자동화에 의한 대량생산에 이르기 까지 기술 수준이 다양하다. 분명 후발 발전의 굴곡이 매우 심하다. 실제로 모든 영역이 고르게 변화하지 않았을 뿐만 아니라 각 영역 안에서도 상향적으로 더 나아진 것이 있는 반면 하향적으로 더 나빠진 것도 있다. 단적으로 지난 반세기에 걸친 삶의 양과 삶의 질 사이에 나타나는 격차가 이를 잘 반영해 줄 것이다. 경제성장에 비한 사회복지의 지체, 도시화에 따른 농촌 공동체의 파괴, 개인주의 가치의 등장에 따른 공동체적 가치의 훼손, 지역개발에 따른 환경오염과 생태위기의 발생 등 그 보기는 많다. 나아가서 집단주의와 개인주의, 권위주의와 평등주의, 명분주의와 실용주의, 귀속주의와 업적주의, 정의주의와 합리주의 등 사회관계에서도 두 가지 조직원리가 사회변화의 와중에서 복합되어 있다. 우리 사회에 만연되어 있는 집단 이기주의, 물질 만능주의, 반인륜적 행위, 생명 경시풍조 등이 그 표현이다. 이는 그간의 수직적 근대화에 의한 압축적 발전의 모순을 재귀적 발전에 의해 역동적으로 극복해야 할 이유의 근거를 마련해 준다. 따라서 도구적 합리성에 비해 뒤쳐진 실질적 합리성을 신장하기 위한 성찰의 필요성은 아무리 강조해도 지나치지 않다.

우리의 경우 압축적인 후기-후발 발전의 도정은 전후좌우를 살피지 않고 앞만 보고 고속질주하는, 기든스의 비유를 빌리자면, 마치 '크리스나의 수레'와 같은 것이었다. 전통과 현대성의 충돌 속에서 한국사회의 중심 규범이 아노미 상태에 놓여 있는 가운데, 과정 보다 결과, 내실 보다 외형, 안전 보다 속도를 중시하는 성과주의, 적당주의, 형식주의, 편법주의가 우리 주변에 만들어졌다. 이는 한국의 급속하고 파행적인 자본주의적 산업화가 위험사회의 묘상이 되었음을 가르켜 준다. 아마도 국제통화기금(IMF)에 의한 경제관리로 귀결된 1997년의 경제위기와 2014년 수많은 어린 학생들을 죽음으로 내몬 세월호 참사도 한국의 경우 자본주의 발전과정에서 성공의 원인이 또한 실패의 원인으로 작용했다는 점에서 고속질주형 후기-후발 발전에 의한 위험사회의 한 단면을 극명하게 보여주는 것이라 할 수 있다. 농경사회에서 산업사회로 그리고 산업사회에서 정보사회로의 이행과정에서 자기조절장치가 제대로 운영되고 있지 않고 있는 것이다. 이러한 발전기제의 부조화는 예측의 정상 궤도를 벗어나 우리가 만들어 놓은 시스템 자체가 불확실성을 주는 형편에 까지 나아가 있다. 이른바 지구적 표준(global standard)이란 이름아래 이루어진 자본시장의 개방이 국제투기자본에 의한 한 국가의 금융질서를 교란할 수 있다는 점에서 1997년의 외환위기와 2008년의 금융위기는 적지 않은 공통점을 보여주고 있다.

한국 민주주의가 권위주의로부터 이행의 단계를 넘어 공고화의 와중에 있다는 것이 공통된 정설이다. 그럼에도 불구하고 선거와 경쟁에 바탕한 절차적 민주화는 부의 재분배와 대중의 참여를 보장하는 실질적 민주화로 나아가지 못하고 있다. 이러한 '얼어붙은 민주주의(frozen democracy)'는 국가와 시장에 비한 시민사회의 취약성에 부분적으로 기인한다. 한국의 시민사회는 성장하고 있지만, 한편으로 국가로 부터의 제약과 다른 한편으로는 시장으로 부터의 공세로 말미암아 자신의 영역을 확고히 구축하고 있지 못하다. 이는 구사회운동이나 신사회운동을 막론하고 아직도 제도화 보다 운동의 정치가 주축을 이루고 있다는 사실이 입증한다. 서구의 현실은 정당중심의 정치에서 하부정치에 의한 일상정치로 나아가고 있음을 보여준다. 그러므로 삶의 기회와 정체의 차이를 존중하는 생활정치가 그러한 하부정치의 동력이 되고 있다는 사실에 비추어 한국의 시민사회나 그것의 운동 역학은 대의민주주의 조차도 뒷 받쳐 주지 못하는 미숙한 형편에 있다고 말할 수 있다.

원래 민주주의와 시장경제는 일원일표와 일인다표라는 원칙의 차이로 인하여 서로 모순적이다. 자유주의 축적 이데올로기로서 민주주의의 참여와 평등의 가치는 시장경제의 원칙인 경쟁과 효율과 충돌한다. 이러한 의미에서 민주주의와 시장경제가 충돌을 피하기 위해서는 시민사회에 의한 시장견제와 동시에 국가에 의한 사회보호가 필수적이다. 독일, 영국, 불란서, 덴마크, 핀란드, 스웨덴, 네델란드 등 나라들에서 조합주의가 노사정 사이의 사회협약에 터 잡고 있음은 물론이다. 그러나 사회협약의 기반으로서 조합주의와 같은 제도적 기제를 결여하고 있는 한국의 경우 노동과 자본 사이의 동반자 관계는 아직도 차후의 과제로 남아 있다.

후기-후발 발전의 맥락에서 종속적인 면모를 강하게 갖는 한국의 자본주의는 국가개입에 의한 시장형성 내지 시장순응 정책에 의해 지속적인 고도성장과 산업구조의 분화를 가져왔다. 그러나 이러한 국가주도적인 자본주의도 세계무역기구(WTO)의 출범이후 세계화 과정에서 신자유주의 아래 나타나고 있는 상품·자본·서비스·노동시장 개방에 따라 국내외의 민간부문이 중심이 되는 초국적 자본주의(transnational capitalism)로 그 성격이 바뀌어가고 있다. 한국 국가의 정책적 입지가 점점 더 약화될 전망에서 볼 때 과연 앞으로 우리 국민경제의 자립적 기반을 확보하는 것이 중요한 과제가 되고 있다. 이는 '나라는 있지만' 경제적·문화적 예속이 심화되는 새로운 형태의 재식민화를 가져올 수도 있기 때문이다.

해방이후 한국의 발전 경험의 바탕에는 1960년 초반 성장지상주의를 내건 국가주도의 대기업을 중심으로 수출증진을 통한 대외지향적인 발전전략이 깔려 있다. 후기-후발 발전의 견인차가 정부를 중심으로 한 관료였고, 해외로 부터의 자본과 기술의 투입이 대기업에 우선적으로 이루어졌고, 그리고 성장의 엔진으로서 수출경제의 과실이 선성장 후분배의 원칙에 따라 일부 집단과 계층에 독점되었던 것이다. 이러한 위로부터의 강제와 억압에 의한 동원체제는 효율성에도 불구하고 정당성의 문제에 직면하여 점차 유인과 참여에 의한 합의체제로 바뀌어 갈 수밖에 없었다. 권위주의로부터 민주주의로의 체제이행이 이루어지게 된 배경이다.

강중국 발전모델

오늘의 한국은 제2의 개항이라 일컬어질 만치 세계화의 거센 도전에 직면해 있다. 세계화는 이율배반적이다. 한편으로 세계화가 인적·물적 교류를 통해 국경을 무너뜨리고 있다면, 다른 한편으로 국가는 세계화의 와중에서 무한경쟁과 적자생존에 살아남기 위해 나름대로 역할을 행사해야 한다. 지구시대의 국가들은 부국(富國)과 민복(民福)에 관심이 많다. 미국, 영국, 독일, 불란서, 일본 등 선진국들이나 중국, 브라질, 인도, 베트남 등 개도국들이 좋은 보기이다. 이들은 자국의 이익을 극대화하기 위해 세계화를 적극 활용한다. 일반적 예측과 달리, 세계화로 인해 국가가 사라지는 것이 아니라 국가는 여전히 살아 움직이고 있다. 바뀐 것이 있다면, 국가의 무대가 자국 영토와 주민을 넘어 전지구를 향하고 있다는 점이다. '탈(脫)영토-신(新)기능 국가'의 출현이다.

세계화 시대에 한국이 추구해야 될 길은 경제성장과 사회복지 사이의 조화와 균형을 달성하는 데 있다. 지난 시절 정부주도 발전전략이 양적 성장과 질적 진보 사이의 발전지체를 낳았다는 것은 우리가 이미 살펴본 바 그대로이다. 이제는 경제성장이라는 삶의 양적 지표도 중요하지만, 사회복지라는 삶의 질적 지표 역시 그에 못지않게 중요하다. 경제성장과 사회복지를 민주주의라는 협치(協治)의 방식으로 담아내야 한다. 우리가 추구해야 될 새로운 발전전략은 인간과 자연 사이의 생태적 공존을 또한 중시해야 한다. 서양이 발전을 '개발과 활용'이라는 적극적인 의미로 사용하면서 인간과 자연 사이의 상극이라는 생태위기를 낳아 왔다면, 우리는 그것이 '개발과 황폐'라는 양면성을 가지고 있다는 점에서 인간과 자연 사이의 관계를 상생의 원리에 의해 조화할 수 있도록 새로운 가치함축적인 발전의 이상을 만들어야 할 것이다. 전지구적인 위협이면서 위험사회의 근간을 이루는 환경문제에 발본적으로 접근할 필요가 있기 때문이다. 이제 세계체계와의 단절 혹은 연합이라는 구래의 방식은 그 실효성을 상실하고 있다(임현진, 1997: 92). 따라서 세계체제에 능동적으로 참여하되, 우리의 자기중심적 발전능력을 회복하는 것이 무엇보다 시급하다. 이는 정의롭고 민주적인 국가를 만들어 나가고, 대중의 참여에 바탕한 민중중심의 발전노선을 건설해야 한다는 보다 거시적인 의미에서 새로운 실현가능하고 지속가능한 발전모델의 추구를 가리킨다(임현진, 1997: 96-97).

지난 반세기 동안 한국은 압축발전을 통해 국제계층구조안에서 주변부로부터 반주변부로의 지위상승을 통해 중심부를 넘보고 있는 대표적 나라이다. 그러나 1995년 일인당소득 1만 달러 달성이후 11년만에 2만불을 넘은 후 2008년 하강하다가 2010년 16년만에 2만불을 넘어서 2013년 현재 2만5천불에 이르러 있다. 이 동안의 16년은 지금까지의 세계기록 15년을 깨는 새로운 것이다. 우리는 사회적 양극화가 보여주듯이 경제성장과 사회복지의 조화를 가장 중요한 과제로 남겨두고 있다. 오늘날 한국은 선진국의 견제와 후진국의 추격 사이에 끼여 후발효과(late-development effects)를 더 이상 가동하기 어려운 실정이다. 그러므로 우리의 앞으로의 발전모델은 외국기술과 자본에 의존하여 해외시장에 일종의 '링커'의 위치를 넘어설 수 있는 '지식정보 기반의 자아충전형 지식집약적'인 것이 되어야 한다. 이것은 모방형에서 창조형으로의 전환을 통한 주체적 발전의 기반이 될 수 있다.

이러한 맥락에서 한국은 양적 성장에 치우친 발전경로에서 '질적 도약'을 위한 보다 구체적인 발전모델을 검토할 필요가 있다. 즉 지금까지 오직 '선진국화'라는 다소 추상적인 목표로 '따라잡기'(catch-up) 전략을 추구했다면, 이제는 '어떤 선진국인가'라는 질문이 제기되어야 한다는 것이다. 이는 곧 발전목표를 보다 현실적이고 구체적으로 설정하고 그에 적합한 발전모델을 성립해야 한다는 것을 의미한다. 이를 위해서는 우선 선진국들의 다양한 모델을 분류하고, 그 가운데 우리에게 적합한 발전모델을 선택하는 것이 중요하다. 이와 관련하여 최근 우리 사회에서도 여러 가지 국가전략이 제시된 바 있다. 이 중 세 가지가 눈에 띤다. 첫째는 강소국(强小國) 발전전략이고, 둘째는 소강국(小康國) 발전전략이며, 그리고 셋째는 강중국(强中國) 발전전략이다.

여기서 강대국으로 분류되는 미국과 일본은 1억명 이상의 인구를 보유하고 있고, 그리고 1인당 GDP가 3만 달러 이상에 달한다는 공통점을 지닌다. 그러나 이미 잘 알려진 것처럼 두 나라의 역사적 발전 경로는 매우 상이하다. 미국은 2차 세계대전 승전국인 동시에 같은 승전국인 영국이나 프랑스와는 달리 전쟁에 의한 본토의 피해가 거의 없었을 뿐만 아니라 오히려 전쟁특수를 통해 막대한 경제적 이득을 구가하면

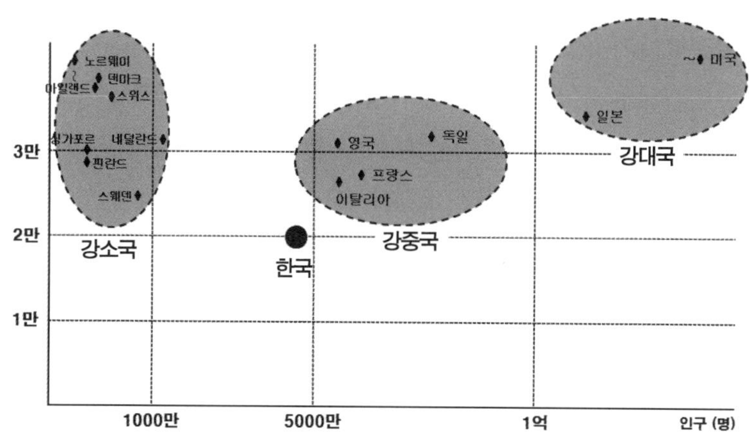

그림 2 선진국의 분류

서 20세기 세계헤게모니 국가의 지위에 올랐다. 이와 달리 일본은 2차 세계대전의 패전국이었지만, 냉전체제라는 특이한 환경아래 미국의 전폭적인 지지와 후원 하에 10년 만에 전쟁의 피해로부터 복구될 수 있었고, 경제적 강국으로 거듭날 수 있었다.

미국은 자유시장경제의 대표격이고, 일본은 조정된 시장경제를 따르고 있다는 점에서 그 차이는 분명하다. 그럼에도 불구하고 미국과 일본이 강대국이라는 범주로 함께 묶일 수 있는 것은 바로 이러한 차이가 국가간 국제체제안에서 두 나라의 상호의존을 강화시키며 동시에 자본주의 세계경제안에서 두 나라가 행사하는 국력을 유지시키기 때문이다. 오늘날 미국은 압도적인 군사력을 독점하고 있으며, 세계화폐인 달러의 발권국가로서 세계경제의 일종의 '게임의 규칙'을 확정하는 권력을 행사할 뿐만 아니라, 그리고 가장 거대한 세계시장 가운데 하나로서 세계 각국의 상품을 수입한다. 일본은 정치·군사적으로 미국적 질서에 긴밀히 통합되어있는 가운데 세계경제에서 가장 거대한 상품수출국 중 하나로서, 벌어들인 달러를 다시 미국 금융시장에 환류시킴으로써 미국의 경상수지 적자를 보전하는 역할을 수행한다. 요컨대, 미국은 정치와 군사, 그리고 금융의 중심이라는 권력을 행사한다면, 일본은 상품생산과 수출의 중심이라는 권력을 행사한다. 그리고 이 두 국가는 서로를 보완하면서 세계경제의 강대국 지위를 구가하는 것이다. 따라서 '강대국' 발전모델은 여러 경제적·군사적·정치적 요인의 복합 결과로서 우리가 지향하기에는 현실적합성이 떨어진자고 이해할 필요가 있다.

삼성의 이건희 회장이 제안한 강소국(强小國) 발전모델은 수출주도의 산업·금융구조를 통해 지구경제에 적극 참여하면서 정부 개입아래 조정된 시장경제를 바탕으로 노사합의에 의해 성장과 분배를 조화시키는 전략이다(오승구·김득갑, 2003). 이 모델은 유럽의 네델란드, 벨기에, 덴마크, 핀란드, 스위스처럼 인구와 국토는 작지만 빼어난 국제경쟁력을 갖춘 나라들의 경험에 바탕하면서, 기업지배권 강화를 통해 외국인투자자를 적극유치하고 노동유연화와 효율적인 복지시스템을 병행할 것을 목표로 한다. 특히 이 나라들은 '선택과 집중' 전략에 의해 일부 산업에 특화하여 세계경제에 참여하고 있다. 반면 서울대의 김광웅 교수가 제시한 소강국(小康國) 발전모델은 물질적으로 잘 사는 것 이상으로 '여유있고 반듯한 사회'를 위한 환경-인성친화적 발전을 강조하는 전략이다(김광웅, 2005). 이 모델은 발전에 관한 규범적 이상을 강조하는데, 예컨대 이분법을 극복하고, 물질적으로 어느 정도 충족되는 것도 중요하지만 남을 배려하고 정당한 법질서를 지키는 환경과 인성친화적 발전을 강조한다는 점에서 그러하다. 과거 등소평이 소강에 대한 이상을 피력한바 있으며, 현재 중국은 급속한 산업화의 와중에서 나타나고 있는 사회적 격차를 해소하기 위하여 화해(和諧)를 중시하고 있다. 그렇다고 중국이 소강국의 경험적 준거가 될 자격이 있는 것은 아니다.

매일경제와 노무현정부가 관심을 보인 바 있는 강중국(强中國) 발전전략도 흥미롭다. 강소국 모델이 스스로 작은 나라임을 인정하고, 이러한 소국의식 하에서 대응전략을 모색한다면, 강중국 모델은 자강(自强)을 강조하고 환경에 대한 적극적 대응을 추구한다는 차이점을 지닌다. 한국은 국토는 작지만 인구가 많다는 점에서 유럽의 작은 나라들인 네델란드, 벨기에, 덴마크, 스웨덴, 핀란드, 스위스 보다 큰 나라라 할 프랑스와 독일의 발전경험이 우리에게 보다 유익할 수 있다. 프랑스와 독일은 비록 세계 패권에 영향을 미칠만한 외교국방능력을 지니지 못하고 있더라고 지역강국이라는 면모를 지니고 있다. 이 나라들은 세계시장에서 휴대전화와 같은 소수정예로 맞서기보다 생명, 전기, 전자, 기계, 자동차, 선박, 섬유를 포함하는 다품종으로 승부를 걸고 있다. IT, BT, NT,

GT 등 첨단산업뿐만 아니라 전통산업이라 할 철강, 자동차, 선박, 섬유 등을 집중적인 연구개발을 통해 육성하는 것이 중요하다는 것이다. 요컨대 강중국 모델은 내수와 수출산업을 동시적으로 육성하는 데 주력하고, 연구개발강화와 경영엘리트교육에 초점을 맞추고 있다.

위에서 살펴본 선진국들의 발전모델을 그 특징과 조건에서 검토해 본다면, 우리에게는 강소국보다 강중국 발전모델이 더 적합하다고 할 수 있다. 대체로 강소국 발전모델은 인구 2,000만 명 미만의 유럽 국가들-네델란드, 벨기에, 덴마크, 스웨덴, 핀란드, 스위스 등-의 경험에 바탕하고 있다면, 강중국 발전모델은 인구 5,000만에서 1억 명 사이의 유럽 국가들-프랑스와 독일 등-의 경험에 근거하고 있다. 남한 인구 5,000만 명에 북한 인구 2,500만 명을 합쳐 7,500만 명 크기의 인구 규모를 갖는 미래 통일 한국으로서 강소국 발전모델을 적용하기에는 큰 나라이다. 다른 한편, 소강국모델은 현실적인 발전전략이라기보다는 발전에 대한 규범적 차원의 제안이라고 볼 수 있다. 따라서 우리가 강중국 모델을 수용하는 동시에 소강(小康)이라는 발전의 이상 또한 이에 결합시킬 수도 있을 것이다.

그림 3 자본주의의 세 가지 발전모델

	자유시장경제	조정된 시장경제
강대국	미국	일본
강중국	영국	독일, 프랑스
강소국	아일랜드, 싱가포르	네덜란드, 스위스, 덴마크, 스웨덴, 핀란드, 노르웨이

그러나 우리가 강중국 발전전략을 수용하기 위해서는 독일의 전후 비약적 경제부흥을 가져온 사회적 시장경제(social market economy)에 주목할 필요가 있다. 다양한 자본주의론에서 언급한 바 있는 조정된 시장

경제가 그 기본이다. 시장의 자율을 중시하되 그것을 적절히 규제하는 정부, 그 아래 자본과 노동을 포함하는 모든 이해관계자들 사이의 동반 관계를 통해 자유와 연대의 공동체를 만들어 진다. 조합주의에 의한 노사합의의 원칙아래 노동의 경영참여(co-determination)와 이윤공유(profit sharing)가 이루어지고 있는 것이다.

한국은 과거 제국주의를 주도한 오늘의 선진국을 넘어 국제적으로 '선진국'(善進國)이 되어야 한다. 그러므로 21세기 한국이 추구할 수 있는 최적의 발전전략으로서 강중국 모델을 제시할 수 있다. 여러 나라들의 다양한 발전경험을 비교관점에서 배움으로써 결국 그에 대한 해체와 재구성을 통해 우리의 토양에 맞는 적실성 있는 발전모델을 개발할 수 있는 것이다. 결국 미래의 생태환경과 인성문화의 중요성을 고려하여 지속가능한 강중국 발전모델을 우리나라 실정에 맞는 자본주의 모델의 한국화의 출발이라고 말할 수 있다.

이러한 새로운 발전모델을 이끌어 갈 주체는 과연 누구인가? 그 주체는 이제 더 이상 강한 국가가 아니다. 그러나 그렇다고 해서 국가와 다른 조직원리를 갖는 NGOs나 기업만으로 고정되어서도 곤란하다. 민주화와 과정에서 국민의 역량이 강화되어도 여전히 국가는 중요하고, 특히 세계화 시대에는 여전히 우리는 국가를 필요로 한다. 종래의 부국강병(富國强兵)의 목표에 국리민복(國利民福)의 가치를 추가해야 하기 때문이다. 한국의 국가는 국제협상의 타결, 수출무역의 확대, 성장동력의 형성, 하부구조의 건설, 사회갈등의 조정, 복지제도의 개선 등 바쁘게 움직일 수밖에 없다.

따라서 국가가 시민사회와 시장 사이의 견제와 균형을 통해 그 시너지 효과를 발휘할 수 있도록 그것들을 동시에 발전의 주체로 자리잡게 하는 것이 무엇보다 중요하다(Evans, 1992). 제아무리 훌륭한 발전모델이라 하더라도 그것을 받아들이는 나라 안에서 시민들에 의한 공적 토론이라는 '숙의과정'을 거칠 때 보다 현실적합한 형태로 살아 숨쉴 수 있다(Sen, 1999). 이를 위해서 비판적 협조자로서 NGOs와 국부의 창출자로서 기업의 역할을 고려해야 한다. 전지구적으로 대중교육이 확대되고 시민대중들의 참여가 중요해지고 있다. 시민참여에 의한 민주적이고 비판적인 공론의 장이 보다 확대되어야 할 것이다. 치열한 국제경쟁에서 국민경제를 지탱하기 위해서는 기업이 국가의 수호자(national champion)로서 이윤추구와 사회공헌을 조화할 수 있도록 책임을 다해야 할 것이다. 강중국 발전모델은 비록 정부의 입지는 약화되고 있지만 국가의 선도적 역할아래 시민사회의 비판능력과 시장의 경쟁능력을 자기중심적 발전의 동인으로 견인함으로써 가능할 것이다.

참고문헌

강찬수. 2011. "지구씨. 어디 성한 데가 없네요." 「중앙일보」(4월 22일).

관세청 수출입무역통계. http://www.customs.go.kr (접속일시: 2014. 11. 11)

김광웅. 2005. "'소강국'이 한국의 미래모델." 『신동아』 2005년 1월호.

김병연. 2010. "한국 기업과 사회의 경쟁력: 함정과 부족". 〈21세기 한국의 미래발전과 성장동력: 한국기업과 사회의 경쟁력〉 심포지움 발표문. 2010년 6월 10일 서울대학교.

김상배. 2009. "스마트 파워의 개념적 이해와 비판적 검토: 중견국 네트워크 권력론의 시각". 〈국제정치논총〉 제49집 4호.

오승구 · 김득갑. 2003. 『유럽식 경제모델의 성과와 한계.』 삼성경제연구소.

산업통상자원부. 2014. "2013년(12월. 전체) 수출입 동향 및 2014년 수출입 전망." 산업통상자원부.

써로우(L. C. Thurow). 1992. 『세계경제전쟁.』 이근창 역. 고려원.

임현진. 1997. "종속이론은 죽었는가?" 『경제와 사회.』 36호.

임현진. 2009. "21세기 한국의 발전모델 탐색: 소강 강중국 발전모델을 향하여." 박삼옥.양승목 · 윤영관 · 이근 · 임현진. 『지속가능한 한국 발전모델과 성장동력.』 서울대학교 출판부.

지식경제부. 2010. "2010년 수출입 실적평가." 지식경제부.

통계청. 2008. 『통계로 본 대한민국 60년의 경제 · 사회상 변화.』 통계청.

통계청. 2014. 『한국통계연감 2013.』 통계청.

통계청 국가통계포털. http://kosis.kr (접속일시: 2014. 11. 11)

한국무역협회 무역통계정보시스템. http://stat.kita.net (접속일시: 2014. 11. 11)

한반도선진화재단. 2014. 대한민국 종합국력 어디까지 왔나? 한반도선진화재단 정책 심포지엄 자료집.

Appadurai, Arjun. 1991. "Disjuncture and Difference in the Global Culture Economy." in M. Featherstone. ed. *Global Culture: National-*

ism. Globalization and Modernity. London: Sage.

Bendix, R. 1967. "Tradition and Modernity Reconsidered." *Comparative Studies in Society and History*. 9(3).

Borrogo, John. 1999. "Twenty-Fifty: The Hegemonic Moment of Global Capitalism." in V. Borndchier and C. Chase-Dunn. eds. *The Future of Global Conflict*. London and Thousand Oaks: Sage.

Brecher, J. and T. Costello. 1994. *Global Village*. Global Pillage. Boston: South End Press.

Chase-Dunn, Christopher. 1983. "Inequality. Structural Mobility. and Dependency Reversal in the Capitalist World Economy." in C. F. Doran. G. Modelski. and C. Clark. eds. *North/South Relations: Studies of Dependency Reversal*. New York: Praeger.

Evans, Peter B. 1992. "Transnational Linkages and the Economic Role of State: An Analysis Developing and Industrialized Nations in the Post-World War II Period." in P. Evans. D. Rueschmeyer. and T. Skocpol. eds. *Bringing the State Back In*. Cambridge University Press.

Evans, Peter B. 2008. "Is an Alternative Globalization Possible?" *Politics and Society*. Vol. 36. No. 2.

Featherstone, Mike. 1991. "Global Culture: An Introduction." in M. Featherstone. ed. *Global Culture: Nationalism. Globalization and Modernity*. London: Sage.

Ferguson, N. 2005. "Sinking Globalization." *Foreign Affairs* 84(2).

Friedman, Thomas L. 2005. *The World is Flat: A Brief History of the Twentieth-First Century*. New York: Farrar. Straus and Giroux.

Gerschenkron, Alexander. 1962. *Economic Backwardness in Historical Perspective*. Cambridge. MA: Harvard University Press.

Giddens, Anthony. 1990. *The Consequences of Modernity*. Cambridge: Polity Press.

Gilpin, Robert. 2001. *Global Political Economy*. Princeton: Princeton University Press.

Halperin, S. 1997. *In the Mirror of the Third World: Capitalist Develpment in Modern Europe*. Ithaca. NY: Cornell University Press.

Hirshman, A. O. 1968. "The Political Economy of Import-Substituting Industrialization in Latin America." *The Quarterly Journal of Economics*. 82(Feb).

Keohane, Robert O. and Joseph S. Nye. 2001. *Power and Interdependence: World Politics in Transition*. Boston: Little. Brown.

Kurth, J. 1979. "Industrial Change and Political Change: A European Perspective." in D. Collier. ed. *The New Authoritarianism in Latin America*. Princeton/NJ: Princeton University Press.

Milanovic, B. 2006. "Why Globalization is in Trouble." *Yale Global Online*. At http://yaleglobal.yale.edu.

Nye, Joseph. 1991. *Bound to Lead: The Changing Nature of American Power*. New York: Basic Books.

Nye, Joseph. 2004. *Soft Power: The Means to Success in World Politics*. Public Affairs.

Nye, Joseph. 2008. "Smart Power and the 'War on Terror'". 한국국제교류재단·동아시아연구원·중앙일보 공동주최 초청강연회 원고. 2008년 2월 12일.

Reich, Robert. 1991. *The Work of Nations: Preparing Ourselves for 21st-Century Capitalism*. New York: Alfred A. Knopf.

Robertson, Roland. 1993. *Globalization: Social Theory and Global Culture*. London: Sage.

Rosenberg, J. 2005. "Globalization Theory: A Post Mortem." International Politics 42.

Sen, A. 1999. *Development as Freedom*. New York: Knopf.

Toffler Associates. 2010. "40 for the Next 40: A Sampling of the Drivers of Change that will Shape Our World between Now and 2050." Toffler Associates.

Vogel, E. F. 1979. *Japan as Number One: Lessons for America*. Cambridge: Harvard University Press.

Wallerstein, I. 1991. *Unthinking Social Science: The Limits of Nineteenth Century Paradigm*. Cambridge: Polity Press.

Wolf, M. 2006. "Will Globalization Survive?" *World Economics* 6(4).

2

위기 속에서 움튼 도약의 씨앗 :
1950년대로부터의 교훈

최대석 · 이상근

머리말

빛을 되찾는다는 말뜻과는 달리, 광복 일흔 돌을 맞은 2015년의 대한민국에는 짙은 그늘이 드리워진 듯하다. 무엇보다 살림살이가 힘겹다. 디플레이션을 우려하는 목소리가 커지는 가운데 전세값은 오히려 치솟고 있다. 젊은이들은 일자리를 찾아 헤매고, 그나마 장사가 된다는 서울에서도 자영업자의 절반가량이 창업 3년 이내에 폐업을 하는 실정이라고 한다(서울신용보증재단, 2014). 우울한 현실은 미래에 대한 불안으로 이어져, 여성 한 사람이 평생 낳을 것으로 예상되는 아이의 수를 의미하는 합계출산율이 2014년에는 1.25명에 그쳤다. 이는 OECD 국가들 중 꼴찌이며 분석 대상이 된 224개국 중 220위이다(Central Intelligence Agency, 2014). 나라밖을 둘러보아도 상황은 여의치 않다. 북한이 핵보유를 선언한 가운데 남북관계는 좀처럼 나아질 기미가 없다. 동아시아 패권을 둘러싼 미국과 중국의 대립은 깊어져 가고 한국은 두 강대국 사이에서 줄타기를 해야 할 판이다. 미국의 지지를 등에 업은 일본은 우경화로 치달으며 군사행동의 반경마저 키워가고 있는데 한일관계는 돌파구가 보이지 않는다.

현실이 답답하고 무거우면 찬란한 성취의 역사로부터 위안과 용기를 얻으려는 욕구가 일기 마련이다. 그러나 어려움을 이겨낼 방도를 찾고자 한다면 가장 힘겨웠던 시기를 반추하는 편이 도움이 된다. 산업화가 본격화된 1960년대가 성장과 성취의 이미지로 기억되어 온 반면 1950년대는 고난과 좌절의 대명사로 여겨져 왔다. 그러나 한 나라의 역사라는 것이 한 순간에 질곡을 벗고 비상하지는 못하는 법이다. 전쟁의 참상에 가려진 이면들을 성찰해보면, 1960년대에 꽃핀 성공의 씨앗들이 1950년대에 뿌려지고 움텄음을 깨달을 수 있을 것이다.

이 글은 전쟁과 분단 고착화라는 1950년대의 어두운 유산과 더불어 근대적 국가 건설의 기초가 마련되고 산업화의 씨앗이 움튼 이 시대의 또 다른 면모들을 함께 조명해 보려는 시도이다. 이를 위해, 전쟁으로 인한 피해와 분단의 고착화로 인한 고통을 먼저 살펴볼 것이다. 다음으로는 전쟁기간과 휴전 직후의 엄혹한 상황에서 고난을 극복하는 생명력을 보여준 앞 세대들의 삶을 시장과 학교라는 장소에 초점을 맞추어 조명한다. 이어서 혼돈의 시기에 발현된 기업가 정신과 이를 뒷받침하려 애썼던 정부의 경제건설 의지를 소개한다. 다음으로 휴전 이후의 안보를 확보하려 애썼던 이승만 정부의 노력을 한미상호방위조약 체결을 중심으로 살펴본다. 마지막으로 1950년대가 남긴 빛과 그림자를 통해 오늘날의 한국사회가 얻을 수 있는 교훈이 무엇인지에 대한 저자들의 생각을 전하며 글을 맺을 것이다.

전쟁의 상처와 분단의 그늘

1950년대를 대표하는 사건이 6·25전쟁이라는 데에는 이견이 없을 듯하다. 전쟁으로 인한 피해가 엄청났지만, 당시에 집계된 수치들의 신뢰성이 높지 않아 인적, 물적 손실을 정확하게 파악하기는 어렵다. 국방군사연구소(1996)에 따르면 남한만 하더라도 육·해·공군 사망자와 실종자가 157,291명이고 부상자가 450,742명이었다(〈표 1〉 참조). 이 밖에 학도의용군 전사자가 약 7,000명으로 추정된다. 또, 낙동강 전선과 게릴라 소탕 등에 경찰이 동원된 결과 경찰관 3,131명이 전사했으며 7,084명이 실종되었다. 경찰 부상자도 6,760명이며 납치된 인원이 403명이다. 민간인의 경우, 사망자, 부상자, 실종자, 피랍자 등의 합이 100만 명에 가깝다는 통계가 남아 있다. 민간인 피해 규모의 경우 조사결과마다 차이가 크게 나는 등 군경 관련 통계보다도 정확성이 떨어진다(정병준, 2008). 그러나 전쟁 전의 남한 인구가 2,000만 명을 조금 넘는 정도였다는 점을 고려하면 엄청난 인명의 손실이 있었던 것만은 분명하다.

표1 6·25전쟁 한국군 사상자 및 실종자 수

구분	한국군 전체	육군	해군 (해병 포함)	공군
계	608,033	598,813	9,082	138
전사 및 사망	137,899	135,858	1,903	138
실종	19,392	19,321	71	0
부상	450,742	443,634	7,108	0

* 자료: 국방군사연구소 편. 『한국전쟁피해통계집』(서울: 국방군사연구소, 1996), pp. 33-34.

한편 전쟁 직후 한국정부가 추산한 물적 손실은 4,106억 환으로 약 30억 달러에 달하는 규모였다. 이는 한국은행이 발표한 1953년 국민소득 2,450억 환의 1.7배에 달하는 액수였다(주익종, 2010: 403). 60만 동이 넘는 주택이 파괴되었으며, 관공서는 물론이고 4,023개 학교의 건물 15,427동이 피해를 입었고, 940개 의료기관과 1만 개가 넘는 기업체의 건물들이 파손되었다. 20만 두 가량의 소를 비롯한 수많은 가축을 잃고, 농업용수 저장에 필요한 둑이 무너지고, 일할 수 있는 장정들은 죽거나 다치고 전선에 나간 형편이라 농업생산량이 크게 감소하였다. 이에 더하여 900여 개의 공장을 비롯한 생산시설들이 파괴되고, 도로, 교량, 철도, 항만, 수도, 통신시설 등 사회기반시설도 막대한 피해를 입었다(국방군사연구소, 1996: 88-105).

이러한 파괴로 엄청난 수의 이재민이 생겨났다. 이재민 구호에 신경을 쓰지 못하던 정부는 1951년 1·4후퇴로 다시 부산으로 내려간 뒤에야 유엔민사원조사령부(United Nations Civil Assistance Command, UNCAC)와 합동으로 중앙구호위원회를 조직하였다. 일단 구호사업이 시작되자 이것이 정부의 주 업무가 되고 말았다. 이재민의 수가 약 1,000만 명이나 되었기 때문에 보사부 인력으로는 구호업무를 감당할 수 없어서 다른 부처의 직원들도 동원되었다(하상락, 1989: 88). 전선이 어느 정도 고착되어 많은 피난민들이 고향으로 돌아간 뒤인 1952년 11월에도 유엔민사원조사령부의 지원 대상으로 등록된 전재민이 275만 명에 달하였다(최원규, 1996: 147). 귀향을 했어도 가옥 파괴, 생계수단 상실 등으로 인해 살길이 막막했기 때문이다. 더욱이 전쟁으로 인한 고아와 미망인들, 가족을 잃고 떠도는 노인들 등 수많은 사람들이 살아갈 방도를 찾을 수 없는 형편이었다.

전쟁의 결과 중 인적, 물적 손실만큼이나 뼈아픈 것이 분단의 고착화였다. 좌우대립을 거쳐 분단국가가 수립되면서 남과 북의 지도층은 상대방을 민족국가 건설의 꿈을 좌절시킨 원흉으로 간주하였다. 그런데 전쟁이라는 참혹한 사건을 겪으면서 지도층 뿐 아니라 남과 북의 주민들 대다수가 서로를 같은 민족이기에 앞서 용서할 수 없는 적이자 원수로 여기게 된 것이다. 더욱이 전쟁이 남긴 깊은 트라우마는 남북한 주민들이 상대의 행동을 늘 의심하고 두려워할 수밖에 없도록 만들었다. 세계적 냉전구조의 첨단에서 남과 북이 정치적, 이데올로기적으로 대립했던 것이 사실이다. 그러나 탈냉전을 거쳐 오늘날까지 이어지는 분단의 근본적 원인은 전쟁기간에 심어지고 뒤이은 대립과 갈등의 세월동안 뿌리를 내린 '마음의 분단'이라고 할 수 있다(김성민·박영균, 2011).

6·25전쟁이 특히 극심한 트라우마를 남기게 된 것은 전선만이 아니라 점령지, 수복지 등에서도 동족끼리의 살상이 벌어졌기 때문이다. 전쟁 뒤에 내무부 통계국(1955: 212-213)이 발표한 수치에 따르면 학살에 의한 남한 민간인 사망자가 128,936명에 이른다. 전쟁 중의 학살은 남과 북 모두에서 좌와 우 모두에 의해 저질러졌다. 육이오는 해방 후 좌우익 갈등의 연장선상에서 벌어진 전쟁이다. 그러므로 남과 북에 수립된 정권들에 의해 일단 억눌러졌던 갈등이 전쟁과 함께 가장 격렬한 형태로 폭발하였다.

개전 초기 국군이 후퇴하는 상황에서 국민보도연맹 가입자들에 대한 대량학살이 자행되었다. 이는 보도연맹에 속한 좌익경력자들이 인민군에 협조할 것을 우려한 때문이었다(김동춘, 2000: 220-221). 인민군이 남측 지역에 진주하고 나서는 보도연맹원 학살에 관련된 사람들에 대한 보복이 이루어졌다. 인민군 점령지역에서는 이밖에도 탄압받았던 좌익인사들과 "덩달아 날뛴 사람들"에 의해 보복을 위한 학살이 자행된 경우가 적지 않았다(중앙일보사, 1983: 55-66; 이나미, 2012: 195-196). '사법적인 형식'을 갖춘 학살도 이루어졌다. 북한 지도부는 국군 장교와 판검사는 무조건 사형에 처한다는 방침을 하달하였다. 경찰, 우익단체, 우익정당의 간부들도 처형하였다. 면장, 동장, 반장, 지주 등은 인민재판에 회부하였는데, 규정에 따라 처벌받거나 풀려난 경우도 있으나 무분별한 폭력에 희생되기도 하였다. 1950년 9월 15일 인천상륙작전이 개시된 뒤 인민군의 전세가 불리해지자 조선노동당은 상륙한 유엔군을 뒷받침할 수 있는 모든 요소를 제거하라는 지시를 내렸다. 이에 따라 우익인사와 기독교인 등에 대한 대량학살이 자행되었다(이나미, 2012; 최태육, 2012).

이처럼 한반도 전역에서 벌어진 골육상쟁은 남북한 사이의 관계를 바꾸어 버렸으며 남한 내에도 메울 수 없는 골을 만들어 놓았다. 남북한 간의 대화와 타협을 통한 통일의 길은 멀어지고 양 측 주민들은 서로의 생사조차 확인할 수 없는 형편에 처하고 말았다. 정전협정을 통해 전쟁이 마무리되자 한반도는 여전히 '국제법적 전시상태'를 벗어날 수 없었고 남북한 주민들은 언제라도 전쟁이 재개될 수 있다는 두려움 속에서 살아가야 했다. 한편 분단시대 대한한국의 정권 담당자들은 북한 공산주의자들로부터 자유민주주의체제를 지킨다는 명분을 앞세워 정작 자유와 민주의 가치를 훼손하며 국민 위에 군림하였다. 정치적 도전세력은 용공의 딱지가 붙은 채 탄압받았고 인권의 심각한 유린조차 반공을 이유로 용인되었다. 1987년 유월항쟁을 거쳐 제도적 민주화가 이루어졌다. 그럼에도 한국사회는 1950년대가 남겨놓은 분단의 그늘을 벗어나지 못한 채 교과서적인 진보와 보수의 개념으로 설명될 수 없는 정치세력들이 '남남갈등'이라고 불리는 대립과 충돌을 벌이는 상황을 목도하고 있다.

이처럼 안타까운 현실을 만들어낸 전쟁과 분단의 책임으로부터 1950년대 한국의 지도자들이 자유로울 수는 없다. 흔히 한반도 분단은 우리민족의 의사와 무관하게 외세에 의해 이루어진 것이며 6·25전쟁은 북한의 남침으로 어쩔 수 없이 겪어야 했던 고통이라고 설명되고 있다. 이러한 설명이 잘못된 것은 아니지만 이승만 대통령을 비롯한 당시의 지도자들에게 면죄부를 주지도 못한다. 이승만 정부도 분단 극복을 시대적 과업으로 여기고 이를 달성하기 위해 노력하였다. 그러나 잘못된 판단과 뼈아픈 실책으로 인해 오늘날까지 이어지는 비극을 낳는데 일조하였다.

이승만 정부가 제시한 분단 극복방안은 북진통일이었다. 이승만 정부와 자유당은 유엔이 결의한 바 있는 "유엔 감시하의 남북한 총선거"를 통일방안으로 내세웠다. 그러나 이는 국제사회의 시선을 의식한 명목상의 입장이었고, 실제로는 무력에 의한 북진통일을 추구하였다. 이승만은 1946년 6월 이른바 '정읍발언'을 통해 남한만의 단독정부를 수립한 뒤 세계여론에 호소하여 소련이 북한에서 물러나게 함으로써 통일을 이룬다는 구상을 제시하였으며 정부 수립 직후에도 평화적 통일을 여러 차례 언급하였다. 그러나 1948년 12월부터는 무력에 의한 통일을 주장하기 시작하였다. 평화통일방안이 폐기된 것은 아니었으나 남한에서 이미 실시된 유엔감시하의 선거를 북한에서도 치름으로써 북한이 대한민국에 편입되어야 한다는 비현실적인 내용이었다. 또, 북한이 이에 응하지 않을 때에는 무력으로 통일하겠다는 입장이었으므로 사실상 무력통일론의 일부일 뿐이었다.

이런 상황에서 6·25전쟁이 발발하자 이승만 대통령은 통일을 위한 절호의 기회가 왔다고 공언하였다. 자유당과 이승만 정부는 중국 인민지원군의 개입으로 무력을 통한 통일이 불가능해진 상황에서도 북진을 주장하며 휴전을 반대하였다. 정전협정 타결을 방해하기 위해 단행한 반공포로 석방은 이승만 정부의 통일에 대한 입장을 명확하게 보여주었다. 한국정부 대표가 정전협정에 서명하지 않은 것도 이러한 입장의 연장선상에서 이해될 수 있을 것이다(문정인·이상근, 2013; 홍용표, 2012; 이완범, 2012; 차상철, 2004).

휴전협정이 체결된 뒤에는 당장의 북진통일이 불가능함을 인식하면서도 이승만 대통령은 동서 양 진영에서 제기된 평화공존론을 비판하며 전쟁을 통한 통일이라는 신념을 꺾지 않았다. 형식적으로는 유엔 감시 하의 총선거 방안이 북진통일론과 병존하였다. 1954년 제네바 정치회담에서 유엔 측 참전국들조차 남북한 동시선거를 요구함에 따라 북한에서만 선거를 실시한 뒤 북한이 남한에 편입되어야 한다는 '보충선거론'을 주장할 수 없게 된 이승만 정부가 '대한민국 헌법 절차에 따라'라는 조건을 붙여 인구비례에 따른 남북한 자유총선거안을 수용하였기 때문이다. 그러나 이것은 명목상의 통일방안일 뿐이었고, 이승만 정부는 무력통일을 지속적으로 주장하였다. 예컨대 미국 정부에게는 전쟁을 재개하거나 한국군이 단독으로라도 북진을 할 수 있도록 군비를 증강해 달라고 지속적으로 요구하였다. 또, 제네바 정치회담 실패를 휴전의 종결로 해석하거나 중립국감시단 요원들의 철수를 요구하는 등 정전협정을 무력화하려는 시도를 멈추지 않았다.(홍용표, 2012; 이완범, 2012; 차상철, 2004; 문정인·이상근, 2013).

당시의 보수야당 역시 이승만 정부의 북진통일론에 동조하였다. 한민당, 민주국민당, 민주당으로 이어진 야당세력은 6·25전쟁 전부터 정전 이후 수년이 경과할 때까지 이승만 정부의 북진통일론과 북한만의 보충선거론에 찬성하는 입장이었다. 예를 들어, 한민당과 그 동조세력이 주류를 이루었던 제헌국회는 1948년 6월 12일 북한지역에서 인구비례에 따른 선거를 치른 뒤 선출된 의원들이 대한민국 국회에 합류해야 한다는 내용의 결의를 하였다. 그러나 1957년부터 민주당은 남한 단독의 북진통일이 비현실적이라며 이른바 화전양양(和戰兩樣)의 통일론을 내세웠다. 그 내용은 세계적 규모에서 공산주의자들과 무력으로 대결할 기회가 오면 자유진영 국가들과 함께 싸워서 북진통일을 하고, 평화적으로 통일할 수 있는 기회가 오면 북한에서만의 보충선거나 유엔 감시 하에서의 남북한 총선거를 통해 통일을 달성한다는 것이었다(홍석률, 1994: 174-177; 정태영, 1995: 703-719; 문정인·이상근, 2013).

한편, 조봉암이 이끌었던 진보당은 북진통일론과 북한지역 보충선거론은 현실성이 없다고 비판하며 평화통일론을 주장하였다. 1956년 대통령 선거를 앞두고 진보당추진위원회가 발표한 '공약 10장'에 의하면, 조봉암 등은 통일을 가로막고 동족상잔의 유혈극을 다시 벌이려는 남북한의 극좌·극우세력을 누르고 유엔의 보장 하에 민주적 방식으로 평화적 통일을 성취할 것을 주장하였다(「조선일보」 1956/5/10). 조봉암은 무력통일의 길은 막힌 지 오래이며 동족상잔의 비극을 초래할 것이고, 북한만의 보충선거는 북한과 소련이 반대하는 것은 물론 유엔 회원국들도 회의적이므로, 유엔 감시 하의 남북한 총선거로 평화통일을 해야 한다고 입장이었다(조봉암, 1985a; 1985b; 이현주, 2001: 216-217).

이승만 정부는 진보당을 탄압함으로써 평화통일에 관한 논의를 봉쇄하려 하였다. 진보당 간부들을 구속하고 1958년 2월 25일에는 정당 등록을 취소한 것이다. 진보당이 대한민국 국법과 유엔 결의에 반하는 통일방안을 주장하고 있다는 것이 이유였다. 여기에 진보당 간부들이 간첩들과 접촉하고 있으며 공산당 동조자들을 국회의원에 당선시켜 대한민국을 음해하려고 하였다는 혐의도 덧붙였다(「동아일보」 1958/02/26). 재판 과정에서 대부분의 사실이 조작되었음이 밝혀져 대다수 간부들이 무죄를 선고받았으나 조봉암은 사형을 선고받고 결국 죽임을 당했다. 결과적으로 볼 때 당시 북진통일론은 잘못된 분단 극복

의 방도였다. 분단은 고착되었고, 국가안보는 악화되었으며, 대한민국
이 주창한 자유와 민주의 가치도 심각하게 훼손되는 결과를 야기했다.

폐허에서 꽃 핀 생명력: 시장과 학교

　참담했던 현실에도 불구하고 1950년대를 단지 고난과 좌절의 시기
로만 평가할 수 없는 것은 이 시대 한국사회가 보여준 놀라운 생명력과
역동성 때문이다. 신생 대한민국이 그러했듯이 후방의 국민들도 생존을
위한 전쟁을 치러야했다. 전장에 나가거나 사망한 남성들을 대신하여
여성들이 농사를 짓고, 조악한 생필품을 만들고, 노점을 꾸리며 남은 가
족들을 먹여 살렸다. 재산과 생활터전을 잃은 피난민들도 막일과 장사
를 하며 생계를 꾸려나갔다. 전쟁의 폐허 위에 근대적 기업들이 설립되
었으며 피난지의 천막 아래 학교가 열렸다.
　이 시대의 생명력과 역동성을 가장 생생하게 보여주는 공간으로 시
장과 학교를 꼽을 수 있다. 자유시장이라 불리다 전쟁 중 개칭된 부산
국제시장은 피난민들의 대표적인 생활터전이었다. 전쟁으로 미군이 진
주하면서 군용물자를 비롯한 다양한 상품들이 부산항을 통해 들어왔다.
이 물건들이 민간에서 생산된 물품들과 함께 국제시장을 통해 전국의
주요시장으로 공급되었으니 이곳이 전시 유통의 중심지였던 셈이다. 규
모가 큰 도매상들도 있었지만 많은 상인들은 전쟁 중에는 부산에서 물
건을 떼다가 기차를 타고 서울에 가져다 팔고 휴전 뒤에는 서울에서 물
건을 떼다가 국제시장에 풀어놓으며 '유통업'을 했다. 소매상들은 널빤
지나 광목천 한 장을 깔고 장사를 시작했다. 이런 노점을 시작할 형편조
차 되지 못하는 사람들은 지게를 지고 남의 물건을 나르며 연명했다. 전

쟁이 끝나자 많은 피난민들이 떠났지만 돌아갈 곳이 없는 이북출신들 중 상당수는 이곳에 남아 삶을 이어갔다(이상섭, 2010).

252개의 점포가 들어서 있던 남대문시장은 전쟁으로 완전히 파괴되어 남아있는 건물이 없는 실정이었다. 1951년 6월 남대문시장 상인들 50여 명이 서울로 돌아와 보니 시장 일대는 철조만으로 둘러싸여 있고 북창동 폐허에 100여 개의 노점이 설치되어 상거래가 이루어지고 있었다고 한다. 돌아온 상인들은 미군이 남기고 간 군용천막을 뜯거나 판자를 엮어 점포를 차렸고 북에서 온 실향민들도 장사에 뛰어들었다. 이들의 노력으로 1953년경에는 150여 개 점포와 500여 개의 노점을 가진 시장으로 성장할 수 있었다. 남대문시장은 이내 야채, 과일, 해산물, 같은 먹거리부터 구호물자, 군수품 등이 거래되는 상업중심지로 성장하여 "남대문시장에 가면 박격포도 구할 수 있다"는 말이 회자될 정도였다고 한다. 전쟁 후 이곳에서 장사를 시작한 실향민들은 미군부대에서 흘러나오는 군복, 담요, 시레이션박스(C-ration Box) 등을 팔면서 상권을 장악해 갔다. 이곳에서는 미군부대 식당에서 나오는 각종 잔반을 섞어 끓인 '꿀꿀이죽'이 시장 상인들과 지게꾼들에게 판매되기도 하였다(박은숙, 2007: 231-233).

209개의 점포를 가지고 있었으며 기와지붕까지 얹었던 동대문시장도 전쟁으로 완전히 파괴되었다. 그러나 피난지에서 돌아온 상인들은 천막을 치고 헌옷가지와 가재도구를 물물교환하며 장사를 시작했다. 실향민들도 청계천 변에 천막을 치고 옷을 짓거나 군복을 염색·탈색해 판매하기 시작하였다(정승일, 2000; 박은숙, 2007: 235). 동대문시장 역시 1952년 5월말에는 점포가 188개에 달할 정도로 급속히 재건되었다. 상거래가 활발해지자 종로4가 부근에 자리했던 시장이 청계천변을 따라 동쪽으로 뻗어나가 종로5가까지 확장되었다. 10미터 도로를 무단

점유하여 판잣집을 세우는 형태로 시장이 확장되었던 것이다(박은숙, 2007: 235-236).

오늘날까지 전국적 명성을 누리고 있는 이 시장들은 전쟁에 더하여 화재의 참화를 겪었다는 공통점을 가지고 있다. 당시의 시장상인들은 천막이나 판잣집에서 촛불을 켜놓고 장사를 했다. 또, 전기시설이 된 가게들도 누전으로 인해 화재에 취약할 수밖에 없었다. 국제시장은 1950년 12월에 이어 1953년 1월에도 대화재를 겪었다. 신창동의 중국요리집에서 발생한 화재가 국제시장 일대 4,300여 채의 가옥과 점포를 전소시켜 22,000명의 이재민을 발생시켰던 것이다(이상섭, 2010: 9). 한겨울에 발생한 화재가 영세한 상인들에게 끼친 물적 손해와 심리적 충격은 엄청났다. 그러나 1953년 화재 뒤에는 국민 대다수가 전시의 고단한 삶을 살고 있었음에도 구호를 위한 돈과 물품이 곳곳에서 답지하였다. 부산시는 거리의 폭과 점포 사이의 간격을 넓히고 영구적 건물도 세우는 등의 계획을 수립하여 화재로 폐허가 된 2만 평이 넘는 지역에 대한 재건에 나섰다(「동아일보」 1953/02/03). 부산시와 상인들의 노력이 합해져 시장이 재건된 결과 상가의 면모가 일신되었다. 현장을 둘러본 이승만 대통령은 우리 국민들도 남의 원조나 지시를 받지 않고 스스로 계획을 세워 실천할 능력이 있으며 경제적으로도 외국인들과 경쟁할 수 있다는 실례라고 상인들과 부산시의 노력을 칭찬하였다(「동아일보」 1953/09/20).

남대문시장에서도 1954년 6월 23일에 화재가 일어났다. 양복점에서 일어난 불이 삽시간에 퍼지자 군인들까지 동원되어 화재를 진압하였으나 결국 1,000여 개의 점포가 불타고 6,000여 명의 이재민이 발생하였다(박은숙, 2007: 233). 불과 한 해 전에 국제시장 화재를 겪었던 부산시민들은 교회 건물 등에 수용되어 있는 이재민들을 돕기 위해 10만 환의 성금을 모아 전달하였다(「동아일보」 1954/07/04). 화재 이후 건물의 신축과 시장 관리권을 둘러싼 갈등이 벌어져 재건이 늦추어지고 도매상들이 동대문시장으로 옮겨가는 등의 어려움을 겪기고 하였다(「경향신문」 1954/08/01). 그러나 서울시와 상인들의 노력으로 갈등을 극복하고 시장이 재건되었으며 남대문시장은 다시 전국적 유통 중심지로 성장하였다.

동대문시장에도 1958년에 연이어 화재가 발생하였다. 3월에는 종로5가에서 난 화재로 동대문시장의 가건물 88개와 인근의 주택 30여 동이 전소되었다(「동아일보」 1958/03/02). 6월 4일에도 화재가 일어나 70여 동의 점포가 불탔다. 또, 7월 12일에는 누전으로 인한 화재가 발생했는데 상가 내의 '빠다', 참기름, 휘발유 등에 옮겨 붙어 점포 16동이 전소되었다(「경향신문」 1958/07/13;「동아일보」 1958/07/13). 12월에는 촛불로 인한 화재가 발생하여 75개의 점포가 소실되었다(「동아일보」 1958/12/09;「동아일보」 1958/12/10). 연이은 화재로 판자로 지은 상가들이 소실되고 말았으나 서울시와 동대문 상인들은 1962년 잿더미 위에 대형 콘크리트 건물을 세워 현재의 평화시장을 개설하였다. 이후 평화시장 주변에 여러 건물들이 들어서면서 시장이 확장되어 오늘날의 동대문종합시장이 탄생하게 되었다(「한국일보」 2001/01/04).

전쟁을 치르는 동안에도 새 세대를 위한 교육은 계속되었다. 이 시기 교육에서 가장 특징적인 사항은 피난학교의 개설일 것이다. 전쟁이 발발한 1953년 하반기에는 학교운영이 거의 이루어지지 못하였으나 1954년 초부터 임시수도인 부산을 중심으로 거제, 제주, 대구, 수원, 안성, 밀양 등지와 강원도 일부지역에서 피난학교가 개설되었다. 1951년 10월까지는 서울 소재 중등학교 대다수가 피난지에서 개교했을 정도로 피난학교는 일반화되었다. 1951년 말에는 용산중 1,172명, 경기중 966

명, 경기여중 877명, 이화여중 786명, 서울중 736명, 춘천종합중 165명 등 학교마다 적지 않은 수의 학생들이 등록하여 공부를 계속하였다. 재개교하지 못하거나 원 소재지로 돌아간 학교에 등록된 중학생과 고등학생은 '훈육소'라는 임시학교에서 교육을 받았다(안경식, 2009: 317-324).

피난지의 대학은 전시연합대학 형태로 운영되었다. 전쟁 중인데도 정부는 대학교육의 발전을 이유로 1951년 2월 18일 대학생 징집연기 조치를 발표하였다. 이로써 대학생의 입대가 유보되고 군사훈련만 받게 되자 대학에 진학하려는 학생들이 폭증하였다. 농지개혁도 대학생의 증가에 영향을 미쳤다. 농지개혁을 앞두고 소유재산 명목을 전화시키기 위해 교육재단에 토지를 기부한 지주들이 기성회를 발족시킴으로써 사립대학이 늘어났던 것이다. 휴전으로 징집 유보의 이점이 줄어들고 1955년 대학설치기준령이 발표되어 시설확보 등의 기준이 강화된 뒤에야 대학생 수가 줄어들고 고등교육의 거품이 빠지기 시작하였다(김기석·강일국, 2004: 545-547).

피난학교의 교육여건은 매우 열악하였다. 정부는 처음부터 숲속, 하천 근방, 광장 등지에서라도 학교를 열도록 지시하였고 교사를 마련할 수 없는 피난학교들은 이를 따르지 않을 수 없었다. 부산 등 원주지에 소재한 학교들도 전쟁 수행을 위해 건물을 징발당한 경우가 많아서 사실상 전국의 교육이 피난학교체제로 유지되었다고 할 수 있다(안경식, 2009: 322). 창고, 천막 등에서 수업이 진행되고 교사들은 생활고에 시달렸으나 학교를 유지하기 위한 노력은 치열하였다. 일간 소식지를 국어교재로, 미군이 보던 "위클리"를 영어교재로 삼는가 하면, 일본 교과서를 번역 및 편집하기도 하였다. 1951년 4월부터는 정부도 '전시독본'을 배부하기 시작했다. 원 소재지 학교의 경우 교장 사택의 좁은 방마

소재지	중등학교			초등학교			계		
	본교	분교	학생수	본교	분교	학생수	본교	분교	학생수
부산	40	-	14,129	35	-	35,252	75	-	49,381
거제	21	-	3,176	-	35	9,993	21	35	13,169
제주	-	1	703	-	20	3,315	-	21	4,018
강원도	-	-	-	-	13	5,980	-	13	5,980
대구	1	-	2,812	14	-	9,441	15	-	12,253
대전	1	-	860	2	-	3,089	3	-	3,949
수원	1	-	350	1	-	457	2	-	807
안성	-	-	-	1	-	424	1	-	424
밀양	-	-	-	1	-	329	1	-	329
계	64	1	22,030	54	68	68,280	118	69	90,310

* 자료: 안경식, "한국전쟁기 임시수도 부산지역의 피난학교 연구: 중등학교를 중심으로" 『교육
　　사상연구』 23권 3호 (2009), p. 321.

다 70~80명의 학생들이 들어가 공부하고 그래도 수용할 수 없는 학생
들은 마당과 뒤뜰에서 수업을 받도록 했다고 한다. 피난을 온 학교들은
미군에게 구걸하다시피 마련한 텐트를 치고 수업을 진행하였고, 창고나
가정집을 빌리거나 교사들과 학생들이 힘을 모아 가건물을 짓는 경우
도 있었다(안경식, 2009: 325-330).

　　교원 확보도 심각한 문제였다. 전쟁 전에 다른 직장을 가졌던 사람
들을 채용해도 전임교사의 정원을 채우기 어려운 상황인데다 임금을
지급할 돈조차 부족했던 것이다. 학교 운영자들은 연고가 있는 사람들
을 강사로 위촉하여 부족한 교사를 보충하곤 하였다. 교육세와 보조금
관련 시행령에 따르면 교사 봉급의 절반은 국고에서 부담하고 나머지
는 시·도에서 부담하게 되어 있었다. 그러나 전쟁이 터지자 국방비가

늘어나면서 국비나 시비 지원이 거의 이루어지지 못하였다. 그러므로 사친회비 형태로 학부모들이 지급하는 돈으로 피난학교가 운영되었다. 사친회는 군정기의 후원회를 미국의 "Parents and Teachers Association(PTA)"을 모델로 삼아 개편한 조직이다. 학부모들은 자식을 학교에 보내기 위해 사친회비는 물론이고 위문금품과 구호금품을 내야 했으며 당국의 지침에 따라 헌 고무신, 빈 병, 헌 가마니 등을 모으는 데에도 참여해야 했다. 많은 학부모들이 자식을 가르쳐야 한다는 일념으로 이런 부담을 감내하였다(안경식, 2009: 332~335).

1950년대는 또한 초등교육 팽창의 시대로 기록되고 있다. 하루하루의 생계가 힘겨운 상황에서도 부모들은 아이들이 '국민학교'라도 졸업하게 하려고 최선을 다했고, 전쟁으로 늦추어졌으나 1950년대 후반에는 6년의 의무교육도 시행되었기 때문이다(김기석·강일국, 2004: 541). 50년대 문교부 예산의 60~80%가 의무교육을 위해 지출되었을 정도로 정부의 지원의지는 강력하였다(김기석·강일국, 2004: 545). 부모들의 열의와 정부의 노력이 더해진 결과 초등학교 취학률이 꾸준히 증가하여 1950년대 말에는 거의 100%에 이르게 되었다.

한편 성인을 대상으로 한 교육사업도 1950년대 내내 진행되었다. 성인교육의 핵심은 문맹퇴치운동이었다. 미군정 시기부터 학령을 초과한 미취학자를 교육하기 위한 공민학교 설립을 통해 문맹을 퇴치하려는 노력이 기울여졌다. 1949년 12월 교육법이 공표되어 1910년 1월 1일 이후 출생한 학령 초과자는 의무적으로 공민학교 성인반에 들어가

표 3 연도별 초등학교 취학률 (1953~1959)

연도	1953	1954	1955	1956	1957	1958	1959
초등학교 취학률 (%)	72.9	82.5	89.5	89.9	91.1	92.5	96.4

* 자료: 문교부, 『문교 40년사』 (서울: 문교부, 1988), p. 153.

66

200시간 이상의 교육을 받도록 하였다(임송자, 2014: 37-47).

지속적인 문맹퇴치 노력에도 불구하고 1953년 10월말 기준으로 문맹자 수는 240만-280만 명에 달하는 것으로 문교부는 추산하였다(임송자, 2014: 48-49). 정부는 1954년부터 5개년 계획에 따라 농한기에 70-90일 동안 한글교육을 중심으로 일상생활에 필요한 계산능력과 초보적 과학지식까지 가르치는 성인교육 프로그램을 시행하였다. 첫 해인 1954년에는 3월 18일부터 75일 간 문교부, 내무부, 국방부가 협력하여 전국에 84,190개가량의 국문 보급반을 조직하였고 9만 여명의 강사를 투입하였다. 다음 해에도 3월 12일부터 80여 일 동안 유사한 교육이 이루어졌다. 3차년도에는 문교부 주관 하에 내무부, 농림부, 보건사회부 등이 참여한 가운데 70여 일 간 사업이 시행되었으며, 4차년도에도 1월 20일부터 약 90일 동안 유사한 프로그램이 진행되었다. 마지막 해에는 1월 21일부터 70여 일 동안 4만 명의 강사를 동원하여 33,185 개의 보급반을 운영하였다. 5개년 계획을 통한 문맹퇴치운동은 약 500만 명의 수료생을 배출하며 문맹자의 수를 크게 줄이는 성과를 거두었다(김기석·강일국, 2004).

시기별로 성과에 차이가 있었으나, 전체적으로 평가하자면 1950년대 한국의 문맹퇴치운동은 유례를 찾기 어려울 정도의 성공을 거두었다고 할 수 있다. 그 이유는 정부가 주관하되 민간 성인교육 지도자들이 주도하고 학생들까지 참여한 전국적 캠페인이 지속되었기 때문이다. 교사와 대학생은 물론 부인회, 성인교육회 등 비정부 단체들도 이 프로그램에 적극적으로 참여하였다. 그 결과 1950년대 말에는 성인 인구의 80%가량이 문자를 해독할 수 있게 되었다(김기석·강일국, 2004).

경제건설 의지와 기업가 정신

　1950년대에는 60년대 이후 산업화와 수출주도 성장의 주역으로 등장한 여러 기업들이 탄생하였다. 이 시기에 등장한 신흥 자본가들에 대한 학계의 평가는 대체로 부정적이다. 원조에 의존하여 비자립적, 종속적 성격이 강했고, 국가가 제공하는 특혜에 의존하였으며, 경제적 성과도 높지 못했다는 등의 이유에서이다(이상철, 2004: 165-170). 이런 문제점들을 인정한다 하더라도 1950년대가 한국적 기업가정신이 발현되기 시작한 시대였다는 점을 부인할 수는 없다. 해방 전후부터 부를 축적해 온 상인들은 전쟁으로 대부분의 재산을 잃고 말았다. 그러나 이들 중 상당수가 피난지에서 사업을 재개한 뒤 제조업에 진출함으로써 한국을 대표하는 근대적 기업들을 탄생시켰다.

　오늘날 한국경제를 대표하는 기업집단인 삼성도 1950년대에 뿌리를 두고 있다. 해방 후 서울에서 무역업을 하던 이병철은 1950년 12월 부산에 삼성물산주식회사를 설립하였다. 삼성은 국내에서 고철 등을 수집해 일본으로 수출하고 홍콩에서 설탕, 비료를 수입했다. 모든 것이 부족한 시절이라 설탕과 비료가 홍콩에서 선적되었다는 서류만 입수되면 도매상들에게 팔려나갔다고 한다. 이처럼 무역만으로도 엄청난 부를 축적할 수 있었으나 이병철은 1953년 6월 제일제당을 설립하여 한국 최초로 설탕을 생산하였다. 품질이 외국산에 미치지 못하였으나 수입품의 3분의 1 가격에 국내산 설탕을 공급할 수 있었다. 이병철은 1954년에 제일모직을 설립하였고 2년 뒤 공장을 완성하여 제품을 생산하기 시작했다(이한구, 2010: 71-76).

　LG그룹 역시 1950년대에 발현된 기업가 정신을 바탕으로 성장하여 오늘날에 이르고 있다. 1947년 락희화학공업사를 설립하여 화장품을 제조 및 판매하던 구인회는 회사와 공장이 부산에 있어서 전쟁으로 인한 직접적인 피해는 입지 않았다. 그러나 전쟁기간에 일제 화장품이 대거 밀수되어 사업에 어려움을 겪었다. 그는 소비자들이 싫어하는 중국산 향료 대신 일본산 향료를 수입하여 화장품을 제조함으로써 돌파구를 마련하였다. '럭키크림'이 전국을 석권했던 것이다. 유리로 만든 화장품 용기 뚜껑이 쉽게 깨지는 문제로 골치를 앓던 구인회는 플라스틱 뚜껑 개발에 나섰다. 이를 위해 화장품사업으로 번 돈 3억 환을 투자하여 플라스틱 제품 생산을 시작하였다. 크림뚜껑은 물론 머리빗, 비누곽 등이 소비자들의 호응을 얻어 플라스틱 사업은 크게 성공하였다. 락희화학은 1954년 5월에 치약을 생산하기 시작했다. 1956년에는 PVC파이프를, 1957년에는 비닐장판과 폴리에틸렌 필름을 생산하였다. 구인회는 일본 통산성이 발간한 백서에서 전자공업의 발전 가능성이 크다는 내용을 읽고 라디오 생산을 타진하기 시작하였다. 1958년 금성사가 설립되었고 서독 기술자를 고용하고 공장을 건설하는 등의 준비를 거쳐 1959년 최초의 국산 라디오를 생산하였다(이한구, 2010: 129-133).

서울에서 자동차수리업과 토건업을 했던 정주영은 1950년 1월 현대건설을 설립했으나 전쟁이 터져 부산으로 피난을 가야 했다. 전쟁 동안의 긴급복구사업과 전후의 복구공사로 건설업이 호황을 맞았던 것은 사실이지만 수천 개의 건설업체들이 벌이는 치열한 경쟁 속에서 현대건설이 성장한 것은 발주자들의 신뢰를 얻을 수 있었기 때문이다. 한겨울에 방한한 아이젠하워(Dwight D. Eisenhower) 미국 대통령이 둘러볼 미군 묘지에 푸른 잔디가 깔려있어야 한다는 미군의 요청을 받고 보리를 심어 묘역을 푸르게 바꾸는 등의 창조적 발상과 맡은 공사를 책임지고 완수하는 책임감 등으로 인해 현대는 미군이 발주하는 공사를 독점하다시피 하였다. 현대는 우리 정부가 발주하는 긴급공사에도 참여했는데 주로 교량 공사를 담당하였다. 정부가 지리산 일대의 좌익 게릴라를 진압하기 위해 발주한 고령교 복구공사도 현대가 수주했으나 그 결과는 참담했다. 기초만 남은 다리 부근에 흩어진 잔해로 인해 복구공사가 어려웠고 장마와 급류로 교각이 쓸려가고 장비가 물에 잠겼던 것이다. 정주영은 빚더미에 않게 되었다. 그럼에도 수익성이 높은 미군 차량정비 사업을 매각하고 동생들의 집을 팔고 사채를 얻어 쓰면서까지 공사를 마무리하였다(전도근, 2010: 38;「서울경제」 2015/02/25: 9). 이후 현대는 한강 인도교 공사 등 정부가 발주하는 대형공사들을 연이어 수주하며 재기하게 된다.

이런 기업들의 성장은 이승만 정부의 적극적 지원 덕분이기도 하였다. 예컨대 제일모직은 산업은행에서 대충자금 5,830만 환을 융자받아 서독에서 일관기계설비를 도입하였다. 이후에도 정부가 제공한 미국 국제협력처(International Cooperation Administration, ICA) 자금으로 제품을 생산하였다. 모직제품의 품질이 낮아 제일모직이 적자에 시달리자 정부는 추가적인 융자를 제공했으며 1958년부터 일부 모직물의 수입을 금지했다. 또, 현대건설은 관급공사로 성장한 이른바 건설5인조 중 하나였다.

이승만 정부는 한정된 자금으로 전후 재건과 경제 부흥이라는 목표를 달성하기 위해서는 몇 가지 산업부문에 우선적으로 융자를 제공하는 등 투자를 집중할 수밖에 없다는 입장을 가지고 있었다. 모직공장 등의 시설확충에 막대한 자금이 투입될 수 있었던 것은 이와 같은 정부의 방침 덕분이었다. 기간산업에 대한 지원은 이 밖에도 충주비료공장, 인천판유리공장, 삼화제철, 대한중공업, 조선기계제작소, 동양시멘트 등에 대한 융자 등의 형태로 이루어졌다(공제욱, 1993: 129-175).

일부 산업 및 기업에 대한 중점 지원 정책이 몇몇 자본가들이 거부를 축적하는데 큰 도움이 되었던 것은 사실이다. 그래서 이승만 정부와 기업들의 관계가 '정경유착'의 원형으로 여겨지기도 한다. 그러나 이 시기 한국정부의 역할을 특정기업들의 뒤를 보아준 정도로만 폄하하기는 어렵다. 정부는 수입대체산업화라는 분명한 지향을 가지고 있었고 미국의 반대에도 불구하고 원조물자 판매로 얻은 자금 등을 구호와 국방만이 아니라 경제건설을 위한 투자에 사용하려 애썼다(김일영, 2004).

이승만 정부의 경제건설 의지는 최우선적 국정과제였던 안보와도 깊은 관련이 있었다. 1950년대 중반까지는 안보를 튼튼히 하는 방도에 관해 한국과 미국의 입장에 차이가 있었다. 전후 한국의 1인당 국민소득이 60달러 미만으로 추정되던 상황에서 미국 측은 원조물자 대부분을 군사력 강화와 주민 구호에 사용해야 한다는 입장이었다. 반면에 한국정부는 전후복구를 서두르고 경제를 성장시켜야만 민생의 안정과 지속적인 군사력 증강이 가능하다고 주장했다. 소련이 경제원조 등을 통해 제3세계 국가들에게 접근하고 동남아시아에서 프랑스가 공산주의자들에게 패배하자 1950년대 후반부터 미국은 대외원조정책을 전환하기 시작하였다. 군사원조 일변도에서 벗어나 경제개발을 지원함으로써 장기적으로 안보상황을 개선하려는 전략을 택한 것이다. 이런 변화가 일어난 이후에야 한국정부는 기업들에 대한 지원을 본격화할 수 있었다. 이승만 정부는 경제개발 계획을 수립하여 경제건설에 박차를 가하려 하였으나 1958년 국가보안법파동 이후 정치위기가 심화되어 실행에 옮기지 못하였다(이현진, 2009; 이철순, 2004). 본격적 경제개발계획의 시행을 좌절시킨 정치적 혼란은 물론 이승만 정부의 책임일 것이다.

안보와 성장의 토대가 된 한미상호방위조약

앞에서 살펴보았듯이 이승만 정부는 분단 극복을 위한 북진통일을 시도하였으나 전쟁의 참화를 막지 못하고 분단을 고착화시키는 결과를 낳고 말았다. 그러나 전후 대한민국 안보의 토대를 마련하기 위한 노력은 성과를 거두었다고 할 수 있다. 한미상호방위조약 체결을 통해 미국과 동맹을 맺는데 성공했기 때문이다. 이는 조약 체결에 부정적인 미국 정부를 집요하게 '압박'하여 이루어낸 결과였다.

미국은 정전협정을 체결하면서 남한의 안보에 대한 공식적인 약속을 피하려 하였다. 트루먼이 이끈 민주당 정부와 아이젠하워가 이끈 공화당 정부 모두 이점에서는 차이가 없었다. 이승만 정부가 요구하는 상호방위조약 체결을 미국 정부가 피하려 했던 이유는 여러 가지이다. 무엇보다도 전쟁이 장기화되어 희생이 너무 컸다. 한반도에서 전쟁이 재개될 경우 또 다시 이와 같은 희생을 치르는 상황을 미국으로서는 피하고 싶었던 것이다. 아이젠하워가 공화당 후보로는 28년 만에 대통령으로 당선되는 데에도 한국문제에 대한 미국인들의 불만이 큰 영향을 미쳤다. 아이젠하워는 정전협상의 조속한 타결을 공약으로 내세웠었다. 더욱이 아이젠하워를 비롯한 미국 정부 인사들은 막대한 전쟁비용이 미국경제에 악영향을 미칠 것을 우려하였다. 또한 미국은 이승만 대통령이 한국군을 북진시킬 경우 상호방위조약으로 인해 다시 전쟁에 휘말릴 수 있다는 점을 우려하였다(스툭, 2005: 243-244).

미국이 정전협상을 시작하자 이승만 정부는 남한 주도의 통일이 전제되지 않는다면 어떤 식의 정전에도 반대한다는 입장을 분명히 하였다. 그럼에도 정전회담의 분위기가 조성되자 정전에 동의하는 조건으로 중국군 철수, 북한군 무장해제 등을 제시하였다. 북한-중국 측은 물론 유엔사 측도 받아들일 수 없는 조건을 내세워 휴전을 막으려는 시도였다(이완범, 2012: 29). 그러나 미국이 전쟁을 끝내려 할 경우 남한이 단독으로 전쟁을 수행할 수 없다는 점은 의심의 여지가 없었다. 그러므로 이승만 정부는 미국과 방위조약을 체결하고 더 많은 군사원조를 받아

넘으로써 휴전 이후를 대비하려 하였다.

정전협정을 체결하되 정전 이후 한국의 안보에 대한 공식적인 책임은 떠맡지 않겠다는 미국의 입장을 확인하자 이승만 대통령은 전쟁을 계속하거나 정전 이후의 안보를 책임질 것을 미국 지도자들에게 요구하였다. 이승만 대통령은 1952년 3월 21일자 서신을 통해 트루먼 대통령이 정전협정을 고집한다면 따르겠지만 한국 국민들을 설득하려면 미국과 한국이 상호방위조약을 맺어야 한다고 주장하였다. 이 요구를 들어주지 않는다면 한국인들은 미국으로부터 버림받을 것이라고 생각하여 차라리 싸우다 죽을 것이라며 한국군의 단독 북진을 암시하였다. 또, 한국군을 확충해야 한다는 의견을 피력하였다(맥도널드, 2001: 86). 미국 정부는 이승만의 요구를 묵살하였다. 그럼에도 이승만 대통령은 1952년 5월 21일 미국이 한국과 방위조약을 맺는다면 정전협정에 반대할 이유가 없으며 국민들이 이 협정을 수용하도록 설득하겠다는 내용의 서한을 트루먼 대통령에게 다시 보냈다(이완범, 2012: 33-35).

1952년 10월 8일부터 정회되었던 정전협상이 1953년 4월 중 재개될 움직임을 보이자 이승만 정부는 휴전을 반대하는 세력을 총동원하였다. 그 결과 대중집회, 신문사설, 여론조사 발표 등을 통해 전국적인 반대운동이 전개되었다. 휴전반대운동이 이승만 대통령의 독단에 의해서 전개되었던 것은 아니다. 많은 국민들이 이승만 정부의 입장을 지지하였다. 대다수 한국인들은 장기화된 전쟁에 지쳐 있었다. 그러나 남과 북이 대치하는 상황에서 전쟁이 끝날 경우 한국의 안보를 보장받을 수 없다고 생각하였다. 정전 이후 한국인들의 참여나 동의가 없는 상태에서 강대국들에 의해 한국의 운명이 결정될 수 있다는 점도 우려하였다(맥도널드, 2001: 84). 이런 가운데 변영태 외무장관은 브리그스(Ellis O. Briggs) 주한 미 대사에게 상호방위조약 체결을 공식적으로 요청하였다

(맥도널드, 2001: 86-87; 이완범, 2012: 42).

이승만 대통령은 1953년 4월 9일 아이젠하워 대통령에게 통일을 이루는데 필요하다면 남한 단독으로라도 싸우겠다는 의지를 강하게 피력하는 내용의 편지를 보냈다. 아이젠하워 행정부는 한국 정부가 정전협정에 반대하지 않고 협정의 이행에 협조한다면 한국이 다시 침략 받을 경우 전쟁을 한반도에 국한하지 않겠다는 선언을 참전국들이 공동으로 발표할 것이라는 구상을 이 대통령에게 전달하였다. 또, 상황이 허락하면 유엔군을 한국에 잔류시킬 것이며, 한국군을 20개 사단으로 증강시키기 위한 군사원조를 제공할 것이고, 정전 후 정치회담을 통해 중국군을 철수시키겠다고 하였다. 그러나 상호방위조약 체결 요구에 대해서는 아무런 답변이 없었다(맥도널드, 2001: 87-88; 이완범, 2012: 44-46).

크게 실망한 이승만 대통령은 유엔군을 철수시켜도 좋다면서 아이젠하워 대통령에게 협조할 수 없다는 점을 명확히 하였다. 이런 반응을 확인한 주한 유엔군사령관 클라크(Mark W. Clark)는 이 대통령이 한국군이 관리하고 있는 반공포로를 석방하거나, 정전회담에서 한국대표를 철수시키거나, 한국군이 유엔사의 지휘체계를 벗어나도록 하는 등의 행동을 할 가능성이 있다고 미 합참에 보고하였다. 이 보고를 접한 미국 정부는 어쩔 수 없이 상호방위조약 체결을 검토하기 시작하였다. 그 결과 미국이 필리핀 등과 맺은 방위조약과 유사한 내용의 조약을 한국과 체결한다는 결정을 내렸다(이완범, 2012: 46-47).

이승만 대통령은 1953년 6월 6일 아이젠하워 대통령으로부터 상호방위조약을 체결하고 경제원조도 제공하겠다는 서신을 받았다. 그런데 방위조약 체결을 위한 협상은 정전협정이 체결된 뒤에 시작된다는 단서가 붙어 있었다. 이는 방위조약 체결이 우선되어야 한다는 한국 정부의 입장에 배치되었으므로 이승만 대통령의 반응은 부정적이었다. 6

월 8일 포로의 자유의사에 따른 송환이라는 원칙에 대한 합의가 이루어져 정전협정 체결이 임박하게 되었다. 상황이 급박해지자 이승만 대통령은 한국군 관리 하의 반공포로를 석방하는 승부수를 던졌다(이완범, 2012: 52-55).

정전협정 체결을 앞두고 이승만 정부의 완강한 반대에 직면해 있는 상황에서 미국 정부는 결단을 내려야만 했다. 이에 로버트슨(Walter Robertson) 미 국무부 차관보를 이 대통령과의 협상을 위해 한국으로 보냈다. 이승만과 로버트슨은 6월 26일부터 7월 10일까지 "작은 휴전회담(mini truce talk)"을 벌였다(유영익, 2005: 161-162). 쟁점은 상호방위조약 체결 시점, 한국군 규모, 유엔사의 한국군 지휘권 유지, 정전 후 정치회담 기한 등이었다. 협상 과정에서 이승만 대통령은 이행할 수 없는 조건들을 잇달아 제기하면서 정전협정 체결에 반대하였다. 로버트슨은 미군 철수, 보급품과 장비의 인도 지연, 한국군 증강 지연 등을 무기로 이승만을 압박하였다. 이승만은 미국 측 조약안에 한쪽이 공격을 당할 경우 다른 한 쪽이 즉각적, 자동적으로 지원한다는 조항이 빠진 것에 대해 한국은 필리핀, 오스트레일리아, 뉴질랜드 등과 달리 적대국의 공격을 받으면 순식간에 치명상을 입을 수 있는 나라이므로 최소한 미일안보조약과 같은 수준의 조약을 체결해야 한다고 주장하였다. 미일안보조약에는 미군이 "일본 내와 그 부근에" 주둔할 수 있다는 내용이 들어 있었다. 힘겨운 협상 끝에 한국 정부는 정전협정에 서명하지 않지만 이를 방해하지도 않을 것이며 미국 정부는 상호방위조약을 체결하고, 전후 복구를 위한 경제원조를 제공하며, 한국 육군을 20개 사단으로 증강하고 해군과 공군의 장비를 지원한다는 등의 내용으로 양국의 합의가 이루어졌다. 정전 이후에 상호방위조약을 체결하지만 이 조약에 "한국 내와 그 부근에" 미군이 주둔한다는 내용을 포함시킨다는 타협도 이루어졌다(맥도널드, 2001: 87-88; 이완범, 2012: 57-63).

한미상호방위조약 체결을 위한 이승만 정부의 노력은 집요했고 때로 아슬아슬하기까지 했다. 이승만 정부는 모든 것을 걸고 상호방위조약 체결을 밀어붙였다. 또, 미군이 한국 영토 내부와 주변에 배치되어야 한다는 점을 고집하여 오늘날과 같은 형태의 한미동맹을 구축할 수 있게 되었다(이완범, 2012; 차상철, 2004). 우여곡절 끝에 성립된 한미동맹은 오늘날까지 한반도가 평화를 유지할 수 있었던 가장 주된 요인일 것이다. 1960년대 이후 한국경제의 성장도 우리 정부와 국민들이 한미동맹으로 인해 안보에 대한 우려를 덜고 경제발전에 매진할 수 있었던 덕분일 것이다.

50년대가 주는 교훈과 오늘의 과제

위에서 살펴보았듯이 대한민국의 1950년대는 단지 처절한 전쟁을 치르고 그 후유증으로 고통스러워했던 세월이 아니라 국민과 정부의 끝없는 인내와 노력으로 전쟁의 피해를 복구하고 안보를 강화하는데 성공했던 시기이기도 하다. 이 시기를 살았던 우리 어버이들은 전쟁이 남긴 빈곤, 분단, 안보불안 속에서 전쟁의 상처를 치유하고, 또 다른 전쟁의 가능성을 차단하면서, 교육과 창업 등을 통해 1960년대에 본격화될 산업화와 경제성장의 씨앗들을 움트게 했던 것이다. 그러므로 대한민국의 1950년대는 단지 반면교사의 대상이 아니며, 오늘을 사는 우리는 이 시기의 여러 모습들로부터 취할 것과 버릴 것, 배울 것과 반성할 것들을 가려낼 수 있어야 할 것이다.

오늘의 한국인들이 이 시대로부터 배워야 할 점으로 무엇보다도 다시 시작하려는 의지를 꼽을 수 있을 듯하다. 1950년대의 한국인들은 잃어버린 것들을 아파하지만 않고 폐허 위에서 새로 시작하는 모습을 보여주었다. 퇴직금을 털어 마련한 가게가 문을 닫을 처지에 놓인 우리 시대의 어버이들과 구직에 여러 차례 실패하여 낙담해 있는 이 시대의 자녀들에게 무엇보다도 필요한 것은 피난지에서 맨몸으로 일해 마련한 가게가 화재로 재가 되었는데도 꿀꿀이죽을 끓여 팔며 다시 일어선 그 시대 상인들의 의지와 용기일 것이다.

다시 시작하려는 의지를 단지 개인이 가져야 할 덕목으로 치부해서는 안 된다. 공동체가 이런 의지를 북돋울 수 있어야 하고 국가도 이런 의지가 실천될 수 있는 환경을 제공해야 한다. 우리 시대의 젊은이들이 창업을 회피하는 것은 새로 시작하는 이들에게 너무도 불리한 환경이 조성되어 있기 때문이다. 이미 승리한 자들의 기득권을 중심으로 모든 것이 구조화되어 있는 환경에서는 창조, 혁신, 재도전 등이 어려울 수밖에 없다. 기업가 정신이 발현될 길이 막혀있는 것이다.

이런 점에서 정부의 역할이 중요하다. 원조를 받아 나라살림을 꾸리던 시절에도 한국 정부는 기업인들의 새로운 도전을 옹호하고 지원하는데 적극적이었다. 60년대와 같은 정부주도 성장이 불가능하고 재벌 위주의 경제운영도 한계에 다다른 오늘날, 정부는 기존의 대기업집단 중심의 경제운영 관행에 연연하기 보다는 새로운 아이디어와 도전의식을 가진 기업과 개인의 자발적 노력을 지원함으로써 현재의 위기를 돌파하려는 노력을 아끼지 말아야 할 것이다.

분단의 극복과 안보의 확립은 오늘날에도 우리의 중대 과제일 수밖에 없다. 희망과 현실을 구분하지 못하고 북진통일을 추구했던 1950년대의 경험은 평화를 지키는 것을 최우선 목표로 삼아 대북·통일정책을 전개해야 한다는 점을 새삼 일깨워준다. 이승만 정부는 뒤늦게나

마 현실을 수용하고 전쟁을 통한 통일을 포기하는 대신 한미동맹을 강화함으로써 안보를 공고히 할 수 있었다. 전쟁을 치른 나라들이 빈번한 무력 전개 등을 통해 전쟁의 재발을 가까스로 막아내는 위태로운 평화(precarious peace)의 단계에 머물러 있는 경우가 적지 않은데 비해 한반도에서 일반적 억지를 통해 전쟁을 방지하는 불확실한 평화(conditional peace)가 유지되어 온 것은 이승만 정부가 모든 노력을 기울여 한미상호방위조약을 체결하고 한미동맹을 공고히 한 덕분이라고 할 수 있다.[1]

북한이 핵개발 노선을 공식화하고 주변 강대국들 간의 갈등과 대립이 심해지고 있는 오늘날, 우리는 불확실한 평화를 넘어 전쟁의 가능성이 사라진 안정적 평화(stable peace)를 구축하기 위해 모든 노력을 기울여야 할 것이다. 전쟁의 가능성이 사라지게 하는 관건은 관련 국가들 사이의 신뢰 구축이다(이상근, 2015; Boulding, 1978; Kacowicz, 2000; Kupchan, 2010). 한반도의 경우 남북한 간의 신뢰구축이 선결과제임은 말할 나위가 없다. 이런 점에서 우리 정부가 한반도신뢰프로세스라는 훌륭한 구상을 진전시키지 못하고 있는 현실이 안타까울 뿐이다. 보다 여유를 가지고 긴 안목에서 북한과의 신뢰구축 과정을 진전시키고 이를 동북아 전체로 확대하려는 노력이 한층 더 요구된다.

불리한 현실을 딛고 이런 목표들을 달성하는 것이 불가능해 보일 수도 있다. 그러나 사회구성원들의 의지를 모아 올바른 방향으로 꾸준히 나아간다면 생각보다 가까운 시기에 대한민국이 평화와 번영을 누리는 날을 맞이할 수도 있을 것이다. 오늘의 현실이 어렵더라도 인내와 노력을 다한다면 내일의 도약을 이루어낼 씨앗이 움트게 된다는 것을 1950년대의 한국이 증언하고 있다.

---

1 위태로운 평화와 불확실한 평화에 대해서는 조지(George, 2000)와 이상근(2015)을 참고 바람.

참고문헌

공제욱. 1993. 『1950년대 한국의 자본가 연구』. 서울: 백산서당.

국방군사연구소 편. 1996. 『한국전쟁피해통계집』. 서울: 국방군사연구소.

김기석·강일국. 2004. "1950년대 한국 교육." 문정인·김세중 편. 『1950년대 한국
사의 재조명』. 525-563. 서울: 선인.

김기철. 1985. "북한 당국의 평화공세에 대한 진보당의 선언문". 권대복 편. 『진보
당: 당의 활동과 사건관계 자료집』. 116-117. 서울: 지양사.

김동춘. 2000. 『전쟁과 사회: 우리에게 한국전쟁은 무엇이었나?』. 서울: 돌베게.

김성민·박영균. 2011. "인문학적 통일담론과 통일인문학: 통일패러다임에 관한 시
론적 모색."『철학연구』 92: 143-172.

김일영. 2004. "이승만 정부의 수입대체산업화정책과 렌트추구 및 부패. 그리고 경
제발전." 문정인·김세중 편. 『1950년대 한국사의 재조명』. 603-629.
서울: 선인.

내무부 통계국 편. 1955. 『대한민국 통계연감』. 서울: 내무부 통계국.

맥도널드, 도널드 스턴(MacDonald, Donald Stone). 『한미관계 20년사
(1945~1965년): 해방에서 자립까지』. 한국역사연구회 1950년대반 역.
서울: 문예출판사.

문교부. 1988. 『문교 40년사』. 서울: 문교부.

문정인·이상근. 2013. "한국 정당과 통일론."『본질과 현상』 32: 60-76.

박은숙. 2007. 『서울의 시장』. 서울: 서울특별시사편찬위원회.

서울신용보증재단. 2014. "2014년도 서울 자영업자 업종지도." http://
www.seoulshinbo.co.kr/wbase/information/detail/found/
wbaseBussList.do?menuNo=1&link=&id=222&id=222.

스툭, 윌리엄(Stueck, William). 2005. 『한국전쟁과 미국 외교정책』. 서은경 역. 서
울: 나남출판.

안경식. 2009. "한국전쟁기 임시수도 부산지역의 피난학교 연구: 중등학교를 중심

으로.”『교육사상연구』23(3): 315-350.

유영익. 2005. “한미동맹 성립의 역사적 의의.”『한국사시민강좌』36: 140-180.

이나미. 2012. “한국전쟁기 좌익에 의한 대량학살 연구.”『21세기정치학회보』
　　　22(1): 185-205.

이상근. 2015. “안정적 평화 개념과 한반도 적용 가능성.”『한국정치학회보』49(1):
　　　131-155.

이상섭. 2010.『굳세어라 국제시장』. 김해: 도요.

이상철. 2004. “1950년대의 산업정책과 경제발전.” 문정인·김세중 편.『1950년대
　　　한국사의 재조명』. 165-200. 서울: 선인.

이영석. 1983.『죽산 조봉암: 가려진 현대 정치사의 재조명』. 서울: 원음출판사.

이완범. 2012. “이승만 대통령의 한미상호방위조약 추진배경과 협상과정.” 김영호
　　　외.『이승만과 6·25전쟁』. 23-97. 서울: 연세대학교 출판문화원.

이철순. 2004. “1950년대 후반 미국의 대한정책.” 문정인·김세중 편.『1950년대
　　　한국사의 재조명』. 275-342. 서울: 선인.

이한구. 2010.『한국재벌사』. 서울: 대명출판사.

이현주. 2001. “조봉암의 평화통일노선에 대한 검토 (1946-1958).”『한국근현대사
　　　연구』18: 195-223.

이현진. 2009.『미국의 대한경제원조정책 1948-1960』. 서울: 혜안.

임송자. 2014. “이승만 정권기 문해교육 정책과 문맹퇴치 5개년 사업.”『사림』50:
　　　35-66.

전도근. 2010.『(신화를 만든) 정주영 리더십』. 서울: 북오션.

정병준. 2008. “한국전쟁기 남한 민간인 인명피해 조사의 유형과 특징: 한국정부의
　　　통계·명부를 중심으로.”『한국문화연구』14권 0호. 133-171.

정승일. 2000.『패션밸리’ 남·동대문 시장』. 서울: 경춘사.

정진아. 2013. “한국전쟁기 좌익피해담의 재구성.”『통일인문학논총』56: 7-34.

정태영. 1995.『한국 사회민주주의 정당사』. 서울: 세명서관.

조봉암. 1985a. “평화통일에의 길.” 권대복 편.『진보당: 당의 활동과 사건관계 자료

집』. 서울: 지양사. 66-85

조봉암. 1985b. "평화 통일의 구체적 방안." 권대복 편. 『진보당: 당의 활동과 사건 관계 자료집』. 서울: 지양사. 86-94.

주익종. 2010. "6·25전쟁 후 한국정부의 경제개발론." 김영호 외. 『6·25전쟁의 재인식』. 서울: 기파랑.

중앙일보사. 1983. 『민족의 증언』 2권. 서울: 중앙일보사.

차상철. 2004. "이승만과 1950년대의 한미동맹." 문정인·김세중 편. 『1950년대 한국사의 재조명』. 343-369. 서울: 선인.

최원규. 1996. "한국전쟁중 국제연합민사원조사령부(UNCAC)의 전재민 구호정책에 관한 연구." 『전략논총』 8: 114-162.

최태육. 2012. "6·25전쟁 시기 기독교인 희생사건 기록 문제." 『한국기독교와 역사』 37: 155-180.

하상락 편. 1989. 『한국사회복지사론』. 서울: 박영사.

홍석률. 1994. "이승만 정권의 북진통일론과 냉전외교정책." 『한국사연구』 85: 137-180.

홍용표. 2012. "이승만 대통령의 38도선 폐지론과 북진통일론." 김영호 외. 『이승만과 6·25전쟁』. 99-124. 서울: 연세대학교 출판문화원.

Boulding, Kenneth E. 1978. *Stable Peace*. Austin. Texas: University of Texas Press.

Central Intelligence Agency. 2014. "Country Comparison: Total fertility rate." The World Fact Book 2014. https://www.cia.gov/library/publications/the-world-factbook/rankorder/2127rank.html.

George, Alexander. 2000. "Foreword." pp. xi-xvii. in *Stabe Peace Among Nations*. edited by Arie M. Kacowicz. Yaacov Bar-siman-tov. Ole Elgtröm. and Magnus Jerneck. Lanham. Md: Roman & Fittlefield.

Kacowicz, Arie M. and Yaacov Bar-Siman-Tov. 2000. "Stable Peace: A

Conceptual Framework." pp. 11-35. in *Stabe Peace Among Nations*. edited by Arie M. Kacowicz. Yaacov Bar-siman-tov. Ole Elgtröm. and Magnus Jerneck. Lanham. Md: Roman & Fittlefield.

Kupchan, Charles A. 2010. *How Enimies Become Friends: The Sources of Stable Peace*. Princeston. New Jersey: Princeton University Press.

손열

한일국교정상화와 60년대

머리말

　광복 70년의 역사 속에서 1965년 한일 국교정상화는 나라 안팎으로 중대한 전환점이었다. 안으로 국교정상화는 한국의 후발산업화(late industrialization)가 본격적으로 출발하는 계기를 마련하였다. 박정희 정부는 일본으로부터 청구권 자금을 확보하여 국가주도형 경제개발을 추진하는 물적 기반을 갖추고 경제도약을 이루어 정치적 정당성을 확보하는 전기를 마련하였다. 밖으로는 한국이 미국, 일본과 함께 냉전의 안보 네트워크를 이루는 동시에 경제적으로 일본과의 협력을 통해 자본주의 세계체제 하에서 개도국의 우등생으로 도약하는 중요한 계기를 마련하였다. 즉, 1965년은 한국이 냉전의 정치경제 체제에 깊이 편입되는 기점이라 할 수 있다. 또한 한일 국교정상화는 한국의 외교지평을 확대하는 계기를 제공했다고 볼 수 있다. 1962년 이른바 '김종필-오히라 메모'로 수교로 가는 결정적 전기를 마련한 김종필은 당시 한국의 처지를 중공과 소련에 의해 아시아 대륙이 막혀 마치 대륙에 달려있는 맹장으로 비유하면서, 한일수교를 통해 일본을 디딤돌로 하여 태평양, 인도양, 세계로 연결해 나가야 한다고 역설하였다. 분명 외교공간이 확대되고 아시아외교가 본격적으로 전개될 수 있었던 것이 사실이다.

한편, 한일협정은 과거사 쟁점을 애매하게 하고 많은 과제를 뒤로 미루었다. 일찍이 1951년부터 양국간 교섭은 역사를 철저히 배제하고자 한 일본의 강경 자세가 한국의 소극적 자세를 압도한 결과라 할 수 있다(和田, 1992: 168). 박정희 정부는 미국, 일본과 반공연대를 공고히 하는 안보 논리와 일본의 청구권 자금으로 경제성장의 길을 여는 경제 논리로 과거사 청산이란 역사 논리를 넘을 수 있었고, 일본 역시 미일동맹의 부담 분담이란 안보 논리와 한국시장 접근이란 경제 논리의 결합으로 임했다. 양국은 '부국강병' 혹은 '부강'의 논리 틀 속에서 서로 타협할 수 있었던 것이다.

2015년 한일 양국은 수교 이래 최악의 상황을 맞고 있어 또 한차례의 관계정상화가 필요한 시점이다. 50년전 한일 간 냉전의 정치경제적 타협은 소련의 붕괴와 함께 냉전 논리가 약화되면서 역사문제를 매개로 한 감정과 정체성의 국제정치가 부상하는 가운데 위기를 맞고 있다. 국제적 세력배분구조의 변화로 인해 부강 논리에 근거한 한일 양국의 전략적 이해득실 계산은 달라졌다. 박근혜 정부는 안보적으로 미국과 동맹을 견고히 하고 경제적으로는 중국과 협력한다는 전략 속에서 일본의 전략적 가치를 평가절하해 왔다. 그만큼 일본과 역사갈등을 제어하고 타협할 유인이 떨어지는 것이다. 아베 신조의 일본정부 역시 안보적으로 미국과 군사동맹을 강화하여 중국과 맞서는 가운데 보다 친중적인 성향을 보이는 한국을 적극적으로 품으려는 유인이 상대적으로 약해지게 되었다. 그 결과 한일관계는 수교 이래 최악의 상태에서 좀처럼 회복되지 못하고 있다. 따라서 더 이상 냉전의 안보/경제 논리로 정상화될 수 없는 2015년의 한일관계는 새로운 논리가 필요하다. 한일관계를 재조정, 재정의할 시점에 다다른 것이다.

이 글의 전반부는 1960년대 최대의 국제문제인 한일 국교정상화를 보수적 민족주의를 공유한 양국 지도부의 정치경제적 연합의 결과로 해석하고, 오늘날 한일관계의 악화의 원인을 현 양국 정부가 50년전 과거 프레임에서 탈피하지 못하고 있는 데에서 찾고자 한다. 일본의 아베 정부는 아베노믹스라는 일국중심적 번영논리와 무력증강 그리고 미국과의 동맹강화라는 안보논리로 구시대적 보통국가화를 적극적으로 추진하고 있으며, 국내적으로는 우익 민족주의에 근거한 정체성의 정치를 전개하고 있다. 박근혜 정부 역시 반일(反日)감정에 근거한 저항적 민족주의에서 벗어나지 못한 채 역사화해를 정상회담의 전제조건으로 거는 등 강경한 입장을 견지해 온 결과 정책적 유연성이 약화되고 전략적 선택공간이 제한되는 결과를 초래해 온 결과, 한일 협력의 신시대를 열기는커녕 상황적 필요에 의한 갈등의 봉합도 어려움을 겪게 되었다.

이 글의 후반부는 관계정상화를 위한 새로운 한일관계의 비전을 제시하고자 한다. 한일 양국은 한일관계를 양자관계 차원을 넘어 동아시아 지역의 안정과 공생이란 차원에서 풀어야 할 과제로 자리매김할 것이다. 구체적으로 한일 양국은 동아시아에서 한미일과 중국 관계가 상호 대결 구도를 형성하여 안보, 이익, 감정 갈등으로 악화되지 않도록 하고, 공생 구도를 형성할 수 있도록 이익 차원의 협력을 최대한 늘리며, 국가 정체성에 지역 정체성을 통합시켜 감정적 대결을 완화하는 복합 신질서를 건축하는 방향으로 양국관계를 설정해야 함을 주장할 것이다.

1965년 국교정상화의 논리

한일 국교정상화 교섭은 1951년 10월부터 1965년 6월까지 14년에 걸친 난산(難産)이었다. 한일회담의 목적은 일본의 식민지 지배에 따른 여러 문제들을 정리, 극복하고 국교를 재개하자는 것으로서 양국의 수석대표가 참가한 공식회의만 7회, 비공식 회합을 포함하면 1,500회 이상 만남의 중단과 재개가 되풀이 된 지난한 협상과정이었다. 이러한 교섭의 이면에 미국이 상당한 영향력을 행사했음은 주지의 사실이고 이는 곧 한일 국교정상화가 미국의 짠 동아시아 냉전구도의 한 부분이었음을 뜻한다. 1951년 샌프란시스코 강화조약 체결을 통해 미국은 공산주의의 확산을 막고 동북아의 안정적 발전을 위해 일본과 군사동맹을 맺고 이를 핵심축으로 해서 자유주의 진영을 연결하는 이른바 부채살(hub-and-spokes) 동맹 구조를 구축해 갔다. 여기서 특히 중요한 것은 두 핵심 동맹국인 한국과 일본의 관계정상화이었다. 이 당시 미국의 대일, 대한 정책 목표는 여러모로 유사하였다. 북한, 중국, 소련의 팽창을 막는 교두보로 양국을 확보하며, 경제성장과 민주주의 발전을 통해 자유세계의 일원인 동시에 미국의 지지자로 만드는 것이었다. 따라서 한일 양국의 관계 개선은 한미일 삼각 안보협력 차원까지는 아니더라도 자유진영의 공고화와 확산을 위해 긴요한 것이었다.

구체적으로 미국은 한일관계 정상화를 통해서 한국에 대한 원조의 부담을 일본이 떠 안아주기를 희망하였다. 재정지출을 줄이고 균형예산을 이루려는 아이젠하워 정부는 이승만 정부가 한일관계 정상화에 적극적으로 나서기를 요청하였으나 당시 냉전 대결의 최선단에서 강력한 반공정책을 취한 이승만 정부에게 압력을 가하기는 용이하지 않았다. 후임 케네디 정부는 일본이 경제성장을 거듭하면서 한국에 대한 부담 공유가 가능한 입장이 되자 더욱 적극적으로 한일관계 정상화를 밀어 붙였다. 동아시아에서 최우선순위로 한일관계의 정상화를 꼽은 이유는 주한미군 감축에 따른 일본의 군사적 역할 확대보다는 일본의 경제적 역할 확대로 한국에 대한 원조를 축소하려는 데 있었다(박태균, 2010). 다시 말해서 한반도의 냉전적 대치상황에서 안보는 미국이 제공하되 경제는 일본이 일정한 기여를 해주는 부담공유의 전략 차원에서 한일 국교정상화를 고려했던 것이다.

그러나 패권국 미국의 압도적 영향력이 한일 양국의 수교와 국교정 상화를 가져다 준 것은 아니다. 동북아 지역질서 특유의 정체성 갈등이 란 국내정치적 요인이 엄존하였기 때문에 미국의 압력은 줄곧 결실을 보지 못했다. 1951년 이래 한일 양국은 7차례 교섭을 가졌는데 최대 걸 림돌은 과거사 문제 즉, 일본의 식민지 지배에 대한 반성과 사과 문제 이었다. 전후 일본의 자민당 보수정권이 한국이 원하는 수준의 과거사 반성과 보상조치에 근접하지 않는 한 타결이 어려운 협상구조이었다. 1961년 군사 쿠데타로 집권한 박정희 정부는 역사문제를 적당한 선에 서 봉인하고 경제협력 자금을 얻어내는데 주력하였고 그 주역인 김종 필이었다. 그러나 그의 뒤에는 박정희 대통령의 결단이 있었고, 그 이면 에 기시 노부스케(岸信介)의 그림자가 드리워져 있었다.

현해탄을 넘는 보수연합

기시는 쇼와(昭和)의 요괴(妖怪)라 불릴 만큼 1945년 이전에는 명석 한 경제관료로서 일본의 산업정책을 주도하고 만주국을 경략한 장본인 이었고, 패전과 동시에 A급 전범으로 수인(囚人)의 신세였으나 냉전의 수혜로 복권되었고, 불사조처럼 총리직에 올라 고도성장으로 일본의 부 흥을 이끈 정치가였다. 1930년대 대공황기에 산업정책을 핵심 수단으 로 강력한 통제경제체제를 주도한 기시는 1936년 일본제국의 괴뢰국인 만주국으로 건너가 군부와 긴밀한 협조 하에 경제개발 5개년 계획을 수립, 중화학공업을 중심으로 생산을 확대하여 군비를 증강하는 이른바 개발독재를 통한 부국강병 추진의 모범의 전형을 선보였다. 패전후에는 군사력 보유를 최소한으로 억제하는 평화헌법과 냉전이란 외부 제약조건 하에서 미일동맹을 통해 미국에 안보를 위임하는 대신 경제성장에 진력하는 국가전략을 펼쳤다. 강병을 미루고 부국에 국가목표의 우선순위를 두는 것이었다,

기시의 궁극적 목표는 일본의 진정한 독립 즉, 부국과 함께 평화헌법 개정으로 강병의 길을 여는 것이었다. 그는 1960년 미일방위조약개정으로 군사동맹을 공고히 하고 동맹국을 위해 자유롭게 무력을 행사할 수 있도록 헌법 제9조를 개정한다는 명분으로 개헌공작을 펼쳤으나 속내는 자주 헌법을 갖고 자주 국방을 이루어야 독립이 완성된다는 신념이었다. 단기적으로 동맹국 미국을 돕고 장기적으로는 자강을 성취하려는 의도이었다. 이런 점에서 기시에게 재무장과 군사대국화는 도덕적 이슈이고 강렬한 민족주의와 민족적 자긍심의 발로라 할 수 있다.

그는 패전과 미군정, 새 헌법은 전쟁의 참화의 모든 책임을 일본에 지우고 일본국민의 자긍심을 파괴하는 폭거(暴擧)라 보았다. 따라서 전후 일본의 사명은 지난 전쟁의 의도와 행동이 정당한 것이었음을, 민족적 조화와 왕도정치의 실험장으로서 만주국이 진정한 근대국가인 동시에 아시아의 희망이었음을 전세계에 널리 이해시키는 일이라는 우익적 주장을 피력했다. 패전 후 총리로서는 처음으로 두차례 동남아를 역방하면서 아시아개발기금을 설치하여 원조를 제공하고 한국과 수교를 위한 본격 접촉에 나선 이유는 과거 대동아공영권 건설처럼 일본이 아시아의 맹주로 재부상하여 미국과 상대적으로 대등한 관계를 이룩하려는 것이었다(강상중·현무암, 2010). 요컨대, 기시는 진정한 독립을 성취하

는 중간단계로 경제성장 우선, 미일동맹 강화, 아시아 외교의 복원을 설정하였던 것이다.

한편, 1961년 군사쿠데타로 집권한 박정희는 "조국근대화"란 민족주의적 개발 이데올로기를 내걸고, 민족중흥을 위해서 "국가자립의 경제재건"에 올인하는 국가전략을 펼쳤다(박정희, 1963). 자주국방과 경제건설이란 동전의 양면으로서 기시의 만주국 모델을 궁극적 목표로 하고, 경제적 자조와 자립을 선행한 후 국가의 자주와 통일을 이룩한다는 기시의 전후 일본재건 모델을 방법론으로 선택한 것이다. 관동군 청년장교였던 박정희에게 이미 만주국 최고위 인사인 기시는 모델이자 반면교사이었다(강상중·현무암, 2010). 그는 군을 배경으로 강력한 정치적 리더쉽을 확보하고, 경제기획원을 신설, 소수의 경제 기술관료에 의한 정책결정 독점을 허락하여 수출지향적 성장을 추진하는 이른바 일본모델 혹은 발전국가(developmental state) 모델을 추구하였다(Johnson, 1982a).

발전국가모델의 핵심은 국가가 전략적 자원배분 기능에 있고 따라서 자원/자금 확보가 관건이다(Woo-Cumings, 1999). 일본의 경우 은행의 통제를 통해 국내자금을 전략적으로 배분할 수 있었으나 한국의 경우는 일차적으로 동원할 만한 민간자본 자체가 결여되어 외자에 의존하는 발전전략을 추구해야 했다. 특히 미국의 원조 감축과 외자 도입의 저조로 외화 획득이 현실적 과제로 떠오르는 가운데 박정희는 한일국교정상화를 통한 청구권 자금 확보에 주목하게 되고 여기서 기시를 찾게 된다. 그는 쿠데타 이후 얼마 되지 않아 한일교섭을 조기에 타결하기 위해 일본정부에 고위급 정치회담을 제의하면서 일본측 대표로 기시 노부스케를 지명하고 그의 방한을 요청하였다. 당시 이케다 총리는 한국의 지명에 불만을 표하여 성사되지는 못하였으나, 박정희는 도쿄 방문을 앞두고 기시와 사신(私信)을 주고받으며 협력을 요청하였다. "금후 재개하려는 한일 국교정상화 교섭에서 귀하의 각별한 협력이야말로 대한민국과 귀국의 강인한 유대가 양국의 역사적 필연성이라 주상하시는 귀의(貴意)가 구현될 것이라 생각한다"며 방일 시 첫 대면을 기약하였다(강상중·현무암).

마침내 1961년 11월 방일한 박정희는 첫대면한 기시와 유대를 돈독히 하였고 이케다 총리와 정상회담에서 국교정상화가 연내에도 성사될 수 있음을 시사할 정도로 적극적으로 나왔다. 일본의 진정한 독립으로 민족적 자긍심을 세우려는 기시의 강렬한 민족주의와 부국을 우선시하는 한국의 실용주의 앞에서 역사문제 해결을 통한 민족적 자긍심 회복 과제는 뒷전으로 밀려났다. 특명을 받은 김종필은 "나라를 일으키려면 밑천이 있어야 하고 밑천이 나올 곳은 대일 청구권 뿐이다"라며 청구권 자금으로 도로와 공장을 짓고 기술을 얻어 고도성장의 길을 열어가야 한다는 실용주의를 밀고 나갔다(중앙선데이, 2015/05/17).

일본도 한국의 의도와 입장을 잘 이해하였다. 한일협정 체결 당시 당시 총리인 사토 에이사쿠(佐藤英作)는 기시의 실제(實弟)이고 외무대신인 시이나 에츠사부로(椎名悦三郎)는 그의 핵심 참모이었듯이 기시는 막후 실력자이자 조정자였다. 더불어 이들이 마주한 외적 환경도 유리하게 전개되었다. 1950년대의 경우 일본이 패전의 후유증과 경제부흥에 매진하는 가운데 한일 교섭에 상대적으로 소극적이었고 특히 역사문제에 관해 한국과의 인식차이를 축소하고자 하는 유인이 적었던 반면, 1960년대 들면서 일본경제가 고도성장을 구가하면서 수출이 크게 신장되고 국제수지 흑자가 확대되는 등 경제 여건 속에서 일본은 아시아 지역 국가들에 대한 경제협력을 적극적으로 확대하고자 하였다. 재계는 대외진출을 본격적으로 추진하면서 한일 경제협력을 통해 일본기업의 진출의 가능하다는 기대를 갖고 협상 진전에 영향력을 행사하였다. 1960년대 일본은 미국에 안보를 위임하는 대신 아시아(한국)에 대한 경제적 역할 증대를 강하게 요청하는 미국의 압력에 대응하는 동시에 고도성장의 결과로 수출선을 확대하고 해외투자를 증대하기 위해 한국과의 국교정상화를 필요로 하게 된 것이다.

요컨대 기시와 박정희 사이에 이념적, 정책적 거리는 대단히 좁았다. 사회경제적 개혁보다는 경제성장을 중시하고 자주보다는 미국의 동맹네트워크에 편입을 추진하는 보수주의와 민족중흥을 위해 부국강병을 추구하는 강렬한 민족주의가 결합된 보수적 민족주의를 공유하였다. 이론적으로 말하면 후발산업화(late industrialization) 유형으로서 외적(外敵)의 위협에 대한 자기방어 기제로서 민족주의가 흥륭하고 "후진의식(awareness of backwardness)" 특히 경제적 후진의식을 바탕으로 부국강병 드라이브를 거는 전략을 추진하였다고 할 수 있다(Johnson, 1982b). 이렇듯 이념적 기반의 공유 속에서 양국 지도층은 비교적 용이하게 합의를 이루어 낼 수 있었다. 문제는 보수적 민족주의가 민족중흥을 위해서 일단 대내적 차이와 긴장의 정지를 요구하고 전체적 동질성을 강조하면서 시민적 자유와 평등 개념을 억압하는 데 있다. 대외적 저항을 위하여 원래는 대내면에서 적대관계에 설 수 밖에 없는 봉건적 체제와 가치관, 반민족적(혹은 친일적) 유산들이 도리어 저항의 요새로 활용되어지는 경향을 드러내게 되고, 이는 대중 수준에서 요구하는 민족주의와 불가피하게 충돌하게 된다(이용희, 1977: 89). 당시 한국의 대중은 일본의 식민통치로부터 유래하는 제반 문제를 청산하고 그 토대위에서 국교를 수립하는 내용을 원했으나 실제 협상은 청구권으로서 자금제공을 요청하는 한국측과 경제협력을 주장한 일본측 주장간 대립으로 끌려갔다.

민족주의 vs. 민족주의

박정희-김종필의 경제논리는 서울 중심가를 뒤덮은 대학생의 운동 논리와 날카롭게 대립한 결과, 김종필-오히라 메모(회담결과를 양국 정상에게 보고하기 위한 양자합의안)으로부터 실제 협정 비준까지는 3년이 더 걸렸다. 특히 1964년은 한일회담을 반대하는 대학생 시위로 긴급조치까지 내려진 해로서 서울 18개 대학생 1만 5,000천여 명 등 3만여 명의 시위대가 광화문의 청와대 외곽경비선을 돌파하고 국회의사당을 점령하였다. 이른바 6·3 세대인 대학생 시위대는 거리에서 "제국주의자 및 민족반역자 화형식," "매국(賣國)정상배 퇴진," "민족적 민주주의 장례식" 등 격문과 함께 굴욕적 회담의 중지를 외쳤다. 이들의 주류는 후발산업화를 위한 보수적 민족주의를 거부하고 반외세 통일의 민족주의를 내걸었다. 민족적 자긍심을 지키기 위해 역사문제에 대한 타협을 배격하고 분단 고착화를 조장하는 냉전적 안보협력을 거부하는 저항적 민족주의를 표출한 것이다. 6·3시위대의 이론가로 운동의 논리를 주도하였던 최장집은 반일감정 보다는 이대로 가면 통일이 불가능하게 될 것이라 보았다(중앙선데이, 2015/05/17). 아시아와 태평양 지역에서 미국중심의 안보체제가 강고해지고 냉전대립의 최첨단에 한국이 서게 되면 통일의 가능성이 멀어질 것이라는 우려, 그리고 북한도 국교정상화 교섭 상대가 되어야 한다는 민족주의적 열정이 반대시위의 명분으로 작용한 것이다. 당시는 한국전쟁 후 10년 정도 지난 시절이어서 한반도는 문자 그대로 휴전상태 혹은 잠정적 분단 상황이고 따라서 통일의 가능성도 열려있는 것으로 인식되고 있었다. 그는 학생대표로서 김종필이 일본에서 회담하고 귀국길에 필동 소재 안가에서 독대한 적이 있다. 당시 프랑스 핵이론가인 삐에르 갈로와(Pierre Gallois)의 이론을 거론하면서 국교정

상화에 의해 한국은 냉전 핵대결의 최전선에 나서게 되어 한반도가 핵전쟁
의 위험에 노출될 것이라는 우려를 강하게 전달하였다고 기억한다(Ibid.).

표1 한·일 수교협상과 반대시위 일지

일시	내용
1951년 10월 20일	1차 예비회담. 재일한국인 국적 문제 의제 채택
1952년 2월 15일	1차 회담 시작. 재일한국인 법적 지위, 청구권, 어업 문제 논의
1953년 10월 6일	3차 회담 시작. 구보다 수석대표 "일본 통치는 한국인에 유익" 망언으로 중단
1957년 12월 31일	일본 정부, 구보다 망언 취소
1958년 4월 15일	4차 회담
1960년 1960년 10월 25일	4·19 혁명으로 중단 5차 회담
1961년 1961년 11월 12일	5·16 군사쿠데타로 중단 박정희-이케다 회담
1962년 11월 12일	김종필-오히라 회담. 청구권, 평화선, 재일한국인 법적 지위 등 합의
1964년 2월 22일 3월 24일 5월 20일 6월 3일 12월 3일	공화당 당론으로 확정한 한·일 교섭안 발표 서울대·연세대·고려대 학생 주축 대규모 가두시위 학생·시민 2000여 명 서울대에서 '민족적 민주주의 장례식' 거행 학생·시민 3만 명, 도심·국회의사당 점거. 서울시에 계엄령 선포 7차 회담 시작
1965년 2월 20일 4월 16일 4월 24일 6월 22일 8월 14일 8월 17-25일 8월 26일 12월 18일	한·일 기본관계 조약 가조인 및 양국 공식성명 발표 동국대생 김중배, 시위 중 경찰 곤봉에 맞아 사망 정부, 전국 34개 대학교와 119개 고교에 휴교령 한·일 기본관계 조약 및 부속 협정문 조인 한·일 협정 비준안, 여당 단독으로 국회 비준 대학·고교생 중심 전국적 가두시위 서울시 일원에 위소령 발동 비준서 교환 및 협정 발효

당시 운동권에는 또 다른 유형의 민족주의적 반대논리가 있었다. 박정희 정부 지도자들이 이집트의 나세르나 터키의 아타투르크 등으로 대표되는 개발독재 민족주의를 추구하는데 반해, 학생 시위대는 시민 민족주의, 혹은 시민 민주주의적 민족주의 성향을 띠었다. 학생들은 4.19의 강렬한 영향하에 있었기 때문에 군사쿠데타로 들어선 박정희 정부를 결코 용인할 수 없었고 따라서 조약체결로 인해 정통성을 결여한 박정희 정권이 안정화될 것을 우려하였다. "매국노 화형식"으로 시작된 6·3 데모의 대미를 '군화 화형식'으로 장식한 것은 이런 차원에서 이해할 수 있다. 당시 운동권 지도자였던 김정남의 술회대로 6·3 사태는 한국 현대사를 점철해 온 '민주화 세력 vs. 산업화세력' 대결구도의 최초 사례라 볼 수 있는 것이다(Ibid.).

한국 민족주의는 냉전이란 지정학적 판도 속에서 전개되기 마련이어서 강대국간 균형에 저해요소로 작용하는 이승만의 북진통일 주장이나 한일 국교정상화 거부라는 저항적 민족주의는 궁극적으로 관철될 수는 없었다. 통일을 향한 진보적 민족주의 역시 현실성을 결여한 꿈에 불과했다. 이런 점에서 경제우선의 보수적 민족주의는 냉전이란 시류를 적절히 반영하면서 일본과 의기투합할 수 있는 선택이었다.

2015년 속의 1965년

국교정상화 50주년을 맞은 한국과 일본은 역동적으로 변환하는 지역질서에 강한 영향을 받고 있다. 중국의 부상에 따라 동아시아의 전략적 환경이 변화하고, 일본 경제의 장기불황, 한국 경제의 저성장 국면 돌입, 민족주의의 부흥, 신흥이슈들의 대두 등 커다란 변화를 맞고 있다. 부강(富强)의 무대를 넘어서 기후변화 및 환경, 문화, 기술 등의 무대가 새롭게 부상하며, 국가이익뿐만 아니라 지역이나 지구적 이익도 함께 고려하는 공생의 가치가 중시되는 시대이기도 하다. 따라서 한일 양국은 새로운 시대에 걸맞는 새로운 한일관계 모델을 찾아야 한다. 그럼에도 불구하고 양국 정부의 전략적 목표 설정과 추진 방법은 상당히 구시대적 색채를 띠고 있다. 일본의 아베 신조 총리는 공공연히 자신은 아베 신타로의 아들이지만 외조부(外祖父)인 기시의 DNA를 이어 받았다고 자찬(自讚)하고, 박근혜 대통령은 부친으로부터 정치를 배웠고 그의 정치적 복권을 위해 정치를 한다고 술회한 바 있다. 양국 정상은 50년 전 과거로 회귀하고 있다.

아베 신조는 외조부 기시로부터 부국강병을 향한 민족주의적 열정을 그대로 이어받았다. 2012년 총선거에서 "강한 일본"을 기치로 하여 정권을 탈환한 그 주말 기시의 묘소를 참배하면서 "진정한 독립"이란 선대의 사명을 계승하겠다고 선언하였다. 경제강국에 걸맞는 군사강국을 성취하는 동시에 민족적 자긍심을 회복하는 정신적 독립을 이루겠다는 것이다. 그는 아베노믹스라는 일국중심적 번영논리와 무력증강 그리고 미국과의 동맹강화라는 안보논리로 "보통국가화"를 적극적으로 추진하고 있으며, 국내적으로는 우익 민족주의에 근거한 정체성의 정치를 전개하고 있다.

아베는 2006년 집권시 "전후레짐으로부터 탈각"이란 이념적, 외교 안보적 이슈를 전면에 내걸었다가 경제개혁을 원하는 국민으로부터 지지를 잃고 1년만에 실각한 쓰라린 기억을 안고 있다. 그 교훈으로 2012년 재집권하여서는 정책의 수순을 바꾸어 경제회생과 안정된 복지를 염원하는 민의를 우선적으로 고려하는 전략을 펼쳤다. 아베노믹스란 이름의 대담한 금융완화와 TPP 교섭참가라는 경제메뉴를 전면에 내걸고

지지세를 넓혀 2013년 7월 참의원 선거에서 대승을 거둔 후, 국가안전
보장회의(NSC) 설치와 특정비밀보호법 가결, 야스쿠니 신사 참배, 집단
적 자위권 행사 용인 각의결정 등으로 보통국가로의 색채를 분명히 드
러내었다. 또한, 아베 총리는 내각 지지율 하강 조짐이 보이자 선제적으
로 2014년 12월 소비세 인상 시점의 연기를 내걸고 아베노믹스에 대한
지지를 묻겠다며 국회해산을 단행, 총선거에서 대승으로 의석수 2/3란
절대다수를 확보하여 장기집권의 길을 열었다.

아베는 부국강병과 보통국가를 향한 4년의 긴 정치게임을 벌이고
있다. 2013년 12월 야스쿠니 신사 참배 이후 더 이상 야스쿠니에 가지
않고, 또 2015년 전후 70주년 아베담화에서 본인의 이념적 성향을 본
격적으로 드러내지 않은 까닭은 국내 보수지지세력의 실망보다도 중국
과의 격렬한 외교전 및 미국의 비판이 보통국가의 길에 더 큰 걸림돌이
될 것이란 정치적 계산 때문이었다. 미국과 희망의 동맹(Alliance of hope)
을 외치며 긴밀한 파트너쉽을 구축하는 동시에 중국과 관계 개선을 위
한 유연성을 발휘하고 있다. 그에게 한국의 지정학적, 지경학적 위치는
그다지 높지 않기 때문에 한일관계 개선의 조건으로 한국이 내걸고 있
는 역사화해와 위안부 문제 해결에 전향적으로 화답하지 않고 있다. 부
국과 강병 양면에서 한일관계 악화로 인해 일본이 감내해야 할 손실이
그다지 크지 않다고 보기 때문이다. 그의 외조부가 처한 상황 즉, 당시
미국의 필요에 조응하면서 아시아 시장을 확보하고 전략적 영향력 획
득을 위해 한국과 손을 맞잡을 필요가 컸던 상황과는 다르다.

한편, 박근혜 대통령도 부국강병이란 측면에서 50년과 달리 일본의
가치를 크게 보지 않고 있다. 급부상하는 중국과의 관계가 보다 중요해
지면서 일본으로부터 기대하는 전략적 이득이 상대적으로 축소되고 있
는 것이다. 따라서 일본과 역사문제에 대해 타협적으로 나갈 유인이 낮

아졌다. 50년전 선친은 부국강병을 위해 일본의 경제지원을 필요로 하
였기 때문에 민족적 자긍심에 흠결을 내면서도 한일기본협정의 결단을
내렸던 상황과는 다르다. 박정희와 기시가 서로를 필요로 하였다면 박
근혜와 아베는 그렇지 못하다. 양국이 성장일변도의 부국관념과 국방위
주의 안보관념에 사로잡혀 있다면 서로에게 기대할 것도, 내어줄 것도
크지 않다.

신한일관계 제언[1]

한국과 일본이 부국강병으로 정의되는 국가이익에 기초하여 양자간
협력을 모색하고 역사문제를 관리한다는 관성적 노력으로는 현재 양국
관계의 긴장과 갈등을 봉합할 수는 있어도 신시대 협력을 이끌기는 쉽
지 않을 것이다. 관계 개선을 위한 다양한 노력이 일차적으로 경주되어
야 하겠지만 보다 근본적으로 한일 양국은 새 시대에 걸맞게 한일관계
의 목표, 가치, 역할을 조정하고 정의하는 공동 노력을 기울여야 한다.
과거의 한일관계가 양자관계 속에서 생기는 다양한 이익의 공유 차원
에서 이루어졌다면 미래의 한일관계는 동아시아, 나아가 아시아태평양
의 평화와 번영, 그리고 공생을 위한 협력이라는 가치와 목표를 설정해
야 한다. 보다 구체적으로 미래의 동아시아 질서가 강대국간 힘의 각축
과 세력균형이 지배하는 근대적 권력정치의 공간이 아니라 다양한 행
위자들이 네트워크적으로 연결하여 수평적으로 근대와 탈근대의 다양
한 문제들을 조정, 관리해 나가는 복합 공간으로 변환되어질 때 비로소

---

1 이 절의 내용은 하영선·손열(2015)을 요약한 것임.

한일 양국의 이익이 실현될 수 있을 것이다(하영선·손열, 2015).

신 한일관계의 과제는 다음과 같이 세가지로 나누어 볼 수 있다. 첫째는 지정학적 협력이다. 동아시아의 미래는 미국과 일본이 주도해 온 기성질서에 중국이 도전하는 양상으로 전개될 것이다. 지난 4월 28일 미일 정상은 "미일공동비전성명"을 내면서 21세기 양국의 경제적, 안보적 이익은 밀접하여 국경에 의해 정의될 수 없다는 상징적 선언으로 미일 일체화의 길을 걷고자 한다. 미국은 경제적 쇠퇴에 따른 영향력 약화를 기존 동맹국과 전략적 유대 강화로 메워나가려 하는 속에서 일본을 핵심 파트너로 삼아 중국의 부상이 초래하는 현상변경의 압력을 최대한 흡수하려 한다. 문제는 미일 양국간 대중인식에 있어서 미묘한 차이이다. 미국은 중국에 대한 전략적 불신에도 불구하고 평화, 신뢰, 협력의 "신형대국관계" 건축에 원칙적으로 합의하고 조심스럽게 관계를 발전시키고 있다. 상호이익을 증진시키면서 합의할 수 있는 공통의 원칙을 마련하고자 다각적인 노력을 경주하고 있다. 반면 일본은 중국과 역사적으로 뿌리 깊은 상호불신의 틀 속에서 전략적 경쟁을 벌여왔다. 아베정부는 중국위협을 정치적으로 활용하여 집단적 자위권 발동에 대한 헌법적 해석을 변경하고 군사력 강화를 통한 보통국가화에 박차를 가하고 있어서 미국보다 강경한 대중인식과 전략을 가지고 있다.

이런 속에서 한미일 협력네트워크가 짜여진다면 중국네트워크와의 관계는 보다 적대적으로 흐를 가능성이 있다. 서로 상대방을 방어적이기 보다는 공격적 현실주의의 시각에서 해석함으로써 안보를 위한 방어적 군비증강도 결과적으로 공격적 군비경쟁으로 치닫는 안보딜레마의 위험성이 증가한다는 뜻이다. 이런 상황이 방치될 경우 동아시아 전반, 특히 일본보다 국력이 약하고 중국에 대한 경제적 의존도가 높으며 분단 상황으로 인해 주변 강대국에 이용당할 가능성이 높은 한국은 매우 심각한 전략적 고민에 빠질 것이다. 이를 회피하기 위해서는 한미일 네트워크와 중국 네트워크 간 안보딜레마를 방지하고 상호 공존, 진화하도록 이끄는 전략을 찾아야 한다. 이는 한일 양국, 나아가 한미일 삼국이 중국을 품는 복합네트워크를 건축해 가는 과제라 할 수 있다(하영선·이원덕, 2011).

양국은 미국과 동맹을 축으로 협력을 심화시켜 나가되, 대중 관계에서는 중국이 당면한 안보상황과 경제적 이해관계를 과거의 냉전적 시각보다는 미래의 네트워크적 시각에서 보다 포용적인 접근을 취해야 한다. 일본은 한국이 남북한관계 개선과 경제활성화 그리고 동아시아의 안보와 번영을 위해 중국을 한미일 네트워크에 연계시키려는 노력을 신중하게 평가하고 이러한 네트워크적 노력이 장기적으로 일본의 국익에도 기여하는 것을 이해할 필요가 있다. 한편 한국은 일본이 중국과 근대 150년의 경쟁관계를 갖고 있으며 동중국해 도서분쟁으로 영토 및 국민의 안전에 대한 강한 부담을 안고 있음을 이해할 필요가 있다. 이런 상호 이해를 기반으로 해서 한일 양국은 중국을 포용하는 동아시아 복합네트워크 건축을 해야 한다.

둘째는 동아시아 번영의 경제질서 건축을 위한 협력이다. 지구금융위기를 겪으면서 아시아 태평양지역의 경제적 위상이 증대되고 역내 경제적 상호의존은 빠르게 증가하고 있는 가운데 역내 경제협력을 추동하는 제도화 노력이 경쟁적으로 전개되고 있다. 그러나 최근 AIIB와 ADB, RCEP과 TPP의 경합에서 보듯이 경제무대에서도 "미일 vs. 중국"이란 경쟁구도가 형성되고 있다. 이에 따라 미래의 동아시아는 ADB와 TPP란 기성질서의 우위, 반대로 AIIB와 RCEP이란 신흥질서에 의한 기성질서의 전복, 제3의 길로 양자가 공존하며 조화롭게 진화하는 세가지 선택지를 앞두고 있다. 문제는 경제적 이익 계산에 따른 "윈-윈"적 경쟁이 아니라 안보적 영향으로 ADB와 AIIB 사이, TPP와 RCEP 사이에서 전략적 선택을 해야 하는 "제로섬" 경쟁의 가능성이 다가온다는 것이다. 마찬가지로, 공생을 위한 협력이 보다 절실한 기후변화/환경, 첨단기술/지식같은 신흥무대에서도 강대국정치에 지배되어 안보화의 부정적 효과가 증대되면 협력의 가능성은 저하하게 된다.

따라서 핵심과제는 무역, 투자, 금융, 기술 등 이익의 영역, 그리고 기후변화/환경, 에너지, 사이버 안보, 재난구조, 전염병 등 신흥영역에서 강대국간 전략적 경쟁의 안보화 영향을 최소화하면서 공통이익을 확대하기 위한 양국간 협력과제를 발굴하는 것이다. 한일 양국은 미중간 경합하는 네트워크 혹은 제도가 서로 공존하고 양립할 수 있으며 나아가 통합될 수 있도록 공통의 프로세스를 설계하는 데 지혜를 모아야 할 필요가 있다. 지역을 단위로 한 포괄적 자유무역협정 체결, 역내 금융위기 방지를 위한 제도 설계 등 기성 무대에서의 한일 협력을 적극적으로 추진해야 한다. 또한 빠르게 비중이 커지고 있는 신흥무대는 양국간 "윈-윈" 게임적 성격이 강하므로 기후변화, 환경, 첨단 기술, 에너지, 지식, 사이버 안보, 재해, 전염병, 이민 등 이슈 영역에서 협력의 가능성을 현실화하는 공동노력이 필요하다.

셋째, 동아시아 감정 갈등을 극복하기 위한 공동노력이다. 근대 이행기과 냉전기의 잘못된 만남에서 만들어진 기억과 정체성의 충돌로 인해 동북아는 감정적 갈등관계로부터 쉽사리 벗어나지 못하고 있다. 19세기말 20세기 초 제국주의 역사에 대한 한일, 한중간 인식의 차이가 국가간 감정적 대립으로 비화되고 나아가 안보적, 경제적 협력에 부정적 영향을 미치는 것이 사실이다. 또한 감정이 상대방에 대한 정체성 구성에 영향을 미침으로써 전략적 갈등상황으로까지 전화되는 경우도 빈번하다. 한국과 중국은 일본의 보통국가화 혹은 군사력 강화노력을 제국주의적 팽창으로 받아들이는 경향이 강한데 이는 감정적 갈등으로 인해 구성된 일본의 군사적 정체성에 기인한다. 마찬가지로 일본과 한국이 중국의 대국화와 중국의 꿈을 제국적 열망의 표현으로 받아들이는 경향도 과거의 기억으로 구성된 정체성의 영향이라 할 수 있다. 이에 대해 미국은 제도화와 보편적 가치외교를 통해 이성적 관계로 전환을 희망하고 있지만 중국의 빠른 부상과 일본의 부활로 인해 아시아 예외주의(Asian exceptionalism)는 지속될 가능성이 높으므로 지역협력이 지지부진하고 안보적 갈등이 야기될 수 있다.

한국과 일본은 기왕의 감정적 갈등을 한일관계의 차원이 아닌 지역의 안정과 공생이란 차원에서 풀어야 할 과제로 자리매김할 필요가 있다. 요컨대, 신한일관계는 한일협력의 가치를 동아시아의 공생과 번영에 두고 안보, 이익, 감정 갈등의 해소라는 목표를 실현하기 위한 양국의 공진으로 정의하는 것이다. 여기서, 한일간 협력의 핵심 걸림돌이 되고 있는 상호 불신의 가장 큰 원천은 과거사문제이다. 이 문제를 해소하기 위해서는 일차적으로 양국정부가 역사인식의 갈등을 국내정치로부터 해방시키는 정치적 결단을 내리는 것이 중요하다. 양국정부가 국내적 지지를 동원하기 위해 과거사 문제의 갈등을 조장하거나 방조하면 불신의 골이 깊어질 수밖에 없다. 이를 넘어서기 위해 양국은 역사인식의 준거를 만들고 양국 정상이 이를 확인하는 절차를 거치거나, 이것이 어렵다면 적어도 양국 지도자들이 역사갈등을 야기할 수 있는 언동을 자제하도록 규제하는 가이드라인을 만들고 이를 내외에 천명할 필요가 있다. 이렇게 함으로써, 양국에서 정권이 바뀌더라도 정부 요인이나 정치인들이 돌출된 역사인식을 표명하여 갈등을 야기하는 것을 막고 일관성 있는 역사인식 유지에 도움을 줄 수 있을 것이다.

이러한 노력과 함께 양국은 역사화해를 위한 장기적 전략을 마련해야 한다. 역사인식문제로 양국이 정부수준에서 반목하고 대립하는 현실을 지양하기 위해서 원칙적으로 역사문제를 정치외교 현안으로부터 해방시켜 역사연구와 역사교육에 종사하는 민간인에게 환원해야 한다. 민간수준의 역사대화와 역사공통개발 경험을 축적하여 상호 신뢰와 연대를 구축하고 국민적 이해와 공감의 폭을 넓혀가야 한다. 이런 속에서 양국은 역사를 지나치게 자기중심적으로 바라보는 자세, 혹은 상대방을 양자관계사의 시야에서만 인식하는 태도를 지양하여야 한다. 상대방을 자국과 관련 사안을 통해서만 이해하는 좁은 시야에서 벗어나 상대방을 다양한 시각에서 바라보는 태도를 갖추어야 한다.

끝으로 한일 양국의 공진은 궁극적으로 정체성의 공유를 지향해야 한다. 한국과 일본의 정체성이 지난 2000여년의 유구한 역사 속에서 몇 차례의 변화를 거쳐 왔다면 이제 또 한차례의 변곡점이 다가오고 있다. 한일 양국민들이 개별 국민국가의 일원인 동시에 동아시아 지역의 일원으로서 복합정체성을 갖추게 될 때 비로소 양국간의 해묵은 역사갈등과 영토분쟁이라는 국민국가간 제로섬 게임은 정치적 해답을 찾게 될 것이다.

참고문헌

정재정. 2015. 『한일회담·한일협정. 그 후의 한일관계』. 서울:동북아역사재단.

"한일 국교정상화와 60년대" 『중앙선데이』 2015년 5월 17일.

강상중·현무암 지음. 이목 옮김. 2010. 『기시노부스케와 박정희』. 서울:책과함께.

박태균. "한일협정 반대운동 시기 미국의 대한반도정책" 국민대학교 일본학연구소
편. 2010. 『한일회담과 국제사회』. 서울:편인.

도시환 외. 2012. 『한일협정 50년사의 재조명 I: 한일협정의 국제법적 문제점에 대
한 재조명』. 서울: 동북아역사재단.

유용태·박진우·박태균. 2010. 『함께 읽는 동아시아 근현대사 1』. 서울:창비.

이용희. 1977. 『한국민족주의』. 서울 : 瑞文堂.

하영선·손열. 2015. "아베담화와 8·15경축사를 넘어서". 서울:동아시아연구원.

하영선·이원덕. 2011. 『한일신시대를 위한 제언』. 서울:한울아카데미.

岸 信介·伊藤 隆·矢次 一夫. 2014. "岸信介の回想". 文芸春秋社.

中村 隆英·宮崎 正康. 2003. "岸信介政権と高度成長". 東洋経済新報社.

Johnson, Chalmers. 1982a. *"MITI and the Japanese Miracle: The Growth of
Industrial Policy, 1925-1975."* California: Stanford University
Press.

Johnson, Chalmers. 1982b. "Political Institutions and Economic Perfor-
mance: The Government-Business Relationships in Japan,
South Korea, and Taiwan, in Fred Deyo ed., *The Political Econ-
omy of the New Asian Industrialism.*" New York: Cornell Uni-
versity Press. 136-164.

Woo-Cumings, Meredith. 1999. *"The Developmental State".* New York:
Cornell University Press.

박정희 모델: 발전국가의 기적, 위기, 전환

김형기

머리말

1970년대는 동아시아 발전모델의 하나의 변형으로서 한국모델(Korea Model)이 정립된 시기다. 해방 70년을 통한 오늘의 대한민국이 형성되는데 가장 중요한 시기다. 한국모델은 박정희 대통령이 기획하고 실행한 경제모델이란 점에서 박정희 모델이라 불리기도 한다.

박정희 모델은 국가가 경제발전을 위해 적극적 역할을 하는 발전국가를 통해 단기간에 세계사에 유례없는 고도 경제성장을 달성하였다. 이를 두고 '동아시아의 기적'(World Bank, 1993) 혹은 보다 직접적으로 '한강의 기적'이라 극찬하는 평가도 있다. 하지만 박정희 모델은 빛과 동시에 그림자도 가지고 있었다. 박정희 모델은 개발독재 모델이라고도 불리는데 개발과 독재가 결합된 박정희 모델에 대한 평가는 양면적일 수 밖에 없다. 개발의 성과를 중시하는 사람과 독재의 폐해를 강조하는 사람간에 평가가 크게 상반된다.

오늘날 한국이 선진국의 문턱에 도달한 것은 박정희 모델이 거둔 경제적 성과에 힘입은바 크다. 이것은 부정할 수 없는 사실이다. 하지만 다른 한편 오늘날 한국경제가 안고 있는 주요 문제들의 상당부분이 박정희 모델이 초래한 것이었다는 점 또한 결코 간과될 수 없다. 야누스처럼 두얼굴을 가진 박정희 모델의 양면을 정당하게 평가하고 그 긍정적 유산은 계승하고 부정적 유산을 청산할 필요가 있다.

1960년대 이후 한국경제의 성장과 위기는 박정희 모델인 발전국가 모델의 기적과 위기에 다름 아니었다. 박정희 모델은 1979년 박정희 정부가 끝난후에도 전두환 정부때까지는 어느 정도 작동하였다. 박정희 모델은 1987년 시민항쟁과 노동자 대투쟁을 계기로 위기에 빠지고 1997년 외환위기를 계기로 붕괴된다. 발전국가는 기적을 창출하였지만 1987년 이후의 민주화와 1997년 이후의 자유화 과정에서 위기에 빠지고 크게 전환된다. 1987년 이후의 제1대전환과 1997년 이후의 제2대전환을 통해 박정희 모델은 역사의 무대에서 사라진다.

이 글은 해방 70년을 맞이하여 1970년대에 형성되었던 경제발전모델로서의 박정희 모델의 특성을 밝히고 박정희 모델의 발전국가가 창출한 기적과 그것이 직면했던 위기와 그리고 발전국가의 전환 과정을 분석하고자 한다. 1997년 박정희 모델의 해체이후 지금까지 그것을 넘어서는 새로운 발전모델이 출현하지 못했다. 이러한 상황에서 박정희 모델의 부정적 유산과 1997년 이후 도입된 신자유주의가 초래한 문제들로 인해 한국경제에는 구조적 위기가 초래되었다.

낡은 발전모델은 생명력을 다했는데 새로운 발전모델은 아직 출현하지 않고 있기 때문에 구조적 위기가 지속되고 있다. 한국경제의 구조적 위기가 극복되려면 새로운 발전모델이 출현해야 한다. 이 글은 기존의 한국모델이었던 박정희 모델을 넘어서는 새로운 한국모델의 정립 방향을 제시하고자 한다.

박정희 모델: 개발독재의 한국모델

박정희 모델은 전형적인 개발독재(developmental dictatorship) 모델이었다(Lipietz, 1985). 한국모델은 국가 형태로 본다면 국가활동이 경제발전에 집중되었다는 점에서 발전국가(development state) 모델이었다. 발전국가 모델은 동아시아 발전모델에 공통적이지만 한국모델이 전형적인 발전국가 모델로 평가된다(Armsden, 1989; Kim, 2013).

박정희 모델의 특성은 (1) 발전국가 (2) 개발독재 (3) 수출주도 성장체제 (4) 재벌지배체제 (5) 중앙집권-수도권 일극 발전체제로 요약할 수 있다.

발전국가는 국가주도의 경제개발을 추진하는 국가 유형을 말한다. 발전국가는 외국, 지배계급, 국민대중으로부터 강한 자율성을 가지고 경제개발을 추진하였다(Lipietz, 1985). 발전국가는 전략산업 육성을 위해 국가가 직접적으로 자원을 통제하고 배분하는 산업정책을 실시하였다. 정부는 전략산업 보호 목적으로 의도적으로 가격 왜곡("getting the price wrong")을 실시하였다(Amsden, 1989; Perkins, 2013). 산업정책을 통해 정부가 투자를 조정하고 유치산업을 보호하며 수출을 촉진하고 금융통제와 외환통제를 실시하였다(Chang, 2006).

중화학 공업화 정책은 전형적인 산업정책이었다. 박정희 정부는 미국과 주류경제학자들의 반대에도 불구하고 중화학 공업화를 강행하였다(Brazinsky, 2007). 1970년 대초 중심부 포드주의(Fordism)의 생산성 위기와 석유파동으로 경제위기를 탈출하기 위해 선진국들이 중화학 공업의 생산과정의 일부를 저임금 국가로 이전하기 시작하여 국제분업이 산업내 무역의 형태로 재편되기 시작한다.[1] 박정희 정부는 이러한 국제

---

1 대량생산과 대량소비가 결합된 포디즘의 세계적 확산 즉 글로벌 포디즘(global Fordism)의 가치사슬(value chain)에 한국의 중화학 산업 기업들이 포함되었다.

분업구조 변화 기회를 포착하여 자동차, 철강, 조선, 기계, 화학 등 중화학 공업화를 추진하였다. 한국의 중화학공업화는 낮은 수준의 조립에서 시작하여 높은 수준의 설계로 나아가는 역 엔지니어링(reverse engineering) 방식으로 이루어졌다. 이 과정은 곧 기술추격 과정이었고 이러한 추격형 성장으로 고도성장을 달성하였다(이근, 2007).

개발독재는 경제개발을 명분으로 국가가 자본을 규율하고 노동을 억압한 독재체제였다. 그것은 높은 자율성을 가진 독재권력이 정치적 자유와 대중참여를 억압하면서 국익과 개발의 이름으로 국민동원과 통합을 도모하는 국가주의적 근대화 체제였다(이병천, 2003). 노동 억압만이 아니라 자본을 규율했다는 것이 개발독재의 특성이었다.[2] 가격통제, 신용할당, 인허가 등의 행정규제, 이자율 규제, 외환규제, 금융소득에 대한 높은 세율 등의 금융억압, 노동3권을 금지한 노동억압이 개발독재의 주요 정책이었다.

1972년 '10월 유신'으로 시작된 유신체제가 곧 개발독재체제였다. 유신체제 아래 인권과 노동권, 민주주의가 억압되었다. 특히 노동3권의 사실상 금지는 저임금-장시간 노동을 강요하여 자본축적에 유리한 노동시장과 노사관계 조건을 형성하였다. 유신체제는 민주공화국의 헌정질서를 파괴한 위헌적 체제였다. 이러한 유신체제 아래 중화학공업화가 추진되었다.

박정희 정부는 수출입국(輸出立國)의 기치를 내걸고 수출기업에 대해 재정금융상의 특혜를 부여하여 수출을 촉진하였다. 그리하여 대량생산과 대량수출이 결합된 수출주도 성장체제가 구축되었다. 1975년 현대

---

2 Amsden(1989)은 자본에 대한 국가의 규율의 예로서 수출목표 부과, 금융통제, 진입제한적 산업정책, 시장지배 기업에 대한 가격통제, 자본도피를 봉쇄하는 엄격한 외환관리 등을 들었다.

자동차의 컨베이어 시스템 도입으로 한국경제에서도 대량생산체제가 자리잡는다. 1976년 포니의 대량생산과 미국수출은 수출주도성장체제의 형성을 알리는 상징적 사건이었다.

대량생산체제하의 높은 생산성과 저임금-장시간노동 체제는 수출기업의 가격경쟁력을 높여 대량수출을 가능하게 하였다. 그래서 "대량생산-고생산성-저임금-대량수출"이란 거시경제적 순환이 형성되어 지속적인 고도성장이 달성되었다. 〈표 1〉에서 보는 것처럼 1970년대 연평균 12.5%, 1980년대 11.2%의 세계적으로 유례없는 고도 경제성장을 달성하였다.

수출주도 성장체제에서의 경제성장은 1970년대에는 주로 더 많은 생산요소 투입에 의해 성장하는 외연적 성장이었으나 1980년대에는 자원재배분, 규모의 경제, 기술진보를 포함한 총요소생산성 향상에 의한 성장인 내포적 성장 요인이 외연적 성장 요인보다 우세했다(표 1 참조). 장시간노동을 통한 절대적 잉여가치 생산과 높은 노동생산성을 통한 상대적 잉여가치 생산이 결합되어 고율의 잉여가치율이 실현된 것이 고도성장을 가능하게 했다(김형기, 1998) .

폴 크루그만(Paul Krugman)은 한국을 비롯한 아시아의 기적은 기적이 아니라고 주장했다. 왜냐하면 경제성장이 대부분 자본과 노동의 더 많은 투입에서 비롯되었고(외연적 성장) 총요소생산성 요인(내포적 성장)은 미약했기 때문이다. 그는 아시아 기적은 영감(inspiration)이 아니라 피땀(perspiration)의 결과였다고 평가한다(Krugman, 1997). 하지만 〈표 1〉의 경제성장 분석 결과를 보면 크루그만의 주장은 틀렸음을 알 수 있다. 한국의 기적은 피땀뿐만 아니라 영감의 결과였다.

표 1 한국의 경제성장 분석: 기업부문

	1970-1980	1980-1990	1990-2000	2000-2010	1970-2010
성장 기여(% 포인트)	12.5	11.2	6.5	5.0	8.7
총요소투입	6.9	4.7	2.6	1.2	3.8
총요소생산성	5.6	6.5	3.9	3.8	4.9
자원재배분	1.4	0.3	-0.9	1.0	0.4
규모의 경제	2.7	2.8	1.5	1.1	2.0
기술진보	1.5	3.3	3.3	1.7	2.5
구성비(%)	100.0	100.0	100.0	100.0	100.0
총요소투입	55.5	41.9	40.0	23.3	43.6
총요소생산성	44.5	58.1	60.0	76.7	56.4
자원재배분	10.8	3.1	-13.5	20.2	5.1
규모의 경제	21.8	25.1	23.0	22.0	23.1
기술진보	11.9	29.9	50.5	34.5	28.2

* 출처: 김동석 외, 한국경제 성장 요인 분석 1970-2010, 한국개발연구원, 2012

박정희 모델은 재벌지배체제를 형성시켰다. 대기업과 수출에 재정금융상의 특혜를 주어 수출 대기업을 강한 시장지배력을 가진 재벌기업으로 육성시켰다. 국가는 재벌에 특혜를 줌과 동시에 재벌을 규율하였다. 즉 국가는 재벌에 대한 보증인임과 동시에 규제자였다(Woo-Cumings, 2001). 국가는 산업정책을 통해 재벌을 규율하였다. 재벌기업에 대해 행정규제를 하고 투자를 조정하였다. 국가와 재벌은 발전연합을 형성하였다. 이 과정에서 정경유착이 발생했다.

재벌기업의 시장지배로 독점체제가 형성되었다. 〈표 2〉에서 산업 내에서 상위 5사의 매출액 비중을 나타내는 시장 집중률(CR5)을 보면 1960년대 후반에서 1970년대 초반에 걸쳐 독점이 급격히 형성되었음을 알 수 있다. 이 자료는 한국경제가 1970년에 독점자본주의가 확립되었음을 보여준다(김형기, 1988). 재벌지배체제는 재벌주도성장체제를 형성시켰다. 재벌의 성장이 한국경제의 성장으로 연결되었다. '재벌에 좋은 것이 한국경제에도 좋은 것'으로 되었다.

하지만 다른 한편 재벌기업에 의한 경제력 집중이 한국경제의 주요한 문제로 대두되는 시기가 바로 1970년대이었다. 1970년대 이후 오늘날까지 유지 강화되고 있는 재벌지배체제는 박정희 모델이 초래한 부정적 유산이었다.

표 2 상위 5사 시장 집중률(CR5)

	음료품	기계	제1차금속	석유석탄제품
1960	25.4	30.5	31.5	5.4
1963	36.3	30.9	20.8	13.5
1966	47.2	50.3	43.5	52.6
1968	72.6	45.0	68.4	72.6
1973	81.9	70.1	74.3	77.1
1978	76.5	69.6	62.0	73.8
1983	62.9	61.2	69.1	90.5

* 출처: 김형기(1988), 한국의 독점자본과 임노동, 까치

재벌기업에 의한 경제력 집중이 강화되는 과정에서 중소기업은 재벌 대기업의 하청기업으로 재벌지배체제에 편입되어간다. 제조업의 중소기업중 수급업체 비율은 1969년 11.6%에서 1974년 18.2%, 1979년 25.7%, 1984년 41.7%, 1991년 73.6%로 급증한다. 수급의존도 80% 이상 중소기업 비율도 1966년 53.0%, 1975년 57.4%, 1984년 78.3%, 1991년 81.1%로 급증한다.

재벌 대기업은 하청관계를 통해 중소기업이 창출한 잉여를 흡수하여 자신들의 경제력을 더욱 증대시켜갔다. 하청 중소기업의 납품단가를 부당하게 인하하는 불공정거래 관행은 오늘날까지 지속되고 있다. 단가인하를 통한 잉여흡수로 인해 재벌 대기업은 크게 성장한 반면 하청 중

소기업은 잉여유출로 인해 위축되었다. 재벌대기업과 하청 중소기업간에 약탈적 산업생태계가 형성되어 왔다. 이 또한 박정희 모델의 부정적 유산으로 남아있다.

중앙집권-수도권 일극 발전체제는 박정희 모델의 또 다른 주요 특징이다. 중앙집권체제는 조선시대 이후 오랜 기간 유지되어 왔지만 강력한 중앙집권체제는 박정희 모델의 개발독재체제 혹은 유신체제가 성립하면서 형성되었다. 강력한 중앙집권체제는 지방자치단체의 자율성과 상상력을 억압하여 지역발전의 잠재력을 훼손시켰다. 이로 인해 지역경제는 내생적 발전의 에너지를 상실하고 중앙정부 의존적이고 재벌대기업 의존적인 종속적 경제로 전락하였다.

개발독재적 중앙집권체제는 수도권 일극 발전체제를 형성하였다. 그레고리 헨더슨(Gregory Henderson)은 한국의 강력한 중앙집권체제에서 작동하는 소용돌이 정치가 서울집중을 초래하였다고 분석한 바 있다(Henderson, 1968). 중앙집권체제 아래 권한과 자원을 독점한 중앙정부가 서울에 있기 때문에 서울로 자원이 집중하게 된 것이다.

수도권 집중의 가장 중요한 지표인 인구집중을 보면 1970년 28.3%, 1980년 35.5%, 1990년 42.8%, 2000년 46.3%, 2013년 49.6%로 수도권 인구비중이 증대하였다. 공공기관의 대부분이 수도권에 집중되어 있다가 노무현 정부때 국가균형발전정책의 일환으로 지방으로 이전하기로 확정되었다. 그 정책으로 이후 150개 공공기관이 지방으로 이전되어 혁신도시가 건설되었다. 하지만 2013년 현재 전체 산업의 사업체의 47.2%, 일자리의 50.8%가 여전히 수도권에 집중되어 있다.

수도권 일극발전체제는 블랙홀로 작용하여 비수도권의 인구와 돈을 빨아들여 비수도권을 황폐화시켰다. 대한민국을 수도권과 비수도권으로 양극화시키고 두 개의 국민으로 분할시켰다.

박정희 모델이 개발과 독재라는 야누스적 두 얼굴을 가진 만큼 그것에 대한 평가도 상반된다. 압축 성장[3]을 달성하여 '한강의 기적', '동아시아 기적'을 창출하였다는 긍정적 평가(World Bank, 1995; Stiglitz and Yusuf, 2001)가 있는가 하면, 정치, 경제, 문화 등 사회전반에 폐해를 초래했기 때문에 양적 성장을 달성했지만 결코 경제발전이 아니었다는 부정적 평가(이정우, 2003)도 있다. 압축 성장은 "강제된 성장"(forced growth)으로서 성장이 강요된 결과 비효율과 불공평을 수반하였다는 평가도 있다(Scitovsky, 1986).

개발독재는 필요악이었다는 평가(Lipietz, 1985)가 있는가 하면, 박정희 모델은 많은 일자리를 창출하고 극빈을 없앤 공로가 있으나 그것은 훨씬 인간적이고 민주적인 방법으로도 달성할 수 있었던 것을 극단적 방법을 통해 달성한 것일 뿐이라는 평가(이정우, 2003)도 있다. 다른 한편, 개발독재를 한 군부정권은 정치적 혼란과 경제적 정체를 극복할 수 없는 약체 자유주의 정부에 대한 보수적 대안으로 등장했다는 평가(이병천, 2003)도 있다.

박정희 정권의 '개발있는 독재'는 이승만 정권의 '개발없는 독재', 장면 정권의 '개발없는 민주주의'와 구분되었다. 개발독재는 국가가 민간의 부를 수탈하는 약탈국가가 아니라 국가주도의 국부창출이 이루어진 발전국가를 출현시켰다. '개발있는 민주주의'는 역사적 대안으로 실현되지 못했다. 개발독재가 역사적 현실이었고 민주적 개발은 역사적

---

3 "압축 성장은 원초적으로 국내시장만 가지고는 지지할 수 없는 대량생산체제를 구축하는, 일종의 외연적 성장이며, 본질적으로 수출의존적일 수 밖에 없는 발전과정이라 할 수 있다"(조순, 1991).

상상일 뿐이다. 당시 민주세력이 개발독재와 다른 길을 만들지 못했다.[4]

박정희 모델은 빛과 그림자를 가지고 있었다. 따라서 박정희 모델의 공과를 정당하게 평가할 필요가 있다. 박정희 모델의 발전국가는 압축적 고도 성장을 달성하여 한국자본주의를 후진자본주의에서 중진자본주의로 도약시켰다(中村 哲, 1991; 안병직, 1997). 박정희 모델의 합리적 핵심은 산업정책과 금융통제였다. 민주화와 자유화 과정에서 산업정책과 금융통제를 폐기한 결과 과잉투자와 단기외채의 급증으로 1997년 외환위기가 초래되었다(Chang, 2006). 개발독재의 청산과정에서 산업정책과 금융통제가 함께 폐기된 것은 역사적 오류였다. 반면, 박정희 모델의 부정적 유산 즉 재벌지배체제, 중앙집권-수도권 일극발전체제, 성장시장주의, 상명하복의 권위주의, 획일적 군사문화는 오늘날 저성장과 양극화를 초래한 역사적 요인이 되었고 새로운 발전모델의 출현을 가로막고 있는 장애 요인으로 작용하고 있다.

오늘날 금융자유화를 핵심으로 하는 신자유주의 정책의 폐해가 심각한 한국경제 상황에서 박정희 모델의 긍정적 유산인 산업정책과 금융통제를 합리적으로 계승할 필요가 있다. 다른 한편 재벌지배체제, 수도권 일극 발전체제, 성장지상주의와 같은 그 부정적 유산을 청산할 필요가 있다.

4　싫던 좋던 이것이 냉엄한 역사적 현실이었다. 당시 민주적 개발을 실현하지 못한 민주세력의 역사적 한계를 지적해야 한다. 군사 쿠데타가 없었더라면 민주적 개발이 가능했을 것이라는 역사적 상상은 무의미하다. 하지만 이러한 인식이 결코 박정희의 군사 쿠데타와 개발독재를 합리화할 수 있는 논거가 될 수 없음은 두말할 필요도 없다.

박정희 모델을 넘어 새로운 발전모델로

박정희 모델은 제1대전환인 1987년 시민항쟁과 노동자투쟁 그리고 제2대전환인 1997년 외환위기를 계기로 해체된다. 1997년 이후 지금까지 민주정부와 보수정부가 번갈아 집권하는 정권교체가 있었지만 박정희 모델을 넘어서는 새로운 발전모델이 정립되지 못했다.

박정희 정부 붕괴이후 나타난 짧은 '서울의 봄'과 '5·18 광주민주항쟁'을 진압하고 등장한 전두환 정부는 군부독재체제를 재구축하면서도 시장자율의 확대를 시도하였다. 전두환 정부는 신자유주의적 기술관료를 등용하여 정부주도경제에서 민간주도경제로의 이행을 추진하였다(전창환, 2004). 시중은행을 민영화하는 금융자유화를 추진하였다.[5] 1983년 까지 5대 시중은행과 모든 금융기관을 민영화하였다. 비은행금융기관의 대부분이 재벌 통제하에 들어갔다.

1987년 시민항쟁과 노동자투쟁으로 정치민주화와 노사관계 민주화가 진전됨에 따라 개발독재체제가 붕괴된다. 1987년은 한국경제의 제1대전환의 분기점이었다. 1987년 이후 등장한 노태우 정부는 민주화와 개발독재 유산이 충돌하는 가운데 민주화는 점차 진전되고 개발독재는 약화되어 갔다. 이 과정에서 한국자본주의 역사에서 전례없는 새로운 현상이 나타났다.

1987년에서 1997년 10년간은 민주화가 진전되고 노동계급의 교섭력이 강화됨에 따라 임금이 크게 상승하여 〈그림 1〉에서 보는 것처럼 소득분배가 개선되고 고성장이 지속되었다. 1987년 이후 1997년 이전

5 　전두환 정부는 은행을 민영화했지만 은행에게 자율경영권을 주지 않았다. 민영화된 은행에 대한 관치가 이루어진 것이다.

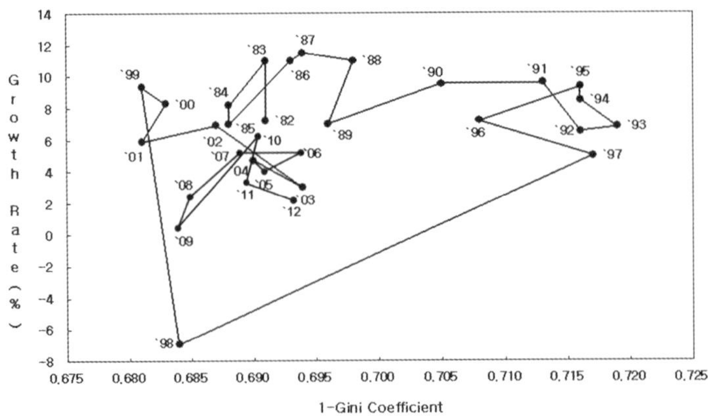

그림 1 경제성장과 소득분배 추이(1982-2012)
* 자료: 기획재정부, 통계청

까지 10년간은 〈표 3〉에서 보는 것처럼 실질임금 상승률이 노동생산성 증가율을 크게 상회하였다. 그 결과 '대량생산-고생산성-고임금-대량소비'라는 거시경제적 회로가 형성되었다. 종래의 수출주도성장에 더하여 새로이 임금주도성장 요소가 출현하였다. 이는 선진국에서 1945년에서 1974년 사이에 나타났던 전형적인 포드주의(Fordism)에 가까운 발전모델이 한국에서도 출현하였다는 것을 말해준다. '고생산성-고임금-고성장-준완전고용'이 실현되었다. 따라서 이 시기는 '한국자본주의의 황금기'에 해당한다고 말할 수 있다(Kim, 2012).

표 3 실질임금 상승률과 노동생산성 증가율: 제조업

	실질임금 상승률	노동생산성 증가율
1980-1986	4.2	7.4
1987-1996	9.1	6.9
1997-2006	4.1	8.9

* 자료: 한국노동연구원, 『KLI 노동통계』, 2007

116

김영삼 정부에서는 한편에서 문민화가 진전되고 개발독재 유산을 청산하는 작업이 이루어짐과 동시에 다른 한편에서 자유시장시스템이 도입되고 규제완화가 추진되었다. 1993년에 '외환 및 자본거래 자유화' 조치가 이루어졌다. 1994년에는 경제기획원이 재무부에 흡수되고 재무부는 신자유주의 정책을 추진하였다. 전략적 계획과 산업정책이 포기되었다. 금융기관에 대한 규제가 완화되었다. 이러한 자유화 정책으로 인해 과잉투자가 이루어지고 대기업의 단기 해외차입이 급증하였는데 이는 1997년 외환위기를 초래한 직접적 원인이 되었다(Chang, 1996).

1997년 외환위기이후 강요된 IMF 구조조정 프로그램에 의해 발전국가 모델이 해체되었다. 1997년은 한국경제의 제2대전환의 분기점이었다. 김대중 정부에서는 '민주주의와 시장경제의 병행발전'이란 국정기조가 설정되었다. 근로연계복지인 '생산적 복지'가 추진되고 영국 신노동당(New Labor)의 이념을 제공한 앤서니 기든스(Anthony Giddens)가 주창한 '제3의 길' 담론이 등장하였다. 노무현 정부에서는 동반성장, 지방분권, 지역균형발전 정책들이 추진되고 '사회투자론' 담론이 출현했다. 김대중, 노무현 두 민주정부에서 민주화가 진전되면서 자유화도 확대되는 이중성이 나타났다. 그 결과 민주주의와 신자유주의간의 갈등이 종종 표출되었다. 노무현 정부에서의 한미 FTA체결은 그 갈등을 크게 증폭시켰다.

이명박 정부에서는 민영화, 규제완화, 부자 감세 등 신자유주의의 정책을 추진하였다. 미국 쇠고기 수입에 반대하는 촛불시위가 크게 확산되자 신자유주의 정책 추진을 일정부분 중단하고 이른바 '중도실용노선'을 추구하였다. 새로운 성장담론으로 녹색성장론을 제기하였다. 박근혜 정부는 한편에서는 '창조경제' 패러다임을 추구하면서 다른 한편에서는 규제완화와 같은 신자유주의 정책을 추진하였다. 박근혜 대통령이 대선후보 시절 공약한 경제민주주의와 복지국가는 국정의제에서 사라져 버렸다.

1997년 이후 한국경제는 경제성장이 둔화되고 소득분배가 크게 악화된다. 〈그림 1〉에서 보는 것처럼 1997년 이후 Gini 계수가 급격히 증가하고 경제성장률은 크게 떨어진다. 10년간의 '한국자본주의의 황금기'가 종언을 고했음을 알 수 있다. 또한 〈표 3〉에서 보는 것처럼 1997년 이후에는 실질임금 상승률이 노동생산성 증가율보다 크게 하회한다.

박정희 모델 붕괴 이후 20년 가까이 된 지금까지 아직 그것을 넘어서는 새로운 대안적 발전모델이 정립되지 못하고 있다. 5년 단위의 정부 교체 과정에서 새로운 패러다임이 제기되었다가 실현되지 못하고 폐기되는 과정이 반복되었다. 김대중 정부의 생산적 복지론, 노무현정부의 동반성장론과 이명박 정부의 녹색성장론은 새로운 발전모델의 요소가 될 만한 것들이었지만 정권이 교체되자 모두 사실상 폐기되어 버렸다.

2015년 현재 한국경제는 개발독재의 유산과 신자유주의 정책의 후유증으로 인해 중대한 구조적 문제들, 즉 저성장, 양극화, 일자리없는 성장, 청년실업, 빈약한 사회투자 라는 5대 문제에 직면하고 있다.

첫째, 성장 잠재력이 하락하여 저성장이 나타나고 있다. 1997년 이후 도입된 주주자본주의 영향으로 기업경영에서 주주가치 극대화를 위한 단기수익성을 추구하는 단기주의가 지배하여 대기업들이 장기적 투자를 기피하고 인적자원개발에 대한 투자를 소홀이 하여 저투자와 성장잠재력 하락이 동시에 나타났다. 대기업은 거대한 사내유보가 쌓여도 투자하지 않고 중소기업은 투자할 여력이 없어 투자하지 못한다. 아울러 그동안의 추격형 성장과 수출주도성장이 한계에 달하여 성장 동력이 소진하였다. 양극화와 소득분배의 악화로 중산층과 빈민의 구매력이 부족하여 내수도 부진하다. 이 모든 요인들이 저성장을 초래하였다.

둘째, 박정희 모델의 재벌지배체제 및 중앙집권-수도권 일극발전체제와 신자유주의의 규제완화와 노동시장 유연화 및 부자 감세 정책으로 인해서 양극화가 크게 진전되어 있다. 대기업과 중소기업간, 수도권과 비수도권간, 정규직과 비정규직간, 부자와 빈자간 격차가 크게 확대되어 있다. 소득과 부의 불평등이 갈수록 심화되고 있다.

셋째, 일자리없는 성장으로 고용문제가 악화되고 있다. 제조업의 고용탄력성(경제성장률 1%당 고용증가율)은 1981-1985년 0.398이었으나 2006-2010년에는 -0.133으로 크게 하락하였다. 전산업의 경우 0.263에서 0.009로 감소하였다. 경제가 성장하는데도 일자리가 늘어나지 않고 오히려 감소하는 현상이 나타나고 있다. 일자리없는 성장은 대기업들이 자본집약적 생산체제를 가지고 있고 생산시설을 중국 등 해외에 이전하고 있기 때문이다.

표 4 고용탄력성 추이

	전산업	제조업
1981-1985	0.263	0.398
1986-1990	0.412	0.629
1991-1995	0.308	-0.223
1996-2000	0.449	-0.300
2001-2005	0.316	-0.211
2006-2010	0.009	-0.133

* 자료: 통계청, 경제활동인구조사, 한국은행, 국민소득계정

넷째, 청년 실업 문제가 심각하다. 2015년 4월 현재 전체 실업률은 3.9 %인데 15-19세 실업률은 9.0%, 20-29세 실업률은 10.3%로 매우 높다. 청년실업이 장기화되고 있는 것이 더욱 큰 문제다. 2007년 미취

업 청년이 2012년에도 미취업인 비율이 38.8%로 나타났다. 또한 15-34세 유휴 청년층(일하지도 않고 공부하지도 않고 직업훈련도 받지 않고 있는 청년: NEET) 비율이 1996년 3.3%에서 2013년 10.3%로 크게 증가하였다. 높은 청년실업률은 그 자체로도 심각한 문제이지만 미래 성장 잠재력을 잠식시켜 국민경제의 지속가능한 성장을 어렵게 할 것이다.

다섯째, 빈약한 사회투자는 또 다른 심각한 문제다. 연구개발투자는 세계최상위 수준인데 사회투자(GDP에 대한 공적사회지출 비율)는 OECD 국가중에서 최하위 수준이다. 높은 지식투자와 낮은 사회투자가 한국의 상황이다. 소득불평등이 증대하고 있음에도 불구하고 사회투자가 빈약하여 사회통합이 안되어 있고 따라서 지속가능한 발전을 기대하기 어렵다.

기존의 한국모델이었던 박정희 모델과 신자유주의를 넘어서는 새로운 한국모델(New Korea Model)은 이러한 한국경제의 5대 문제점을 해결할 수 있는 지속가능한 발전모델이어야 한다. 새로운 한국모델을 실현하기 위한 주요 정책 의제는 다음과 같다.

(1) 중앙집권국가를 지방분권국가로 개혁하기 위한 지방분권 개헌을 추진하여 입법권, 행정권, 재정권을 가진 지역정부를 수립해야 한다.

(2) 수도권 일극발전체제를 지역 다극발전체제로 전환시키기 위해 초광역 경제권별로 지역별 성장 축(growth pole)을 형성해야 한다. 지역다극 발전체제를 구축하기 위해서도 지방분권 개헌은 필수적이다.

(3) 자유시장경제를 넘어 평등과 연대가 실현되는 공생적 시장경제(symbiotic market economy)(김형기, 2013)를 지향해야 한다. 비정

규직 노동자, 중소기업과 영세자영업자 등 경제적 약자의 교섭
력을 높이는 제도개혁이 추진되어야 공생적 시장경제가 실현
될 수 있다(김형기, 2013).

(4) 주주가치의 극대화를 추구하는 주주자본주의를 넘어 주주와 노
동자를 포함한 이해관계자들의 공동이익을 추구하는 이해관계
자 자본주의를 지향해야 한다. 이해관계자 자본주의 원리에 따
라 기업지배구조가 개혁되어야 한다. 사외이사제도 이런 원리
에 따라 개혁되어야 한다.

(5) 대-중소기업간 관계를 약탈적 하청관계로부터 상생의 파트너
십으로 전환하기 위해 중소기업의 집단거래를 허용하는 방향으
로 공정거래법 19조를 개정해야 한다.[6]

(6) 디지털 융합에 기초한 신제조업을 육성하는 신산업정책을 실시
하고 국제단기자본에 대한 통제를 강화해야 한다.

(7) 혁신주도성장과 소득주도성장을 결합하는 새로운 성장체제를
정립해야 한다. 아울러 대기업 주도 성장에서 중소기업 주도 성
장으로, 수도권 중심 성장에서 지역중심 성장으로 나아가야 한
다.

(8) 노동시장의 유연화, 관대한 실업급여, 높은 적극적 노동시장정
책 지출을 결합하여 노동시장의 유연안전성을 실현해야 한다.

(9) 증세를 통해 육아, 양로, 교육, 의료 등에서 보편적 복지를 실현
하는 '고부담-고복지' 체제를 확립해야 한다.

---

6 "독점규제 및 공정거래에 관한 법률" 제19조는 부당한 공동행위를 금지하고 있다.
대기업의 부당한 납품단가 인하를 막기 위해서는 중소기업이 협동조합을 통해 집단
거래할 수 있도록 허용해야 한다. 독일의 경우 중소기업의 집단거래를 카르텔 금지
의 예외로 허용하고 있다.

맺음말

　박정희 모델은 한국경제에 기적을 창출했지만 동시에 위기를 초래하였다. 박정희 모델이 한국을 후진국에서 중진국으로 도약하게 만들었지만 중진국에서 선진국으로 진입하는데 큰 걸림돌이 되고 있는 부정적 유산을 남겼다. 재벌지배체제, 중앙집권-수도권 일극발전체제, 성장지상주의, 획일적 군사문화 등 박정희 모델의 부정적 유산은 대한민국의 경제적, 사회적, 생태적 지속가능성을 가로막는 역사적 요인이 되고 있다.

　특히 재벌지배체제와 중앙집권-수도권 일극발전체제는 오늘날 한국경제의 양대 문제인 저성장과 양극화를 초래해온 가장 중대한 역사적 요인이다. 재벌지배체제는 대기업과 중소기업간의 양극화를, 중앙집권-수도권 일극발전체제는 수도권과 비수도권간의 양극화를 초래하였다. 재벌지배체제와 중앙집권-수도권 일극 발전체제는 중소기업과 비수도권의 성장을 억압하여 저성장과 고용없는 성장을 초래하였다.

　박정희 모델은 1960-1970년대에는 작동가능한 발전모델이었지만 1980년대-1990년대 민주화-자유화 시대에는 지속불가능한 발전모델이었다. 박정희 모델은 1987년 시민항쟁과 노동자대투쟁이후 진전된 민주화와 1997년 외환위기 이후 진전된 자유화에 따라 해체되었다. 박정희 모델 해체후 나타난 신자유주의는 박정희 모델의 긍정적 유산인 산업정책과 금융통제를 폐지하고 자본자유화, 민영화, 노동시장 규제완화, 부자 감세 정책을 추진하였다. 신자유주의는 한국경제의 양극화, 저성장, 불안정성을 초래한 또 다른 중요한 요인이었다.

　저성장과 양극화가 극복되어 대한민국이 지속가능한 발전을 하기 위해서는 박정희 모델과 신자유주의를 모두 넘어서는 새로운 한국모델을 정립해야 한다. 위에서 우리는 새로운 한국모델 실현을 위한 9대 정책 의제를 제시하였다. 지방분권국가, 지역다극 발전체제, 공생적 시장경제, 이해관계자 자본주의, 대-중소기업간 파트너십, 신산업정책, 국제단기자본 통제, 혁신주도성장과 소득주도성장의 결합, 노동시장 유연안전성, 고부담-고복지 체제 등이 새로운 한국모델의 주요 구성요소가 되어야 한다.

이러한 새로운 한국모델을 정립하기 위해서는 사회적 합의가 필수적이다. 새로운 한국모델을 구성하는 요소들중 지방분권국가 실현, 이해관계자 자본주의 실현, 노동시장 유연안전성 실현, 고부담-고복지 체제 구축은 보수와 진보간, 노-사-정-민간 사회적 합의가 있어야 비로소 실현될 수 있기 때문이다. 따라서 새로운 한국모델을 위한 사회적 합의 도출이 지금 가장 중요한 국가의제가 되어야 한다.

참고문헌

구본호·이규억 편. 1991.『한국경제의 역사적 조명』. 한국개발연구원.

김동석 외. 2012.『한국경제 성장 요인 분석 1970-2010』. 한국개발연구원.

김형기. 1988.『한국의 독점자본과 임노동』. 까치.

김형기 엮음. 2005.『대안적 발전모델: 신자유주의를 넘어서』. 한울아카데미.

김형기. 2006.『한국경제 제3의 길』. 한울아카데미.

김형기. 2013. "새로운 경제질서: 공생적 시장경제". 성경륭 외.『21세기 한국의 미래 구상. 한국미래발전연구원.

中村 哲. 1991.『世界資本主義와 移行의 理論』. 안병직 역. 비봉출판사.

안병직. 1997. "한국근현대사 연구의 새로운 패러다임".『창작과 비평』98. 유철규 편. 2004.『박정희 모델과 신자유주의 사이에서』. 함께읽는책.

이 근. 2007.『동아시아와 기술추격의 경제학』. 박영사.

이병천 엮음. 2003.『개발독재와 박정희 시대』. 창비

이병천. 2003. "개발독재의 정치경제학과 한국의 경험". 이병천 엮음. 2003.

이병천·김균 편. 1998.『위기. 그리고 대전환: 새로운 한국경제 패러다임을 찾아서』. 당대.

이병천. 1998. "발전국가 자본주의와 발전 딜레마". 이병천·김균 편. 1998.

이정우. 2003. "개발독재와 빈부격차". 이병천 엮음. 2003.

전창환. 2004. "1980년대 발전국가의 재편. 구조조정. 그리고 금융자유화". 유철규 편. 2004.

조 순. 1991. "압축성장의 시발과 개발전략의 정착: 1960년대". 구본호·이규억 편. 1991.

Armsden. A. H.. 1989. Asia's Next Giant: South Korea and Late Industrialization. Oxford University Press.

Brazinsky. G.. 2007. Koreans. Americans. and the Making of Democracy. Univeristy of North Carolina Press. 나종남 옮김.『대한민국 만들

기』. 1945-1987. 책과함께. 2001.

Chang. Ha-Joon. 2006. The East Asian Development Experience: The Miracle. the Crisis and the Future. New York and Penang: Zed Books.

Henderson. G.. 1968. Korea and the Politics of the Vortex. Boston: Harvard University Press.

Kim. Hyungkee. 2012. "The Great Transformations of the Korean Economy since 1962 Processes and Consequences". in Boyer. R. et al (eds.). Diversity and Transformations of Asian Capitalisms. New York: Routledge.

Kim. Hyungkee. 2013. "Transformation and Sustainability of East Asian Development Model: The Case of Korea. China. and Japan". Paper Presented at Kim Koo Forum at Harvard University.

Krugman. P.. 1994. "The Myth of Asia's Miracle". *Foreign Affairs*. 73:6: 62-78.

Lipietz. A.. 1985. Mirages et Miracles: Problemes de l'industrialisation dans le tiers monde. 若森章孝・井上泰夫 譯. 奇蹟と幻影: 世界的 危機とNICS. 新評論. 1987.

Perkins. D.. 2013. East Asian Development: Foundations and Strategies. Cambridge and London: Harvard University Press.

Scitovsky. T.. 1986. "Economic Development in Taiwan and South Korea". in Lau and Klein(eds.) Models of Development: A Comparative Study of Economic Growth in South Korea and Taiwan. San Francisco: ISC Press.

Stiglitz. J.E. and Yusuf S. (eds.).(2001). Rethinking the East Asian Miracle. New York: Oxford University Press.

Woo-Cumings. M.. 2001. "Miracle as Prologue: The State and the Reform of the Corporate Sector in Korea". in Stiglitz, J.E. and Yusuf S.(eds.).(2001).

World Bank. 1993. The East Asian Miracle: Economic Growth and Public Policy. Oxford University Press.

1980년대의 민주화와
한국 민주주의의 발전과 한계

임혁백

1980년대에 한국 민주주의는 어떻게 탄생했나?

1987년 6월 29일 노태우 당시 집권 민정당 대표가 대통령 직선제 개헌을 수용하는 것을 골자로 하는 8개항의 "6·29 민주화 선언"을 발표하고 김영삼, 김대중을 비롯한 야당지도자들이 이를 받아들임으로써 한국은 세계적인 '제3의 민주화 물결'에 합류하게 되었다. 소공동의 한 찻집 주인은 "오늘은 좋은 날, 차는 무료"라는 팻말을 가게 앞에 붙여 놓고 민주화의 감격을 시민들과 자축하였다. 6월 29일은 한국에서 민주주의로의 전환이 시작된 '좋은 날'이었다. 그러나 한국의 민주화는 '무료'(공짜)로 얻은 것이 아니다. 한국의 민주화는 동아시아에서 유일하게 자생적으로 '비용'을 치르고 쟁취한 민주화이다. 일본의 민주화는 패전 후 점령군 사령관인 맥아더 장군에 의해서 강요된 '외부 세력에 의한 민주화'였고 대만의 민주화는 국민당이 자유화와 민주화의 속도를 조절한 '위로부터 통제된 민주화'였다. 반면에 한국의 민주화는 자생적이었다.

* 이 논문은 고려대학교 연구비 지원에 의해 출판되었음.

1985년 2·12 총선을 시작으로 군부권위주의 정권과 민주화 세력 간에 '밀고 당기기 전쟁'이 결론없이 2년 넘게 장기화되었고 희생자의 숫자도 늘어갔다. 정권과 민주화 연합간의 장기화된 대치상태(standoff) 는 전두환 대통령의 4·13호헌조치로 깨졌고 정권과 민주화 연합은 거리에서의 전면전에 들어갔다. 정권과 민주화 연합간의 균형을 깬 사건 은 김승훈 신부의 '박종철 고문치사 은폐조작사건' 폭로였고 이를 계기로 5월 27일 민주헌법쟁취국민운동본부가 발족되고 6월 9일 이한열군이 직격으로 쏜 최루탄에 중상을 입자 거리에서의 시위는 전국적으로 번졌고, 모든 계층이 참여하는 범국민민주화운동으로 커졌다. 최대다수의 민주화 연합을 만들어준 주요 세력은 소위 '넥타이부대'로 불리는 화이트칼라 중산층의 합류였다. 이한열군 중상 사건 다음날인 6월 10일하얀 반소매 와이셔츠를 입은 수많은 화이트칼라 회사원들이 민주화의 성지인 명동성당 언덕으로 운집하고 있었다. 6월 15일까지 계속된 명동성당 농성은 거리에서의 민주화 항쟁을 전국적으로 확산시켜 전두환 정권은 더 이상 경찰력만으로 시위대를 장악할 수 없게 되었다. 선택은 계엄을 선포하여 군을 투입할 것인가 아니면 국민들의 '호헌철폐 직선쟁취' 요구에 항복할 것인가였고, 정권은 온건파의 주도로 '6·29선언' 이라는 항복을 선택하였다.

1987년의 민주화는 6월 민주화 항쟁이라는 '아래로부터의 민주화' 와 6·29선언의 발표와 야당지도자의 수용이라는 '위로부터의 민주화' 가 결합된 '타협의 민주화'이다. 아래로부터의 민주화는 권위주의 독재와의 '단절'(ruptura)을 주장했으나 위로부터의 민주화를 주도한 제도권 정치엘리트들은 협상과 개혁(reforma)을 선호하였다. 6·29선언까지 단절이 우세했으나 6·29이후는 제도권 정치엘리트들이 민주화의 의제와 속도에 관한 협상을 주도하여 개헌과 정초선거를 빠른 시일 내에 마무리하였다. 단절을 주장하던 운동권 세력은 배제되었다. 전두환과 권위주의 정권이 민주적 경쟁의 회복할 것에 양보한 것은 한국의 권위주의 정권이 경제적으로는 성공한 정권이었기 때문에 상당한 대중적 지지를 확보하고 있었고, 민주화 지도자인 양김을 분열시키고 지역주의를 동원한다면 민주적 선거를 통해서도 계속 집권하는 것이 가능하다는 정치적 계산을 했기 때문이다. 한국의 권위주의 정권은 '권위주의'를 유지하는 것보다 계속 '권력을 장악하는 것'을 선호하였다. 그들은 권력에 남기 위해 권위주의체제를 버리는 것을 양보한 것이다('conceding to thrive') (Slater and Wong, 2013). 실제로 12월 대통령 선거에서 양김의 분열과 지역주의의 발흥으로 여당인 민정당 후보인 노태우가 '민주적으로' 당선되었다. 그러나 노태우의 당선으로 민주주의는 사망하지 않았고, 한국 민주주의는 때로는 후퇴하였으나 긴 역사적 시계에서 볼 때 전진하고 있다고 볼 수 있다.

1980년대 한국의 민주화 과정

민주화는 자유화로부터 시작된다. 5공 군부정권 하에서 자유화는 1983년 말 유화국면 하에서 정치 공간이 열리면서 일어났다(apertura, opening). 전두환 정권은 1983년 말 학원자율화 조치로 시작으로 일련의 유화 조치를 취하였다. 전두환 정권의 유화조치는 억압의 이완(de-compression)이라는 측면에서 한국적인 자유화의 시작을 의미한다. 전두환 정권은 경제적 성공에 고무되어 정치적 공간을 어느 정도 '열어놓은' 상태하에서도 통치를 할 수 있다는 과잉자신감에서 자유화 조치를 취하였다. 전두환 정권은 자유화조치로 광주학살이라는 정권의 태생적 정통성 결함이 어느 정도 해소하고 정권의 폭력성 이미지를 완화시킬 수 있다는 효과를 노렸을 것이다. 전두환 정권은 유화조치를 통해 온건 반대세력을 매수, 포섭함으로써, 온건 반대세력과 급진적 학생, 노동운동세력간의 분열, 반목을 가중시키는 '분리지배'(divide et impera)의 전략적 계산도 하였다. 정치인 해금조치로 또 하나의 '충성스런 야당'[1]을 출현시켜 거대 패권정당인 민정당과 다수의 무력한 소수정당으로 구성된 다당제구조를 만들어 1985년의 2.15 총선에 대비하자는 전략적 계산을 한 것이다. 전두환 정권은 권위주의 지배체제를 제도화하려는 한국정치의 멕시코화(Mexicanization)를 시도한 것이다.

그러나 유화국면이 전개되자 마자 독립적이고 자율적인 조직이 시민사회 내에서 폭발적으로 출현하였다.[2] 제적된 학생운동가들이 학원으로 복귀하면서 공식적 학생운동조직을 장악하였고, 지하노동운동조직은 민주노조의 재건에 나서면서 동시에 한국노동자복지협의회 와 같은 연대조직을 결성하였다. 사회운동의 폭발은 학생운동과 노동운동에 한정되지 않았다. 농민, 판자촌빈민, 교사, 교수, 언론인, 종교인, 예술가들 역시 자율적인 사회운동의 조직에 나섰다. 각 부문의 사회운동세력들은

---

1   권위주의 하에서 충성스런 야당에 관해서는, Juan Linz. "Opposition in and under an Authoritarian Regime: The Case of Spain." in Robert Dahl(ed.). *Regimes and Opposition*(New Haven: Yale University Press. 1973).

2   O'Donnell과 Schmitter는 이와 같은 시민사회 내에서의 자율적인 조직의 폭발 현상을 시민사회의 부활 (resurrection of civil society)이라고 표현하였다. G. O'Donnell and P. Schmitter, 1986. "Tentative Conclusions about Uncertain Democracies." 고르바초프하의 소련과 비교하면 더욱 흥미롭다. 페레스트로이카 하에서 최초의 자율적 조직은 모스크바 축구클럽(spartak)의 팬으로 구성된 스파르타키스트(spar-takists)였는데, 그로부터 2년 후(1987년) 자율적 조직의 수는 30,000개로 폭발하였다. Adam Przeworski. "Games of Transition."

민민협, 민주통일국민회의와 같은 전국적 연합조직을 결성하는 단계에까지 이르렀다.

전두환 정권의 자유화조치는 자유화과정을 통제할 수 때에만 지속될 수 있었다. 그러나 권위주의체제의 폐쇄적 성격과 시민사회내의 자율적 조직은 서로 충돌할 수밖에 없다. 시민사회내의 자율적 조직이 국가와 정치사회와 같은 제도적 공간 내에서 그들의 이익을 대표하거나 협상할 수 없다고 판단할 때, 그들은 자연히 거리에서 자신들의 문제해결을 위한 투쟁을 전개한다. '거리의 정치'가 전개된다는 것은 '통제된 자유화'가 실패하고 있다는 것을 의미한다(Przeworski, 1992: 110). 이때 정권은 자유화의 마감을 선언하고 억압에 나서게 되고 사회운동조직은 대중동원을 통해 정권타도에 나서게 된다. 그러나 사회운동세력과 권위주의정권간의 전면적 대결은 바로 일어나지 않았다. 왜냐하면 1985년의 국회의원 총선거라는 정치일정이 기다리고 있었기 때문이다.

1985년 2·12 총선이 가까워 오자 사회운동세력들은 선거에 대한 전략을 둘러싸고 딜레마에 빠졌다. 1984년 말 사회운동세력내부에서는 1985년 2·12 총선에 참여할 것인가를 둘러싼 논쟁이 있었다. 선거 거부론자들은 집권당의 승리가 사전에 보장되어 있는 선거에 참여한다는 것은 권위주의정권의 지배를 정당화하는데 기여할 뿐이며, 따라서 군부독재를 영구화하려는 도구에 지나지 않는 선거를 저지하여야한다고 주장하였다. 이에 반해 선거참여론자 들은 권위주의 하에서 선거가 권력의 소재지의 변경을 가져올 수 없다는 것을 인정한다 하더라도, 민주화를 위한 민중의 역량을 동원 조직하고 정권의 파쇼적, 독재적 본질을 폭로할 수 있는 공개적인 정치공간을 열어줄 수 있는 선거를 이용해야한다는 '선거를 통한 개방론'(opening through elelction)을 주장했다.

1984년 말까지도 '선택이 없는 선거'(election without choice) 이론에

기초한 선거거부론이 우세했으나 84년 12월 이후 해금정치인을 중심으로 진정한 자율적인 반대정당을 조직하려는 움직임이 본격화되자 점차 선거참여론이 사회운동세력 내에서 대세를 이루게 되었다. 그 후 사회운동세력들은 해금된 보수야당정치인들의 조직인 민추협을 중심으로 결성된 신한민주당의 선거운동을 적극적으로 지원하여 신당의 바람을 일으키는데 결정적 역할을 하였다. 1985년 2월 12일의 총선은 사회운동세력들의 전략적 선택이 옳았음을 증명하였다. 일단 선거유세가 시작되자마자 유세장은 정권에 의해서 금기되어왔던 언어가 분출하는 공간으로 화하였다. 집권자의 광주학살관련, 영부인의 금융스캔달 관련 사실이 공개적으로 신당후보의 입에서 튀어나왔고, 기존의 충성스런 야당들은 1중대, 2중대, 3중대라는 언어로 비하되었다.[3] 선거공간은 반대세력의 언술의 경계를 넓혀주었고 2·12총선을 개별 국회의원을 뽑는 것이 아니라 민주화에 대한 국민투표로 변모시켰다.

물론 2·12총선은 선택이 없는 선거이론에서 예견된 바와 같이 권력의 소재지의 변화는 일어나지 않았다. 집권당에 유리한 경기규칙과 선거자금, 국가관료기구의 지원에 힘입어 민정당은 여전히 안정적 의회다수를 유지할 수 있었다(276석 중 148석). 그러나 2·12총선의 의미는 실제적 결과보다 상징성에 있었다. 신당의 바람에서 나타난 바와 같이 한국민들은 2·12 총선을 통해 정권에 대한 불신임투표를 던짐으로써 선거공간을 이용하여 억눌려왔던 민주화의 열망을 분출시킨 것이다. 2·12 총선은 권력의 소재지를 변경시키지는 못했으나 민의의 소재지가 어디

3　충성스런 야당의 성격을 나타내는 비슷한 표현은 군부 체제하의 브라질에서 ARENA (여당)와 MDB(야당)를 Yes" party (MDB)와 "Yes, Sir" party(ARENA)로 부른 데서 찾아 볼 수 있다. Melena Moteira Alves. *State and Opposition in Military Brazil*(Austin: University of Texas Press. 1985). 212.

에 있는지를 분명히 밝혀줌으로써 권위주의 정권의 정통성에 치명타를 가했다. 2·12총선의 결과 창당한지 한 달도 안 된 신민당은 기존의 충성스런 야당들을 제치고 제1야당으로 부상하였고, 재빨리 기존의 충성스런 야당인 민한당을 사실상 흡수하여 제도정치권내에서 민주화연합세력의 단일 교두보를 구축하였다.

한국민주화 과정에서 2·12 총선이 갖는 역사적 의미는, 첫째, 신민당이라는 민주화를 추진하려는 강력한 자율적 야당이 출현함으로써 대안부재상태에 있던 한국민들에게 정치적 대안을 제시해주었다. 민주화 과정은 권위주의 정권의 정통성상실과 함께 자동적으로 일어나지 않는다. 많은 경우 권위주의정권은 정통성의 부재에도 불구하고 건재한 이유는 민중들에게 다른 정치적 대안이 없었기 때문이다. 신민당의 등장으로 한국민들은 강력한 두 지도자(김영삼, 김대중)를 가진 조직을 제도정치권내에서 갖게된 것이다.

둘째, 2·12총선은 제도권내의 야당이 한국 민주화의 의제(agenda)를 설정하고 전략을 수립하는데 있어서 주도권을 잡게해주었다. 2·12총선에서 신민당은 대통령직선제개헌안을 공약으로 내걸고 약진하였다. 이는 차후의 민주화전략을 사회경제적인 구조적인 개혁을 건드리지 않고 정권형태나 최고권력의 제도화에 한정시키는 것을 의미한다(최장집, 1989).

셋째, 2·12총선에서 신민당의 급부상은 선거를 통한 민주화의 전략이 실현가능하다는 희망을 국민들에게 심어주었다. 선거를 통한 민주화 전략은 표의 극대화 전략을 최우선전략으로 만든다. 이를 위해서 중산층을 포섭해야하고 중산층을 포섭하기 위해서 민주화의 의제를 실질적 사회경제적 개혁보다 절차적 수준으로 하향조정시키고, 비폭력적인 온건한 민주화 수단을 동원해야한다. 이에 따라 신민당은 계급정당이 아닌 포괄정당(catch-all party)을 지향하면서 계급, 직업, 지역의 경계를 넘어서 권위주의를 반대하는 모든 정치세력들이 결집할 수 최대민주화연합의 중추가 되려하였다.[4]

마지막으로, 2·12총선에서 신민당이 표를 조직하고 동원하는데 있어서 사회운동권의 도움이 결정적 역할을 하였기 때문에 신민당은 민주화전략을 마련하는데 있어서 사회운동세력이 위임한 한계를 벗어나는 타협적 전략을 수립할 수 없었다. 신민당의 타협적 전략의 상한선은 직선제개헌이었다. 그래서 2·12총선이후 신민당은 직선제개헌의 원칙을 일관성있게 고수하였고 이것이 민주화운동에서 신민당의 지도력을 유지시킨 요인이었다.

2·12총선의 결과로 신민당이라는 강력한 조직적 반대세력이 제도정치권내에 등장함으로써 민주화세력은 권위주의정권에게 확실한 현실적 위협세력이 되었으며, 이제 더 이상 정권에 의한 일방적 해결이 가능하지 않게 되었고[5] 이제부터는 체제와 반체제간에 쌍방적 상호작용의 결과에 의해 민주화의 정치가 결정되게 되었다.

1985년 2·12총선이후 신민당은 헌법개정을 논의하기위한 특별위원회를 국회에 설치하자는 제안을 하였으나 전두환 정권에 의해 거부되었고, 이에 신민당은 사회운동권과 연합하여 거리에서 대중동원을 통

---

4 비교시각에서 볼 때, 브라질의 PMDB(또는 그 전신인 MDB)는 당의 성격이 애매모호하게 규정된 포괄정당의 성격을 가지고 있었기 때문에 다양한 이질적인 반 정권 세력을 포용할 수 있는 우산조직(umbrella organization)이 될 수 있었으나, 오랜 기간 동안 계급적, 이데올로기적으로 분화된 정당구조를 발전시켜왔던 칠레에서는 발달된 정당구조가 반대세력을 묶을 수 있는 합의적 전략을 수립하는데 저해요인이 되었다.

5 신민당이 확보한 102석은 단독으로 국회를 소집할 수 있을 뿐만 아니라 여당에 의한 독자적인 헌법개정을 저지하는데 충분한 숫자였다.

한 민주화의 압력을 가하였다. 1986년 2월 12일 2·12총선 일주년이 되는 날에 신민당은 '일천만 개헌추진 서명운동'을 전개하기로 결정하고 개헌추진운동본부현판식이라는 이름을 빌려 직접 대중동원에 나섰다. 대중동원을 위해 신민당은 다시금 사회운동세력들과 민주화운동 국민연합(민국련)이라는 연합조직을 결성하게 되었다. 신민당과 사회운동세력간의 연합에 의한 대중동원은 엄청난 성공을 거두었다. 전국 8대 주요도시에서 50만에서 70만으로 추산되는 대중을 동원하였다. 대중동원에 의한 압력에 굴복하여 전두환 정권은 여야가 합의하면 임기 말 이전에라도 개헌을 반대하지 않겠다는 정치적 양보를 하였다. 이로써 개헌협상테이블을 여는데 합의한 4·30 타협이 이루어졌다.

그러나 1986년 4월 30일의 타협은 제도권 야당과 사회운동권을 분열시킴으로써 전두환 정권에게 전술적 승리를 안겨주었다. 신한민주당은 협상의 정치를 유지하기 위해 대중동원을 자제해야했다. 그러나 사회운동세력은 군부독재의 즉각 퇴진을 관철하기 위해 대중동원을 계속하자는 최대강령주의적 전략을 고수했다. 이러한 민주화연합의 분열조짐은 1986년 4월 25일 신민당의 지도자인 김대중이 급진학생운동의 전투성을 비난하는 발언을 한데 뒤이어 4월 30일 여야영수회담에서 신민당의 이민우총재가 급진좌익학생운동권에 대한 탄압을 묵인하겠다는 입장을 천명함으로써 가시화되었다. 이에 대해 사회운동권의 전국조직인 민통련은 5월1일 신민당의 자세를 보수대연합의 기도로 비난하고 민국련으로부터의 탈퇴를 선언했다. 민주화연합은 대중동원을 통한 협상테이블을 여는데 성공했으나 협상의 정치가 열리자마자 각기 다른 민주화전략의 차이로 연합은 해체되었다. 이러한 민주화 연합의 분열은 5·3 인천사태에서 극명하게 드러났다. 5·3사태 이후 신민당은 엘리트 수준에서의 정치적 대화를 통한 민주화전략에 스스로를 묶어놓았다.

그 결과 '헌법개정을 위한 특별위원회'가 발족하였다. 헌법개정협상에서 집권당은 내각책임제를 주장했고 신민당은 일관되게 대통령직선제를 주장했다.

정권의 양보와 급진세력에 대한 탄압을 묵인하는 신민당의 양보로 이루어진 타협은 '협상의 정치'를 여는데는 성공했으나 해결점을 찾을 수는 없었다. 협상의 정치가 교착될 수밖에 없었던 것은 협상의 주역인 집권당내의 온건파와 민주연합세력내의 협상파(신민당)가 모두 자율적인 권력기반을 갖고 있지 않았다는데 있었다. 집권당내의 온건파들은 독자적인 권력기반을 구축하지 못했기 때문에 그들은 항상 강경파의 전략을 벗어나는 대안을 제시할 수 없었다. 신민당의 딜레마는 더 컸다. 협상의 정치를 이끌어 내기 위해서 그들은 사회운동세력과의 연합을 통한 대중동원의 압력을 가했다. 그러나 협상의 정치가 열리자 신민당은 사회운동세력과의 관계를 단절하라는 정권의 전제조건을 수락해야 했다. 일단 사회운동세력과의 관계를 단절했을 때 그들은 이가 빠진 호랑이가 되고 말았다. 집권세력은 더 이상 신민당을 정권을 위협하는 정치세력으로 두려워하지 않았고 더 이상의 양보를 하려하지 않았다. 신민당으로서는 직선제개헌이라는 원칙을 파기하는 것은 대중들이 당에게 보내는 마지막 지지의 원천을 포기하는 것을 의미했다. 결국 개헌 협상은 평행선을 달리게 되었고 1986년 7월 30일 발족한 헌법개정특별위원회는 단한차례의 공식회의도 열지 못한채 사실상 종말을 고하고 말았다.

제도권 야당과 사회운동세력의 분리에 성공한 정권은 먼저 사회운동세력에 대한 대대적인 탄압에 나섰다. 재야 14개 노동단체에 대한 해산 명령이 내려지고 사회운동세력의 전국조직인 민통련 사무실이 경찰에 의해 강제로 폐쇄되었다. 건국대에서 벌어진 애학투사건에서 경찰은

1,271명의 학생을 구속했다. 이에대해 사회운동세력은 다시 대중동원으로 저항하였다. 그러나 사회운동세력의 대중동원은 정권을 위협하기에 충분하지 못했다.

제도권 야당의 협상의 정치, 운동권의 거리의 정치 모두 정권으로부터 민주화를 위한 양보를 얻어내기에 충분한 압력이 되지 못했다. 결국 신민당의 두지도자는 아시안게임이 끝난 직후 사회운동세력과의 연합을 통해 대중동원을 통한 민주화의 압력에 나서기로 결정하였다. 신민당은 사회운동세력과의 불화를 치유하고 야당과 사회운동세력과의 연합전선 재건에 나섰다. 양김씨와 교회지도자들은 1986년 12월 12일 야당과 사회운동세력간의 연합전선을 구축하기로 합의했다.

야당이 다시 협상의 정치를 버리고 거리의 정치로 복귀하자, 정권은 제도권 야당을 분열시키려는 공작에 나섰고, '이민우 구상'이 나왔다. 1986년 12월 24일 신민당총재인 이민우는 언론자유, 정부의 정치적 중립, 구속자석방, 지방자치, 공정한선거법등의 7개항의 자유화조치가 선행되면 정권과의 개헌협상을 재개하겠다는 구상을 발표하였다. 이에 대해 양김씨는 이민우 구상에 동조하는 여당에 협조적인 당내분파를 숙청하기 위해 신민당을 해체하고 통일민주당이라는 신당을 조직하였다. 양김씨의 직선제개헌에 대한 일관된 자세는 제도권야당의 기회주의를 의심해왔던 사회운동권의 야당에 대한 신뢰를 회복하는데 기여를 했다. 그러나 이는 집권세력내의 협상파의 입지를 약화시키고 강경파의 득세를 가져왔다. 이민우 구상의 몰락은 집권세력내의 온건파가 제시할 수 있는 실현가능한 협상대안의 소멸을 의미했기 때문이다. 결국 강경파의 주도하에 전두환정권은 협상을 마감하고 현행 헌법방식에 의해 대통령직을 후임자에게 승계하겠다는 4·13호헌선언을 하였다.

4·13호헌조치는 집권세력내의 강경파의 승리를 의미한다. 4·13호

헌조치가 발표되자 이에 항의하는 민중의 저항물결이 거리를 휩쓸었다. 교수, 교사, 종교인, 문인, 미술가, 영화인, 의사, 변호사등을 망라하는 중간층 지식인집단의 항의성명이 뒤따랐다. 그러나 정권은 여전히 거리를 장악하고 있었고 저항은 물리적으로 진압되었다. 모든 것이 강경파들이 의도하는 구상대로 진행되고 있는 것처럼 보였다. 그러나 이러한 구도를 변화시킨 사건이 발생했다. 박종철 고문치사사건이다. 박종철 고문치사사건은 제도권야당과 사회운동권이 그간의 불화를 치유하고 다시 연합전선을 구축하는 계기를 이루었을 뿐만 아니라 이제까지 방관자적인 자세를 보여 왔던 중산층으로 하여금 민주화를 위한 대중동원에 적극 가담하게 하는 계기가 되었다.[6] 더욱 중요한 것은 박종철사건에 연루된 정권내의 강경파의 입지를 약화시키고 협상의 필요성을 주장하는 온건파들이 강경파의 후견으로부터 자율적이게 되는 계기가 되었다는 것이다.[7] 박종철사건이후 제도권 야당과 사회운동세력은 상처를 치유하고 '개헌추진 국민운동본부'라는 전국적 규모의 민주화연합조직을 결성하였다. 국민운동본부는 1987년 6월 10일 집권당 대통령 후보지명일에 맞추어 전국적 규모의 시위를 조직하였다. 이것이 6월 민주화항쟁의 시작이다. 6월 민주화항쟁은 야당, 사회운동세력, 중산층을 포함하는 최대

---

6 박종철사건은 사회운동세력내의 도덕적 반대파(moralist opposition) 즉 종교인과 지식인들이 민주화운동에 적극 동참하는 계기가 되었다. 도덕적 반대파의 시위동참은 종교적 신념 또는 도덕적 원칙을 고수하려는데서 출발하기 때문에 도덕적 반대파는 최대강령주의적 급진파보다 더 투옥과 억압의 위험부담을 감수하려는 (risk-taking) 적극적 시위자가 되기 쉽다.

7 이는 5월 18일 박종철 고문치사은폐조작폭로 이후 단행된 5월 26일의 개각에서 장세동안기부장을 비롯한 국무총리, 내무, 법무, 검찰총장, 치안본부장등 억압국가기구를 장악하고 있었던 정권내 강경파들이 퇴진한데서 나타난다. "총정리, 민중의 승리: 5.17에서 6·29까지," [신동아](1987년 8월).

한의 민주화연합이 형성되었음을 보여준다. 국민운동본부를 중심으로
최대민주화연합이 형성될 수 있었던 이유는 다음과 같다. 먼저 국민운
동본부의 최소강령적 전략에 기인한다. 국민운동본부는 사회운동권내
의 온건파세력이 주도했다.[8] 그들은 체제의 본질적 변혁보다도 절차적
민주적 권리의 회복에 초점을 맞추었다. 호헌철폐, 독재타도라는 구호
에서 볼 수 있듯이 국민운동본부의 민주화요구는 최소강령적이었으며,
그 수단은 비폭력적 대중동원이었다. 절차적 민주주의의 회복에 찬성하
고 군부독재를 반대하는 모든 세력들은 그들간의 계급적, 직업적, 종교
적, 지역적 차이에 관계없이 민주화를 위한 시위대열에 동참할 수 있게
된 것이다.

이러한 국민적 저항에 직면하여 정권은 6·29선언이라는 형태로 민
주화연합의 핵심적 요구를 수용하는 정치적 양보를 하였으며 신민당의
두지도자는 정권의 즉각 퇴진을 수반하지 않는 6·29선언을 받아들임
으로써 민주화의 대타협이 이루어졌다.

먼저, 전두환 정권이 직선제개헌이라는 양보를 하게된 이유는 대체
로 다음과 같다. 첫째로 경찰력만으로 시위를 진압할 수 없게된 상황하
에서 군대의 동원에 실패했다는 것을 들 수 있다.[9] 1980년의 광주학살
의 경험은 다수의 군부지도자들로 하여금 또다시 엄청난 인명의 희생
을 가져올 군대에 의한 시위진압을 선호하지 않게 하였다. 따라서 전두

---

8 이는 최대강령주의적 급진운동세력의 지도자들에 대한 대대적인 탄압조치로 상당
   수의 급진파지도자들이 감옥에 있었고, 학생운동조직인 전대협도 헌법제정민중회
   의소집을 주장하는 민민투가 아닌 직선제개헌투쟁을 주장하는 자민투의 지도하에
   있었던 상황에서도 연유한다.

9 이에 대한 자세한 기록은 권영기, 6·29전야의 권부: 군출동은 이렇게 저지되었다.
   [월간 조선] (1993년 5월) 참조.

환 정권은 이와같은 소극적인 군 지휘관들의 자세에도 불구하고 시위 진압명령을 내렸을 때 군부의 정치개입이 시위자들 뿐 아니라 자신들까지 쓸어버리게 되는 위험부담이 있었다.[10] 막강한 군부의 존재는 야당 뿐 만아니라 정권 담당자의 전략선택을 제약하는 요인으로 작용한 것이다. 또한 한국정부에 여전히 막강한 영향력을 행사하고 있었던 미국이 군사적 해결보다는 정치적 협상에 의해 문제를 해결하라는 압력을 계속 넣고 있었다는 사실은 군대를 동원할 수 없는 또다른 제약요인이었다. 군대동원의 실패는 권력블록에 심각한 균열이 발생했음을 의미한다. 경찰력으로 동원된 대중을 진압할 수 없는 상황 하에서 전두환 정권은 전복당하기 전에 좀 더 좋은 조건하에서 협상을 하기위해 6·29선언에서 돌파구를 찾으려했던 것이다.[11]

둘째로 직선제개헌이라는 타협공식은 집권당의 후보가 반드시 폐기해야하는 최악의 선택은 아니라는 것이다. 차악으로 고려될 수 있는 대안이었다. 전정권의 최선의 대안은 노태우후보에게 권력을 물려주는 것이었을 것이다. 그러나 권력의 이양은 6월민주항쟁으로 내란의 위협을 안고 있었기 때문에 선택이 불가능한 대안이 되고 말았다. 한국의 권위

10 5공화국하에서 대통령의 통치사료 담당비서관인 김성익의 기록 중 힘으로는 간단하다. 군대가 나오면 항상 쿠테타의 위험이 있어. 그러면 우리 나라가 어떻게 되겠나. 라는 전두환의 발언에서 이러한 위험이 실제로 인식되고 있었음을 알 수 있다. 김성익, "전두환, 역사를 위한 육성증언: 6·29전야의 고백" [월간 조선] (1992년 1월). 386.

11 합리적 선택 맑시스트인 엘스터(Jon Elster)는 이러한 상황을 게임이론적 용어로 차악(次惡)의 선택('lesser evil')이라했다. 민주화 게임에서 분열된 권력블록은 민주화연합 세력에세 강제로 퇴출되기전에 선제적 타협으로 자신의 핵심적인 이익을 지키는 차악(second worst) 또는 차선(second best)의 선택을 한다는 것이다. (Elster. 1985. Masking Sense of Marx)

주의 정권의 선거에서 확보할 수 있는 지지율은 1/3을 웃도는 수준이었
다. 6·29선언이 발표된 시점은 한국경제가 유례없는 호황을 누리고 있
는 시기였다. 경제적 성공으로 전두환 정권은 민주적 경쟁이 회복되었
을 때 중산층의 지지를 기대한 것이다. 마지막으로 만약 현직의 이점이
유지된다면, 그리고 야당의 지도자인 김대중과 김영삼이 동시에 출마한
다면 집권여당이 누리고 있는 엄청난 프리미엄으로 분할된 민주화연합
의 표를 누르고 승리할 수 있다는 전략적 계산이 가능한 것이다. 6·29선
언의 내용에 김대중의 사면 복권이 포함된 것은 이러한 전략적 계산에
따른 것이다.[12]

　　제도권야당인 신민당이 6·29선언을 받아들인 이유는 제도권야당과
사회운동세력이 공동으로 조직하고 동원한 6월 민중항쟁이 정권으로
하여금 선거경쟁의 회복에 동의하게 하는 데는 충분할 정도로 강력했

12　시카고 대학의 Dan Slater 교수와 토론토 대학의 Joseph Wong교수는 한국의
　　민주화는 "Conceding to Thrive" 또는 "Strength to Concede" 모델의 대표적
　　인 사례라고 지적한다. 한국의 권위주의 정권은 경제적으로 성공한 정권이고 민
　　주적 경쟁이 회복되어도 승리할 수 있는 상당한 선거경쟁력을 가지고 있는 성공
　　한 권위주의정권이라는 것이다. 한국의 권위주의 정권은 정치적으로 민중과 야당
　　의 민주화 압력이 전국적으로 확산, 강화되어 정권의 안정이 위협받는 "씁쓸한 지
　　점"(Bittersweet Spot)에 도달했을 때 권력을 계속 유지하고 남기위해(remaining
　　in power) 권위주의를 포기하고 민주주의의 회복에 양보했다는 것이다. 한국의
　　권위주의 엘리트들은 권력추구자이지 권위주의 이데올로기 고수주의자는 아니었
　　고, 따라서 한국의 권위주의 엘리트들의 합리적 선택은 권위주의를 유지하는 것이
　　아니라 권력에 계속 남는 것이었다는 것이다. 그들은 6·29 대양보를 통해 권력을
　　유지하기 위해서는 권위주의를 포기하고 민주적 경쟁을 통해 계속 집권하는 것을
　　선택하였는데, 양김을 분열시키고 지역주의를 동원하면 충분히 승산이 있다는 전
　　략적 계산을 하였고 실제로 1987년 12월 대선에서 권위주의 세력의 대표인 노태
　　우가 민주적 경쟁을 통해 대통령에 당선됨으로써 권위주의 세력은 계속 권력에
　　남을 수 있었다(Slater and Wong, 2013).

을지 모르나 정권을 타도하기에는 약했기 때문이다. 한국과 같이 강력한 군부가 존재하고 있는 나라에서 정권의 무조건적인 항복을 요구할 경우 정권은 마지막 무기인 군대를 동원하려할 것이고 이때 투입된 군부는 정권과 반대세력 모두를 쓸어버리고 새로운 정치판을 짜려고 할지 모른다. 군대의 동원이 정권 뿐 만 아니라 제도권 야당의 전면적 동원의 한계치를 설정해주었다.

요약하자면, 1986년 6·29 민주화는 권위주의 정권과 민주화 세력 간의 대타협의 결과이다. 민주화 연합세력은 제도정치권내의 조직적 기반에다 대중을 동원할 수 있는 능력을 보유하고 있었으나 권위주의 정권을 혁명적으로 전복시킬 만한 물리적 힘을 보유하고 있지 않았다. 또한 권위주의 정권은 대중동원을 저지할 물리력을 보유하고 있었으나 대중을 억압하기 위해 동원된 군대가 민주화 세력에 합류하여 독재정권에 총 뿌리를 겨누는 부메랑의 위험을 감수해야 했다. 이는 어느 누구도 전면적 자기파괴(self-destruction)의 위험을 무릅쓰지 않고서는 상대방에 대해 선제공격을 할 수 없는 파멸적 균형 상태가 민주화 대타협이라는 행복한 결론으로 마무리된 것이다.

민주화 이후의 한국 민주주의

1987년 6월에 시작된 한국 민주화 대장정의 여정을 28년이 지난 2015년 6월이라는 '현재' 시점에서 바라보면, 한국인들은 1960년대와 1970년대에 경제적 산업화를 압축적으로 달성한 바와 정치적 민주화도 20세기 말과 21세기 초에 걸쳐 압축적으로 달성하였다는 것을 볼 수 있다. 1987년 6·29선언 이후 한국인들은 반년 만에 개헌을 완료하고 직선을 통해 대통령을 자신들의 손으로 직접 선출하여 민주정부를 구성하였고, 1997년 말 6·25전쟁 버금가는 국난으로 일컬어지는 외환금융위기의 와중에서도 동아시아에서 최초로 평화적 정권교체를 이룩함으로써 10년 만에 신생 민주주의를 공고화하는 '압축적 민주화'를 이룩하였다. '압축적 민주화'는 선진 민주주의로의 여정의 고비 고비마다 한국 민주주의의 지도자가 자신에게 부여된 역사적 사명을 수행함으로써 가능했다. 그래서 1987년부터 2002년까지 민주화 지도자인 1노와 3김에 의해서 '압축적 민주화'가 일어난 시기를 '1987년 체제' 또는 '3김 시대'라고 부른다.

1987년 12월 민주화 정초선거에서 대통령으로 당선된 노태우는 신군부의 핵심 인물이자 5공의 2인자였기 때문에 집권 이후 권위주의로 회귀하려는 하지 않겠는가하는 주위의 우려를 떨치고 호시탐탐 민주주의의 전복을 노리는 강경 군부세력으로부터 연약한 신생 민주주의를 지켜주는 역할을 수행하였다. 그것은 노태우가 5공을 이끈 신군부의 핵심이었기 때문에 가능한 일이었다. 군부 출신 노태우의 대통령 당선은 역설적으로 한국의 민주화를 돌이킬 수 없는 역사적 대세로 만들었다.

민주화를 이끈 지도자였으나 3당합당을 통해 집권 여당의 후보로 대통령에 당선된 김영삼에 대해서 많은 사람은 그가 군부개혁을 할 것으로 기대하지 않았다. 그러나 김영삼은 집권하지 마자 전광석화와 같이 하나회를 비롯한 정치군인들을 숙청하거나 병영으로 복귀시켰다. 김영삼 대통령은 자신의 정부를 '문민정부'라고 명명하면서 민주주의 공고화의 필수적 요건인 군부에 대한 문민통제를 확고하게 이루어 내었다. 김영삼 대통령은 집권 후반기에 군부 출신 전직 두 대통령을 군사반란, 내란, 부패혐의로 사법처리하여 감옥에 보냄으로써 많은 신생 민주주의 국가들에게 군부에 대한 문민통제와 권위주의 과거 청산의 모범

사례를 제공하였다. 김영삼 대통령의 정치군인 숙청이 이루어지지 않았다면 정치군인들의 비토 대상이었던 김대중이 대통령에 선출되어 '국민의 정부'를 출범시킬 수 없었을지 모른다.

평화적 정권교체는 신생 민주주의가 공고화되었다는 가장 중요한 척도인데, 1997년 외환금융위기에도 불구하고 오랜 야당지도자인 김대중이 동아시아에서 최초로 평화적 정권교체를 달성하면서 한국은 민주주의 공고화 과정에서 선두를 달리게 되었다. 그 후 민주진보정권의 10년 집권 이후 2007년 말에 이명박과 한나라당이 2차 정권교체를 이루어 냄으로써 로 한국은 두 번에 걸친 평화적 정권교체(two turn-over test)라는 헌팅턴의 민주주의 공고화 테스트를 동아시아에서 가장 먼저 통과한 민주주의가 되었다. 이제 모든 한국인들은 공정하고 경쟁적인 선거를 통하지 않고는 권력을 잡을 수 있는 길은 더 이상 없다는 인식을 공유하고 내면화하고 있다. 87년 체제는 민주주의만이 '우리 동네의 유일한 게임'이라는 것을 모든 한국의 엘리트와 국민들 속에 확고히 자리잡게 한 공로가 있다.

87년 체제의 지도자인 3김은 근대적인 자유민주주의를 회복하고 더 이상 권위주의로의 회귀를 걱정하지 않아도 되는 공고화된 민주주의를 발전시킨 업적을 이룩했으나 동시에 그들 스스로 전근대적인 가산주의를 청산하지 못한 한계를 드러내었다. 3김은(특히 양김) 과거 권위주의 체제와 싸우면서 조직의 보존을 위해서 권위주의 독재자들의 가산주의, 비밀주의, 조직내부의 권위주의 관행과 행태를 모방하였다. 그런데 민주화 이후에도 이러한 가산주의 행태는 경로의존적으로 세습되어 가신정치, 무도덕적 가족주의, 친인척주의, 연고주의, 지역주의, 사인주의, 인치주의, 공공영역의 사유화가 3김정치에 내장되었다. 그 결과는 양김의 정부는 임기 말기에 가산주의적 부정부패로 지지율이 추락하여 통치불능의 식물정부가 되었다. 민주화가 이루어진 87년체제와 3김시대에도 전근대적 가산주의와 근대적인 자유민주주의라는 비동시적인 시간들이 공존하면서 충돌하였다.

평화적 정권교체는 신생 민주주의가 공고화됐다는 가장 중요한 척도다. 한국은 1997년 외환금융위기에도 불구하고 오랜 야당 지도자였던 김대중 후보가 동아시아에서 최초로 평화적 정권교체를 달성하면서 민주주의 공고화 과정에서 선두를 달리게 됐다. 그 후 민주진보정권의 10년 집권에 이어 2007년 말에 이명박 후보와 한나라당이 두 번째 정권교체를 이루어냄으로써 한국은 두 번에 걸친 평화적 정권교체라는 '민주주의 공고화 테스트'를 동아시아에서 가장 먼저 통과한 국가가 됐다.

이제 모든 한국인들은 공정하고 경쟁적인 선거를 통하지 않고는 권력을 잡을 수 있는 길은 더 이상 없다는 인식을 공유하고 있다. 87년 체제는 민주주의만이 '우리 동네의 유일한 게임'이라는 것을 모든 국민 속에 확고히 자리 잡게 만든 공로가 있다.

87년 체제의 지도자인 3김은 근대적인 자유민주주의를 회복하면서, 권위주의로의 회귀를 더 이상 걱정하지 않아도 되는 공고화된 민주주의를 안착시켰다. 3김정치 시대에 1961년 이후 처음으로 선출된 문민 정치인이 통치하는 자유 민주주의 시대가 열렸다. 그러나 동시에 그들 스스로 전근대적인 가산(家産)주의 정치를 청산하지 못하는 한계도 드러냈다. 가산주의란 측근과 가신을 중심으로 정당과 파벌을 운영하면서 충성에 대한 대가로 복지를 책임지는 정치 행태를 말한다.

특히 김영삼·김대중 대통령은 과거 권위주의 체제와 싸우면서도 조직의 보존을 위해서 권위주의 독재자들의 가신주의와 비밀주의, 조직 내부의 권위주의 관행과 행태를 그대로 모방했다. 3김이 권위주의 시대에 야당정치를 하면서 자연스럽게 익힌 전근대적 가산주의 정치(patrimonialim)를 버리지 못함으로써 근대적 자유 민주주의와 전근대적 가산주의가 공존하는 가산주의적 민주주의라는 비동시성적인 정치의 모습을 드러내었다(임혁백, 2014). 3김시대의 가산주의 행태는 가신정치, 친·인척주의, 연고주의, 지역주의, 인치주의, 공공영역의 사유화 등의 모습으로 한국 정치에 내장됐다. 그 결과 양김 정부는 임기 말기에 가산주의적 부정부패로 지지율이 추락하면서 통치불능의 식물정부가 됐다. 민주화가 이뤄진 87년 체제 속에서 근대적인 자유민주주의라는 정치 행태와 3김 시대의 전근대적 가산주의가 서로 공존하면서 충돌한 것이다.

3김시대의 또 다른 유산은 신자유주의라는 사회경제적 체제가 민주주의라는 정치체제와 결합했다는 것이다. 가장 민주적인 정부인 김대중 정부가 외환금융위기의 절정에 달했을 때 집권하면서 IMF라는 신자유주의 세계정부의 560억달러에 달하는 구제금융제공에 대한 조건부로 '강요한' 신자유주의를 경제위기 극복과정에서 자의반 타의반으로 도입하면서 신자유주의는 한국 민주주의의 핵심적 요소가 되어버렸고 이는 '정치의 시장화'라는 또 다른 비동시적 시간을 한국정치에 내장시키는 결과를 가져왔다.

'1987년 체제' 이후 한국 민주주의의 발전과 한계

1987년 체제하에서 한국 민주주의는 절차적으로 공고화됐을 뿐 아니라 경제적으로도 과거 권위주의 체제보다 우월한 실적을 달성함으로써 '민주정부 무능론'을 잠재웠다. 권위주의정부 시대(1961년-1987년)와 민주정부 시대(1987년-현재)의 경제 실적을 비교하면, 경제성장률을 제외하고 총고정자본형성, 국내투자율, 국제무역수지, 인플레이션,

146

실업률 등에서 모두 민주정부가 확연하게 앞선 것으로 나타난다. 경제성장률도 민주정부가 두 차례에 걸쳐 외부적 요인이 강하게 작용한 외환금융위기를 겪은 것을 감안하면 권위주의보다 열등한 성적을 거두었다고 볼 수 없다. 우리는 민주화 이후 한국의 민주정부들이 이룩한 경제실적에 찬사를 보내야 한다. 그러면서도 민주정부들이 거둔 좋은 실적이 '좋은 민주적 거버넌스'에 의해서 가능했다는 것을 잊어서도 안 된다. 한국인들은 민주주의의 가치와 능력에 회의하기보다, 민주주의만이 '우리 동네의 유일한 선택'이라는 것을 믿어야 한다.

이제 한국에서 누구도 민주주의의 전복 가능성을 염려하는 사람은 없다. 그런데 문제는 공고화된 한국 민주주의가 질적(quality)으로는 아직 낮은 수준에 머물러 있으며, 몇몇 분야에서는 '민주주의의 후퇴'가 일어나고 있다는 것이다. 민주주의의 후퇴가 가장 두드러지게 나타난 영역은 정치적 자유다. 국제인권단체인 프리덤 하우스는 김영삼 정부부터 '정치적 권리'와 '시민적 자유'에 2등급을 부여함으로써 한국을 '자유로운(free)' 민주국가로 분류했다. 노무현 정부 시기인 2005년에는 정치적 권리를 1등급 상향시켜 한국의 평균 자유지수를 1.5등급으로 상향 조정했다. 그러나 2014년부터 정치적 권리를 다시 2등급으로 강등시켜 한국의 자유지수는 김영삼 정부 시대인 1990년대로 후퇴했다. 언론자유의 후퇴는 더욱 심각하다. 프리덤 하우스와 '국경 없는 기자회' 모두 이명박 정부 시기에 한국의 언론자유 지수를 '부분적으로 자유로운(partly free)' 등급으로 강등했고, 아직까지 그 등급이 지속되고 있다. 인터넷언론자유(freedom on the net)도 2011년부터 '부분적으로 자유로운' 국가로 강등됐고, 아직 자유로운 국가로 회복되지 못하고 있다.

한국의 민주주의가 질적 도약을 이룩하지 못하고 몇몇 분야에서 질적 후퇴를 하고 있는 근본적인 원인은 '비동시성의 동시성' 현상에서 찾을 수 있다. 한국의 민주화는 산업화와 마찬가지로 '압축적'으로 이뤄졌다. 전근대적인 권위주의의 제도와 문화를 청산하지 못한 채 근대적인 자유민주주의를 실시했다. 이로 인해 가신주의, 연고주의, 인치주의와 같은 전근대적인 관행과 문화의 찌꺼기가 '현재' 민주주의에 들러붙어 한국 민주주의의 질을 떨어뜨리고 근대와 전근대 세력 간에 갈등을 유발하고 있다. 여기에 정보통신(IT)혁명에 힘입어 탈근대적인 소셜미디어 민주주의까지 도입되면서 온라인상에서 세대, 이념 간의 갈등이 심화되고 있다.

민주주의는 갈등을 가장 세련되게 해결하는 정치 체제다. 현재 한국이 당면하고 있는 갈등 구조는 이념, 정체성, 이익 갈등과 같은 비동시적 갈등이 공존, 충돌하는 복합 갈등이다. 이런 갈등은 부정하거나 전체주의적 틀에 가두어 버린다고 해결되지 않는다. 이러한 복합 갈등을 다원주의적 공존과 권력공유를 실현할 수 있는 민주주의의 제도 디자인을 통해 해결함으로써 질 높은 민주주의로 한국 민주주의를 재도약시키는 것이 우리에게 맡겨진 시대적 과제다.

비동시성의 지양을 통한 한국 민주주의의 전진

"지금" 한국 민주주의의 비동시성

2015년에서 바라본 "지금" 한국 민주주의는 근대적인 자유민주주의, 전근대적인 가산주의(ptrimonialism), 탈근대적인 소셜미디어(social media, SNS) 민주주의가 동시적으로 공존하고 충돌하는 "비동시성의 동시성"을 보여주고 있다.

전근대에 살고 있는 노령세대, 가난한 농민, 도시 빈민들, 꼴통 보수가 있는가 하면, 근대에 살고 있는 부유한 신중산층, 대자본가, 정규직 프롤레타리아트가 한국을 이끌어가고 있고, 근대에서 탈근대로 폭 넓게 유목하면서 살고 있는 신 유목 시민사회, 벤처기업가들, 지식노동자; 탈근대에 살고 있는 퇴영적 포스트모던 진보주의자들이 비동시적 시간을 동시에 살고 있다.

전근대에 살고 있는 사람들은 근대의 시간에 전근대에 살도록 강요받고 있다는 의식을 분노로 표출 ('억제된 분노' pent-up anger, 일베와 통진당)하는 '주관적 비동시성'을 보이고 있다. 그러면서 전근대의 찌꺼기가 근대에 유입되어 근대를 완성하고 탈근대로의 행진을 막고 있는 '객관적 비동시성'도 존재하고 있다. 바이마르 독일과 달리 한국은 경제적 계급 모순 보다 이념, 세대, 지역같은 경제외적(extra-economic) 모순이 비동시성의 주 모순으로 작용하고 있다.

반공이라는 이름의 이념적 경계는 아직 한국 정치인들의 행동반경을 결정해주는 힘을 가지고 있으나 냉전이 종식되고 탈 근대화되고 있는 현 시점에서는 철지난 50년대 근대시간의 찌꺼기 일뿐이다. 낡은 세대들이 반공을 다시 불러오려하고 있으나 이는 시대착오적(anachronistic)이고 퇴영적인 노력일 뿐이고 한국의 근대를 두 세대이전의 전근대로 후퇴시킬 뿐이다. 그런데 문제는 반공주의의 찌꺼기가 또 다른 전근대적 비동시적 시간인 유교적 가산주의에 의해 보완, 강화되고 있다는 것이다.

가산주의의 주요한 제도장치인 세습제(patrimonial succession)가 민주적으로 선출된 세습 정치지도자(일본과 한국), 대기업(재벌회장 세습), 대학(족벌사학재단 이사장 세습)에 만연하고 있다. 전근대적 가산주의가 가장 근대화되고 서구화된 정치제도(민주주의), 근대 자본주의 기업제도, 근대적 대학에 남아 탈근대가 진행되고 있는 2015년의 한국에서 근대와 전근대라는 비동시성적 시간의 공존과 충돌을 가져오고 있다.

비동시성의 지양

"지금" 한국 민주주의는 부분적으로 민주주의가 후퇴하는 조짐이 있으나 전반적으로 보면 자유와 풍요가 넘치는 질 높은 선진 민주주의로 진전하고 있다고 보아야할 것이다. 그러므로 한국 민주주의에 내장된 비동시성은 말살, 척결해야할 대상이 아니라 지양(Aufheben)[13] 해야할 대상이다. 히틀러는 바이마르의 다양한 비동시성을 나찌즘으로 동시화(synchronize)시킴으로써 재앙을 낳았다. 비동시적 모순과 갈등을 해결하기 위한 방법은 비동시성의 '동시화'가 아니라 비동시적 모순과 갈등의 다원주의적 공존과 균형이고 이를 위한 문화를 내면화하고 제도를 디자인해야 한다.

"지금" 한국 민주주의의 갈등구조도 비동시성적이어서 이익갈등, 이념갈등, 정체성갈등같은 비동시성적 갈등이 동시적으로 중첩(overlapping)되어 있고, 내적 비동시성과 외적 비동시성, 주관적 비동시성과 객관적 비동시성이 동시에 존재하고 있다. 이러한 '복합갈등'은 하나의 근대시간에 의한 갈등 해결을(一以貫之) 어렵게 하고 민주주의 기초를 약화시키는 주요 요인이 되고 있다. 특히, 승자 독식 구조의 정치제도 하에서는 사회 양극화를 더욱 심화시키고, 사회적 다수(social majority)를 고착시켜 자유 민주주의의 기본원리인 '정치적 다수의 교체 가능성'을 어

---

13 지양(止揚)은 헤겔이 사용한 Aufheben의 번역이다. Aufheben은 폐기(abolish)하나 완전히 폐기하지 않고 부분적으로 보존(preserve)하여 다른 차원으로 끌어올린다(lift up)는 것을 의미한다(Kaufmann, 1964: 144). 비동시성을 지양한다는 것은 비동시성을 완전히 폐기하는 것이 아니라 비동시적 시간내에 좋하는 근대성을 보존하여 근대의 시간을 새로운 차원으로 '끌어 올린다'는 의미를 담고 있다.

렵게 하고 있음.

그러므로 한국 사회의 복합적 갈등 구조의 난마(亂麻)를 풀기 위해서 비동시성적 모순과 갈등의 다원주의적 해결(多以貫之)이 필요하다. 갈등의 해결방법에는 정치문화적 접근과 정치제도적 접근이 있다. 정치문화적 접근은 동양과 서양, 한국의 전통에서 나타나는 균형과 조화의 정치문화(和而不同, 和爭, 中庸, '온화한 상업' doux commerce)를 '전통 속에서의 근대성'을 발견하는 방식을 통해 내면화해야한다. 반면에 제도주의적 접근은 다원주의 정신을 담은 제도적 틀을 만들어 행위자에게 균형과 공존의 정치의 틀 속에서 행위하도록 유도하거나 제도적 제약을 가하는 것이다.

제도적 접근으로 권력공유 민주주의 또는 합의주의 민주주의를 생각해 볼 수 있다. 사회적 약자와 소수파들의 정치적 대표성과 분배적 정의를 강화시키는 '권력공유 민주주의'(power sharing democracy)와 합의 민주주의(consensus democracy)의 제도 디자인을 통해 협의주의(consociationalism), 연방주의(federalism), 비례대표제(PR), 초다수제(super majority), 사회적 합의주의(social concertation, tripartism, corporatism) 제도를 개발하고 적용하면 다수의 구성원들이 합의주의, 다원주의, 권력공유의 원리에 기초한 민주주의의 실천에 나설 것이다. 다원주의 정치문화, 권력공유 민주주의 제도들은 비동시성의 시간에 살고 있는 다양한 계급과 계층들(多衆 multitude)이 공존하면서 풍요와 자유를 누릴 수 있게 하는 효과를 낼 것으로 기대된다.

비동시성을 지양을 통한 역사적 진보

'현재' 우리에 내재해 있는 '어제'(전통, 과거) 시간의 근대성을 발견함으로써('전통의 근대성') 헤겔리안적 역사의 진보, 혁명을 이룰 수 있다. 그러므로 비동시성의 문제를 해결하기 위해서 한국 사회에서 비동시성을 완전히 폐기해서는 안 되며, 우리 속에 남아 있는 '과거'와 단절을 시도해서도 안 된다. 과거 전통의 시간 내에 존재하는 근대성을 보존하여 근대의 시간을 새로운 차원으로 끌어올려야한다.

한국은 "주야로 그치지 않고 계속 흘러 구덩이를 채운 뒤에 계속 흘러 사해에 이른다"([孟子], "離婁章句")는 맹자의 언급처럼 고난 속에서도 장애물을 걷어 내고, 구덩이를 메우면서 진보하여 민주화, 산업화, 근대국가 건설에 이어서 분단으로 파괴된 민족을 재건설(nation rebuilding)하여 한국의 근대를 완성하고 맹자가 이야기한 四海(global)로 나아가야함.

정다산 선생이 말한 것처럼 역사의 "수레를 멈출 수 없는 것과 마찬가지로"(茶山, [論語古今註], 子罕) 되돌릴 수 없는 역사의 진보를 위해 때로는 전통 속의 근대성을 배우고 익히고(溫故知新, 論語), 반동적 과거 시간의 찌꺼기를 청소(彰往, 周易 繫辭)하여야한다.

참고문헌

권영기. 1993. "6·29전야의 권부: 군출동은 이렇게 저지되었다." 『월간 조선』 (5).

김성익. 1992. "전두환. 역사를 위한 육성증언: 6·29전야의 고백." 『월간 조선』 (1): 386.

孔子(공자). "爲政篇" 『論語』.

孟子(맹자). "離婁章句". 『孟子』.

임혁백. 2014. 『비동시성의 동시성: 한국 근대정치의 다중적 시간』. 서울: 고려대 출판부.

임혁백. 2015. "더 강해진 경제체력. 민주정부 무능론 잠재워." 「중앙선데이」 5월 31일-6월1일.

정약용. "子罕". 『論語古今註』.

"繫辭下傳". 『周易』.

최장집. 1989. "군부권위주의체제의 내부모순과 변화의 동학. 1972-1986." 『한국 현대정치의 구조와 변화』. 서울: 까치.

신동아 편집부. 1987. "총정리. 민중의 승리: 5.17에서 6·29까지." 『신동아』 (8).

Alves. Melena Moreira. 1985. State and Opposition in Military Brazil. Austin: University of Texas Press. 212.

Elster, Jon. 1985. Making Sense of Marx. Cambridge: Cambridge University Press.

Kaufmann, Walter. 1966. Hegel: A Reinterpretation. New York: Anchor.

Linz, Juan. 1973. "Opposition in and under an Authoritarian Regime: The Case of Spain." in Robert Dahl (ed.). Regimes and Opposition. New Haven: Yale University Press.

O'Donnell, Schmitter. 1986. Tentative Conclusions about Uncertain Democracies. Baltimore: Johns Hopkins University Press.

Przeworski, Adam. 1992. "Games of Transition." in Scott Maiwaring. Guillermo O'Donell. and J. Samuel Valenzuela. (eds.). Issues in Democratic Consolidation: The New South American Democracies in Comparative Perspectives. Notre Dame: University of Notre Dame Press.

Slater, Dan and Joseph Wong. 2013. "The Strength to Concede: Ruling Parties and Democratization in Developmental Asia." Perspective on Politics. 11(3).

신광영

6

준비되지 않은 세계화와 세계화의 그늘: 경제 자유화, 외환위기 그리고 양극화를 넘어서

머리말

20세기 후반부터 Globalization은 한국에서뿐만 아니라 전지구적인 수준에서 일어나고 있는 새로운 사회변동을 압축적으로 표현하는 유일한 키워드가 되었다. Globalization은 한국에서는 세계화로 번역되어 사용되고 있지만, 그 의미는 세계화라는 단어에 충분히 담겨 있지는 않다.[1] 추상적인 수준에서 시간과 공간의 압축을 통해서 국가 단위로 분절된 시장과 문화가 통합되는 현상인 Globalization은 지역과 나라에 따라서 대단히 다른 의미로 사용되고 있다.

한국에서 세계화라는 용어는 1995년에 처음으로 등장했다. 1992년 제14대 대통령 선거에서 당선된 김영삼 대통령은 1993년 집권 초기부터 국제화를 새 정부의 국정 모토로 내세웠다. 김영삼 대통령은 1995년

---

1   Globalization의 번역어는 동아시아 국가들 간에 큰 차이를 보인다. 중국은 全球化로 번역을 하는 반면, 일본은 グローベリビーション으로 영어를 일본식으로 읽어서 사용한다. 세계화보다는 지구화가 더 타당한 번역어이지만, 이미 세계화라는 용어로 사용되고 있기 때문에 그대로 사용하기로 한다.

부터 국제화 대신에 세계화라는 용어를 사용하면서, 세계화를 국가전략으로 내세웠다. 곧바로 1995년 1월 "세계화위원회"가 만들어지고, 전반적인 정부 정책은 세계화에 맞춰졌다. 그리하여 한국에서 세계화는 사회과학적 분석에 사용되는 학술용어로 등장했다기보다는 국가전략을 내세우는 정치적 용어로 등장했다.[2] 세계화의 의미는 "세계로 나아가자"라는 의미였고, 그것은 주로 세계 시장으로 진출하자라는 '공격적 민족주의'을 함의하고 있었다.

세계화를 부르짖기 이전에 이미 한국은 경제적으로 해외 시장에 의존한 발전을 지속해왔다. 그 결과, 해외 수출을 통한 경제 성장이 성공적으로 이루어지면서, 무역역조에 대한 외국의 불만이 점증하기 시작하였다. 더 나아가 1980년대 말부터는 국제적인 무역 규범의 준수를 내세우면서, 한국이 OECD에 가입해야 한다는 요구와 압력이 미국이나 다른 OECD 회원국들로부터 가해기 시작했다. OECD 회원국이 되는 것은 OCED 기준을 받아들여, 국가의 시장 규제를 줄이고, 상품시장과 자본시장을 개방하고, OECD 회원국들의 노사관계 제도와 규범을 받아들여 노동시장과 노사관계를 개혁하여, OECD 회원국들의 경제제도와 규범을 받아들이는 것이었다. 원칙적으로 OECD 회원가입은 1960년대 이래 지속된 발전국가 체제에서 형성된 국가주도의 경제 운영을 시장주도로 전환하는 것이었다. 한국은 1996년 9월 12일 OECD에 가입하였다. 노동법 개정을 조건으로 회원국으로 받아들여졌다. 선진국 클럽

---

2 세계화와 국제화가 어떻게 다른 것인가에 대한 논의는 그 당시 국무총리였던 이회창 국무총리의 한마디로 압축되었다. 국회 질의에서 세계화의 의미가 분명하지 않았기 때문에, 한 국회의원이 이회창 총리에게 세계화가 무엇인가를 물었고, 이회창 총리는 "국제화를 세계 하는 것이 세계화"라고 답하여, 웃음거리가 되는 해프닝이 있었다. 세계화가 정치적인 용어로 등장하여 생긴 해프닝이었다.

에 가입하여 정권의 업적인 동시에 자랑스러운 한국이 되었음을 국내외에 알렸다.

OECD 가입을 포함한 세계화의 내용은 한국 자본과 기업들이 해외시장으로 진출하는 것뿐만 아니라 외국 자본과 기업들에게 한국시장을 개방하여야 한다는 경제 자유화를 핵심으로 하였다. 유럽과 미국이 요구하는 것은 1980년대 대 한국 무역적자를 극복할 수 있도록 한국의 시장을 개방하는 것이었다. 오랜 기간 동안 발전국가 체제에 익숙해진 정부와 기업은 국제적인 수준의 제도와 관행을 잘 알지 못했다. 국제경제에 대한 이해도 낮았고, 해외 지역에 대한 연구도 일천했기 때문에, 국제적인 관행과 규범은 매우 낯선 것이었다.

준비되지 않은 세계화의 대가는 혹독했고, 그 충격은 지금도 계속되고 있다. 경제적으로 외환위기 이전 수준을 이미 넘어서 지속적인 경제성장을 하였지만, 비정규직 급증, 가족해체와 저출산과 고령화가 동시에 이루어지면서, 한국사회는 새로운 사회위기를 겪고 있다. 여러 위기가 동시에 발생하면서, 위기가 더욱 심화되고 있다. 이러한 위기를 진단하고, 그에 대한 대응책을 찾는 것이 무엇보다 한국 사회과학의 중요한 과제가 되었다.

준비되지 않은 세계화

김영삼 정부가 선진국 클럽에 가입했다고 자랑한 OECD 가입은 실제로 반강제적인 가입이었다. 이미 80년대에 이르러 한국의 경제 규모가 커지면서, 한국은 미국과 유럽으로부터 개방 압력에 시달렸다. 미국은 외국과의 무역 적자폭이 계속해서 커지자, 무역 적자를 줄이기 위하여 공격적인 무역 정책을 폈다.[3] "수퍼 301조"를 내세워 시장 개방을 요구하였다.[4] 이미 80년대 말부터 OECD가 한국의 OECD가입을 촉구해왔지만, 시장개방 압력이 더 커질 것을 두려워하여, OECD 가입에 적극적인 태도를 보이지 않았다. 그러나 점차 무역 갈등이 커지자, 한국정부는 1990년대 초 세계경제 변화에 능동적으로 대응한다는 명목으로 OECD 가입을 구체적으로 준비하기 시작했다. 1990년 3월 OECD 비회원국으로서 최초로 아시아 신흥공업국 6개국을 포함하여 OECD 비공식 경제정책협의회 회의를 서울에 유치하였다. 그리고 OECD 산하 30개 위원회에 참여하여 활동하기 시작했다. 1990년에는 제7차 5년 계획 중반 이후인 93-94년 OECD에 가입하는 것을 계획으로 제시하였다.[5] 한국 정부는 1991년 4월 OECD 가입절차를 논의하기 위해 조사단을 파견하였고, 그로부터 6년 후인 1996년 12월 마침내 정부가 '선진국 클럽'이라고 부른 OECD의 회원국이 되었다.

90년대 초 한국의 OECD 가입은 국내에서는 큰 논쟁거리였다. OECD 국가들은 한국의 가입을 적극적으로 권유하였고, 1990년 3월

3 1982년 364.5억 달러의 무역적자가 1987년 1588.8억 달러로 거의 5배 늘어났다. 무역적자의 원인은 미국으로 수출하는 국가들이 무역장벽을 설치하여 미국 상품의 유입을 막고, 개방된 미국 시장으로 진출하여 미국의 대규모 무역 적자가 발생한다고 본 것이다.

4 수퍼 301조는 1974년 무역법(Trade Act) 조항으로 1988년 포괄적인 무역과 경쟁에 관한 법(Omnibus Trade and Competitiveness Act)으로 개정되었고, 개정된 법률의 301조가 수퍼 301조로 불리게 되었다. 개정된 301조는 불공정 무역국가들을 대상으로 일방적인 보복을 가할 수 있도록 허용한 법률 조항이었다. 수퍼 301조는 GATT의 쌍방의 권리와 의무를 규정하고 있는 반면에, 수퍼 301조는 일방적인 조사와 보복을 법제화하였다.

5 동아일보. "해외서 농사지어 반입 추진/7차5년 계획 국제협력부문" 1990년 12월 29일.

158

18일 한국을 방문한 로버트 코넬 OECD 사무차장은 자본시장 개방과
서비스 시장을 개방하여 OECD에 가입할 것을 권유하였다. 프레드 버
그스텐 미국 국제경제연구소(IEI) 소장 등은 OECD 가입과 우루과이 라
운드 가입을 통해서 한국 경제가 더 성장할 것이라는 견해를 피력하였
다.[6] 한국은 그동안 OECD 회원국이 아니었기 때문에 미국의 301조 제
소대상국 가운데 유일하게 쌍무협상을 벌여야하던 상황을 피하기 위하
여 1990년 11월 17일 OECD 조선부회에 회원으로 가입하였다.[7] 1990
년 11월 15일에는 솔로몬 동아시아 차관보가 한국을 방문하여 정부가
주도하고 있는 〈과소비 추방운동〉으로 인한 통상마찰을 언급하고, 무역
보복을 언급하였다.[8] 그러나 오랜 동안 외국기업의 국내 시장 진출을 차
단해온 국내 경제주체들은 시장 개방을 두려워하였다. 그리하여 OECD
가입과 관련된 국내의 논의에서 '시기상조론'이 지배적이었다.

한국 경제에 대한 국내와 국외의 인식 격차가 대단히 컸다. 해외의
시각은 한국이 더 이상 개발도상국이 아니라 제2의 일본이라고 생각하
였다. 반면에 한국 내의 시각은 당시 한국 경제를 위기 상태라고 보았
다. 80년대와는 달리 90년대 한국의 경제성장이 크게 둔화되었고, 무역
수지 적자도 발생하여 전반적으로 경제위기의 위험이 있다고 보았다.
이러한 상황에서 한국경제의 개방화를 의미하는 OECD 가입은 무모한
것으로 비춰졌다. 개방의 결과가 긍정적일 것이라는 확신이 없는 상태

---

6   "한미 통상마찰의 극소화를 위해 가장 중요한 일은 UR가 성공적으로 타결되는 것
     이다. 그렇지 않을 경우 「재앙」이 온다. 특히 한국처럼 세계경제에 크게 의존하는
     소규모 개방경제 국가일수록 더 큰 재앙에 부딪힐 것이다." 김호준, "한미통상 세미
     나서 쏟아진 미측 주장" 서울신문 1990년 9월 20일.

7   경향신문. "OECD 조선부회/한국 정회원국 가입" 1990년 10월 24일.

8   서울신문. "미,"대한 무역보복" 경고/방한 솔로몬 차관보" 1990년 11월 16일.

에서, OECD 가입은 남미 경제와 같이 몰락으로 이어질 수 있을 것이라
는 우려도 높았다. 그러므로 OECD 가입에 앞서, 개방의 부작용을 막기
위하여 경상수지 흑자를 이룩하고 자본시장을 개방하여 체질을 개선한
다음에 OECD에 가입을 해야 한다는 단계론이 우세했다. 관치금융과
같은 금융관행이 근절되지 않고는 경제 선진화를 이룰 수 없다는 점에
서 궁극적으로 자본시장과 금융시장의 개방이 필요하지만 그것을 언제
어떻게 할 것인가에 대해서는 뚜렷한 견해가 없었다.

90년대 들어서 한국의 시장 개방을 요구하는 압력이 더 거세졌다.
미국의 중앙은행(FRB)과 OECD는 OECD 회의에서 한국 정부가 제시한
금리자유화 일정을 앞당기도록 한국 측 참석자에게 요구하였다. 미국
행정부는 1992년 의회 보고서에서 한국이 OECD에 가입하도록 유도할
것이며, 미국 상품 및 서비스에 대한 관세 및 비관세 장벽을 없애도록
할 것이라는 점을 표명하였다.[9]

1991년 10월 한국 정부는 1996년에 OECD에 가입할 것이라고 발
표하였다.[10] 이것은 한국 정부 내부에서 논의되고 있는 OECD 가입과
관련된 최초의 공식적인 발표였다. OECD는 한국의 금융시장과 자본
시장 개방을 요구하면서 한국 정부의 계획보다 2-3년 앞당겨 OECD
에 가입하도록 요구하였다.[11] 그러나 한국 정부는 '제7차 경제사회개발
계획'이 끝나는 1996년이 적절한 가입시기라고 보았다. 1992년 5월 18
일 파리에서 개최된 OECD 각료회의에서 발표된 공동성명은 한국의

9　남찬순. "미 "선진"국 수준의 통상의무"/ "미, UR대한 압력 강화" 동아일보 1992년 2
　　월 29일

10　서울신문. "OECD 96년 가입 추진/이 외무 밝혀" 1991년 10월 17일.

11　국민일보. "OECD도 개방 압력/자본거래자유화 통해 조속가입 요구" 1991년 11월
　　28일.

OECD 가입 노력을 환영한다는 내용을 포함했다.[12] 다음 달 11일 한국 정부는 1996년 OECD에 가입하겠다는 의사를 OECD 사무총장에게 정식으로 전달하였다.

OECD 가입은 OECD의 경제 제도와 규칙을 회원국으로 받아들이겠다는 것을 의미하며, 제도적인 차원에서 많은 변화를 수반해야 했다. 이것은 각종 정부 규제를 철폐하거나 완화해야 하는 내용을 포함하고 있다. 예를 들어, 자본시장 자유화가 이루어져야 하며, 서비스 시장에 대한 규제도 바뀌어야 했다. 자본시장 자유화는 자본이동에 대한 규제 철폐를 의미하는 것으로 정부의 자본시장 통제력의 약화를 의미했다. 여기에는 외국인 투자제한 업종을 없애는 것을 포함했다.

1992년 선거에서 승리한 김영삼 정부는 이듬해 4월 경제기획원 대외경제조정실장을 위원장으로 하고, 20개 부처 실무국장을 위원으로 하는 'OECD가입 실무위원회'를 발족하였다. 그리고 1996년 OECD 가입에 앞서, 먼저 1994년까지 OECD 26개 위원회에 가입한다는 일정을 확정하였다. 동시에 김영삼 정부는 〈신경제 5개년 계획〉을 발표하고 경제개혁을 추진하였다. 그러나 그것은 반년을 넘기지 못하고 좌초되었다. 기득권층의 저항으로 개혁의 중단되었다. 결과적으로, 개발연대의 유산을 개혁하지 못한 상태에서 OECD 가입이 이루어지게 되었다.

그러나 김영삼 정부는 치적을 내세우기 위하여 환율을 인위적으로 조정하여 1995년 임기 내 1인당 국민소득 1만 불을 달성하게 만들었다. 그 이듬해 OECD에 가입하여 임기 내 한국이 선진국이 되었다는 점을 내세웠다. 내부 개혁을 이루지 못한 상태에 선진국 흉내를 낸 것은 실로

---

12   문창재. "OECD 한국가입 환영/오늘 이사회서 성명낼듯/일지," 한국일보. 1992년 5월 18일.

참담한 결과를 가져왔다. 곧바로 외환위기를 겪으면서 한국경제는 나락으로 떨어졌다.

개발연대에 형성된 경제 제도와 관행의 변화를 요구하는 압력은 내부적으로 강하게 존재했다. 경제 민주화와 노사관계의 민주화 등에 대한 요구가 강하게 있었지만, 이러한 내부적인 압력은 실질적인 변화를 이끌어 내지 못했다. 구 정치세력이 그대로 권력을 유지할 수 있었기 때문에 국민들의 경제개혁 요구에 소극적이었다. OECD 가입 압력은 외부로부터 주어졌고, 그에 따라 개발 연대에 형성된 제도와 관행의 철폐 압력이 외부로부터 가해지기 시작했다. IMF가 직접 개입하여 추구한 경제 개혁은 한국민을 위한 민주적 개혁이 아니라, 외국 금융기관, 기업체와 투자자들을 위한 개혁이었다. 한국의 경제위기가 해외 경제 주체들에게는 좋은 투자기회가 되었고, 이를 통해서 단기간에 초고수익을 올릴 수 있었다. 반면에, 대다수 한국인들에게는 경제위기는 고난과 시련의 가져왔고, 사회양극화와 빈곤층 급증으로 이어졌다. 정치적 민주화의 실패가 경제적 민주화의 실패를 낳았고, 결국 제대로 준비되지 않은 경제개방은 파국으로 귀결되었다.

외환위기와 사회위기

OECD 가입 전후 동남아시아(말레이시아, 태국, 인도네시아) 경제는 급격히 불안정 상태에 놓이게 되었다. 한국 경제는 동남아시 경제와 직접적으로 연관성을 적었지만, 국내의 경제적 상황과 맞물려 외환위기가 발생하였다. 외환위기의 직접적인 원인은 은행과 재벌 기업의 도덕적 해이였다. '대마불사'라는 정부의 재벌 지원 정책과 느슨한 금융 규제가 재벌들의 부문별한 차입경영을 강화시켰고, 이러한 형태의 기업 경영은 OECD 가입 이후에도 바뀌지 않았다. 1990년대 재벌 기업들의 수익률이 떨어지면서, 부채 상환 능력이 더 떨어지는 상황에서 외환 시장 개방으로 인한 원화 평가 절하는 정부의 지원이 없는 한 파산을 면하기 힘들게 되었다.[13] 이러한 상황에서도 은행들은 정부가 부실기업을 지원해 줄 것이라고 믿었기 때문에 부실기업에 계속 대출을 함으로써 외환위기는 금융위기로 확산되었다. 구체적으로 1990년에 6개 불과했던 상업은행은 모두 외국 금융기관과 연계되어 있었지만, 1997년 상업은행은 30개로 늘어났고, 이중 16개가 재벌 소유였고, 재벌과 독립적인 상업은행은 12개에 불과하였다. 이들 상업은행은 금융시장 개방으로 해외로부터 직접 차입을 할 수 있었고, 이들 상업은행들이 철강, 자동차, 화학 분야에 대한 비생산적인 투자를 만들어냈다(Mishkin, 2006: 88).

외환위기 직후 정권 교체가 이루어지면서, 새로 등장한 김대중 정부가 외환위기 극복을 담당하였다. 이후 한국에서 이루어진 외환위기 극복 사례는 성공적인 사례로 경제학 교과서에 언급되고 있지만(Mishkin, 2006: 165), 한국사회 전 영역에서 대단히 부정적인 심대한 변화를 가져왔다는 점에 성공적인 사례로 보기는 힘들다. 외환위기 이후 심화된 사회양극화, 빈곤층 급증, 가족 해체, 자살 급증 등으로 인하여 2015년 현재도 사회위기를 겪고 있다.

외환위기 이후 심화된 사회위기는 외환위기의 결과만은 아니다. 외환위기는 진행되고 있는 인구구조의 변화 그리고 가족구조의 변화와 맞물려 사회위기를 심화시키는 결과를 낳았다. 외환위기의 직접적인 충

---

13 미국 기업들의 평균 수익률은 15~20%에 달하였지만, 한국의 5대 재벌 기업의 수익률이 3%대에 불과하였고, 나머지 30대 기업 중 25개 기업은 실질적인 수익률이 마이너스였다.

1.   For urban households with at least two persons.
2.   The Gini coefficient can range from 0 (perfect equality) to 1 (perfect inequality).
3.   Relative poverty is defined as the share of the population that lives on less than half of the median income.
Source: Statistics Korea.

그림 1 지니계수와 비곤율 추이

* 자료: OECD(2012: 16)

격은 노동시장 내 불안정 고용(precarious employment)의 급증으로 나타났다. 기업 구조조정과 정리해고가 노사정 합의에 의해서 받아들여지면서, 1998년부터 대규모 기업구조조정이 이루어졌고, 그 결과 매월 10만 명의 신규 실업자가 발생하는 대량 실업사태가 발생하였다. 실업보험이 제대로 제도화되지 못한 상황에서 200만 명에 달하는 실업자들의 소득 획득 기회의 상실은 곧 바로 소득 불평등 심화와 빈곤층 증가로 이어졌다(〈그림 1〉 참조). 불평등 심화와 빈곤층 증가가 90년대 초 김영삼 정부의 세계화와 더불어 증가하기 시작했지만, 1997년 외환위기를 계기로 그 추세가 폭발적으로 강화되었다.

보다 구체적인 변화는 노동시장에서 정규직 고용의 축소와 비정규직 고용의 확대로 나타났다. 비정규직 규모는 2002년 피고용자 가운데 27.4%에서 2004년 37.0%로 급증하였다. 기업 구조조정, 정리해고, 비정규직 고용이 단기간에 이루어지면서, 비정규직 고용이 2년 사이에 10% 가까이 늘었다. 비정규직 종사자수는 2003년 380만 비정규직 피

고용자가 2004년 600만으로 2년 사이에 220만 명의 비정규직이 늘어났다. 기업들이 정리해고를 통해서 정규직 고용을 줄이고, 그 자리를 비정규직으로 대체하거나 신규 채용을 비정규직으로 하면서 고용의 비정규직화가 빠르게 이루어졌던 것이다. 비정규직 고용은 노동력을 이용하는 주체와 임금을 지불하는 주체가 같은 계약직이나 임시직과 같은 형태뿐만 아니라, 일을 시키는 주체와 임금을 지불하는 주체가 다른 파견 근로와 같은 간접 고용 형태로도 이루어졌다.

정규직과 비정규직으로 고용체제가 양극화되면서, 노동시장의 임금 양극화가 나타났다. 비정규직 평균 임금이 남성 정규직의 50%에 미치지도 못하였고, 고용형태에 따른 임금 격차는 2000년대 들어서도 계속 확대되었다. 또한 비정규직 종사자들은 사회보장의 혜택을 받는 비율도 낮고, 잦은 이직으로 인적 자본을 축적할 기회가 갖지 못하였고, 정규직과 비정규직의 낮은 이동으로 노동시장의 양극화는 더욱 강화되고 있다. 그 결과, 노동자들 내부에서의 임금격차는 계속해서 확대되어 2010년대 들어서 OECD 최고 수준을 보여주고 있다(OECD, 2014: 23).

표 1 고용형태별 임금 격차, 2003-2010

유형	2003	2004	2005	2006	2007	2008	2009	2010
정규직								
남성	100.0	100.0	100.0	100.0	100.0	100.0	100.0	100.0
여성	68.9	69.4	69.6	70.1	68.0	67.4	68.5	67.3
비정규직								
남성	56.0	55.3	54.0	54.3	53.1	51.0	49.4	47.9
여성	41.5	43.0	41.2	41.5	39.4	40.4	39.9	38.3

* 자료: 김유선(2011: 26)

더 심각한 문제는 자살이다. 자살률이 높은 나라들은 헝가리처럼 체제 이행을 겪으면서, 극심한 정치경제적 혼란에 처한 나라들이나, 아일랜드처럼 경제위기로 어려움을 겪은 나라들이다. 현재 한국의 자살률은 OECD 1위이며, 전 세계 3위이다(1위 가이아나, 2위 북한). 외환위기 직후부터 한국의 자살률이 급등하여 2003년 OECD 국가들 중 1위가 되었다.[14] 점차 체제 변화를 겪은 동유럽 국가들에서 높은 자살률이 나타났으나 점차 줄어든 반면, 한국의 자살률은 계속해서 높아지면서 2003년부터 계속해서 자살률 1위를 유지하고 있다. 2014년 한국의 자살률은 OECD 평균의 3배에 달하는 수준이며, 하루 42명 정도가 자살을 하고 있다. 특히 80대 이상의 노인의 경우는 20, 30대에 비해서 5배 높은 자살률을 보여서, 노인 자살이 극단적인 수준에 달했음을 보여주고 있다(OECD, 2014).

외환위기로 인한 경제적인 문제가 악화되고 있을 뿐만 아니라, 인구구조상 고령화가 가속화되면서 사회적 위기가 심화되고 있다. 구체적으로 노인 빈곤이 심각한 수준이며, 이는 전반적인 노동시장의 변화와도 관련이 있다. 구체적으로 고령화가 진행되고 있음에도 불구하고 퇴직연령은 오히려 낮아져서 퇴직 이후의 소득이 없는 상태가 더 길어지고 있기 때문이다. 현재 한국의 퇴직 연령은 53세 정도다. 평균 수명은 계속해서 늘어나고 있어서 소득이 없는 노후가 계속해서 길어지고 있기 때문에 노인 빈곤문제가 심각한 수준에 이르렀다. 현재 65세 이상의 노인 절반 정도가 빈곤층이다. 한국의 경제수준에 비해서 복지제도는 매우 취약해서 사회위기는 심화되고 있다.

사회적 위기의 또 다른 측면은 인구위기이다. 인구위기는 저출산과

14　세계보건기구에 의하면, 한국의 자살률은 세계 2위이다. 알콜중독으로 자살이 많은 남미 가이아나 다음으로 자살률이 높다(http://apps.who.int/gho/data/node.main.MHSUICIDE?lang=en 2015년 6월 20일 접속).

고령화로 인하여 사회가 유지될 수 없는 상태를 야기하는 인구의 변화를 의미한다. 저출산은 사회를 지탱할 수 있는 인구의 재생산이 이루어지지지 못하는 수준인 가임 여성 1인당 2.1명의 이하의 자녀 출산율이 나타나는 상태를 의미한다. 저출산은 아동인구의 감소 → 노동력 인구 감소 → 소비자 감소 → 만성적인 경기침체로 이어진다. 〈그림 2〉에서 볼 수 있듯이, 한국의 출산율 저하는 일본에 비해서 3배 빠른 속도로 이루어졌다. 일본의 전후 출산율이 4명 이상에서 2명 이하로 떨어지는데 30년 이상이 걸렸지만, 한국의 경우는 불과 10년 정도 걸렸다.

저출산과 더불어 평균 수명의 증가는 한국의 인구 고령화를 가속화시켰다. 현재 한국은 세계에서 가장 빠른 고령화를 보이고 있다. 단적으로 고령화는 부양을 받아야하는 인구가 상대적으로 증가하는 것을 의미한다. 기술적으로 전체 인구 중에서 65세 이상의 인구가 차지하는 비중이 높아지는 인구 변화를 의미한다. 〈표 2〉에서 볼 수 있듯이, 한국의

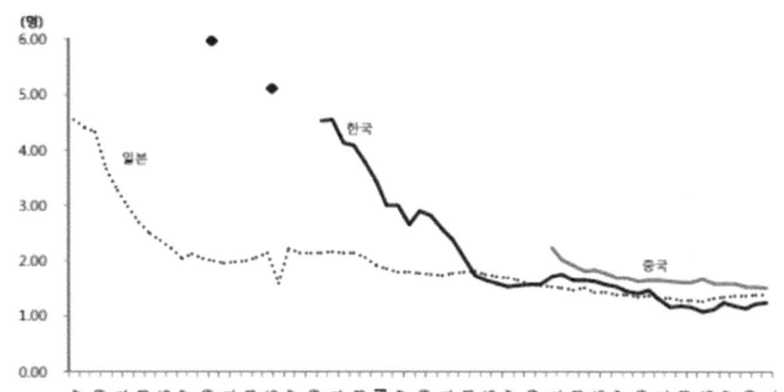

자료: 대한민국 통계청. KOSIS. 인구동향조사. 출생
중국 국가통계국(国家统计局). 2010년도 중국인구센서스 자료를 통해 추정
일본 국립사회보장및인구문제연구소(国立社会保障 · 人口問題研究所)

그림 2 한중일 합계출산율 변화

* 자료: 한중일 인구동향과 인주전략 보건사회연구원 연구보고서 2013-31-01 38쪽

표 2 인구고령화 추이 비교

국가	도달년도			증가 소요연수	
	7%	14%	20%	7% → 14%	14% → 20%
한국	2000	2018	2026	18	8
일본	1970	1994	2006	24	12
프랑스	1864	1979	2018	115	39
이태리	1927	1988	2006	61	18
미국	1942	2015	2036	73	21
독일	1932	1972	2009	40	37

* 자료: 통계청(2005: 22)

고령화 속도는 세계 역사에서 찾아보기 힘들 정도로 빠르다. 65세 이상
의 인구가 14%를 넘는 고령사회로 이행하는데 18년이 걸렸고, 노인 인
구의 비중이 14%에서 20%가 되는 초고령사회로 이행에는 불과 8년이
걸릴 것으로 예상된다. 저출산과 고령화는 서로 맞물려 있는 인구 변화
로 저출산이 지속되면 될수록, 인구의 고령화는 가속적으로 빨라지게
되기 때문이다.

인구고령화는 전대미문의 새로운 사회문제들을 야기할 것이다. 연
금 지출 증가, 의료비 증가, 노동력 인구 감소, 경제성장 둔화, 세수 감
소, 정부 재정 적자 심화, 취업기회 감소 등 전반적으로 경제적인 차원
의 저성장과 사회적인 차원의 역동성 상실로 인하여 장기적인 사회경
제 침체에서 벗어나기 힘들다. 그리고 피부양 인구의 증가로 인하여 젊
은 세대의 부담만 크게 늘어서, 젊은 세대들이 출산을 기피하게 되면서
계속해서 미래 세대의 부담은 더 커지게 되는 '저출산의 늪'에 빠지게
된다. 인구학적으로 2050년에 예상되는 한국의 극단적인 상황은 바로
'저출산의 늪'에 빠진 상태에서 저출산 문제를 해결하지 못하였을 때,

기대되는 미래이다.[15]

소득이 낮은 노인인구의 증가는 곧바로 노인 빈곤층의 증가로 나타나고 있다. 2인 이상 도시가계조사를 기준으로 중위소득 50% 이하의 노인 인구 비율은 2000년 15.1%에서 2012년 24.5%로 증가하였다. 도시 1인 가구를 포함하였을 때, 빈곤 노인 비율은 2012년 30.4%로 높아졌다. 전국 가구를 대상으로 하였을 때, 빈곤 노인의 비율은 2012년 48%로 높아졌다(임완섭·노대명, 2013: 82-83).

가족 제도의 변화도 외환위기 이후 새로운 사회문제를 낳고 있다. 가족제도의 변화는 두 가지 차원에서 나타나고 있다. 하나는 가족의 해체 현상인 이혼의 증가이다. 외환위기 이후 이혼은 급증하였다. 중고령 가구인 45-59세 1인 가구의 구성 요인 가운데 가장 높은 비중을 차지하는 것이 이혼으로 인한 1인 가구이다(정경희 외, 2012: 36). 특히 50대의 경우, 1995년 사별이 1인 가구 구성의 가장 큰 요인이었으나, 2010년 이혼이 1인 가구 구성의 가장 큰 요인이 되었다. 2005년 이후 이혼은 결혼 생활 4년 이하에서 가장 많이 나타났고, 그 다음이 20년 이상으로 장년과 노년에서 이혼이 크게 늘었다(변용찬, 김동희, 이송희, 2010: 38). 장년과 노년기 이혼은 1인 가구 구성의 주요 요인일 뿐만 아니라 소득 상실로 인한 노인 빈곤층이 되는 중요한 경로이다. 정년으로 인하여 노동시장에서 이탈한 장년이나 노인들의 경우, 이혼으로 인한 1인 가구 구성은 곧 바로 빈곤층으로 전락할 수 있음을 의미한다.

15 　나이스와 쉬버(Steven A. Nyce and Sylbester J. Schieber, 2007)는 베이비 붐과 여성의 경제활동참여로 노동력 과잉 상태가 일시적으로 나타났으나, 저출산으로 인하여 노동력 부족 상태로 급격하게 접어들면서, 과거에 경험하지 못한 새로운 경제적, 사회적, 정치적 파급효과가 나타나고 있다고 진단하고, 정책 당국자들이 이러한 점에 대한 이해가 무엇보다 중요하다고 강조하고 있다.

표 3 가구 구성의 추이 (단위: %, 명)

연도	1인 가구	2인 가구	3인 가구	4인 가구	5인 이상 가구	평균 가구원수
1980	4.8	10.5	14.5	20.3	49.9	4.55
1985	6.9	12.3	16.5	25.3	39.0	4.09
1990	9.0	13.8	19.1	29.5	28.7	3.71
1995	12.7	16.9	20.3	31.7	18.4	3.34
2000	15.5	19.1	20.9	31.1	13.4	3.22
2005	20.3	22.2	20.9	27.0	10.0	2.90
2010	23.9	24.3	21.3	22.5	8.1	2.70

* 자료: 통계청, 인구주택총조사 전주, 해당년도

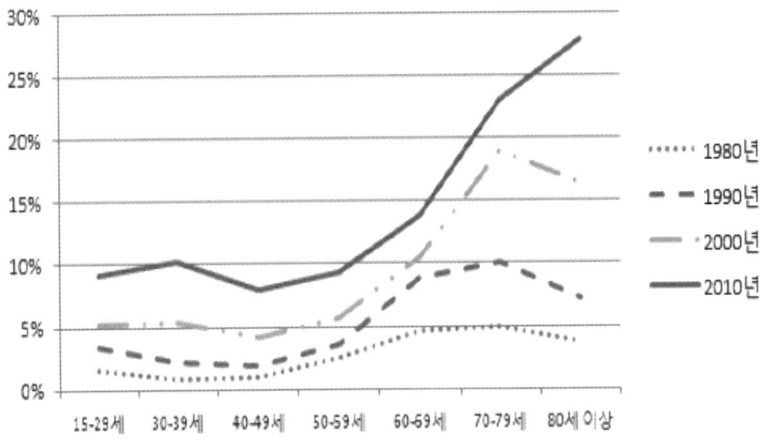

그림 3 연령대별 인구 대비 1인 가구 비율

* 자료: 정경회 외(2013: 48)

　　이혼 이외에도 1인 가구는 급증하고 있다. 1980년대 5인 이상의 가구가 절반 정도를 차지하였고, 1인 가구는 4.8%에 불과하였다. 그러나 2010년에 이르러 5인 이상의 가구는 8.1%로 줄어들었고, 1인 가구는 23.9%로 급격히 늘었다. 15세 이상의 인구 중에서 1인 가구 거주자는 1980년 1.7%에서 2010년 11.1%로 늘었다. 연령별로는 15-39세가

9.6%, 40-64세 9.0%, 65세 이상 21.5%로 연령에 따라서 큰 차이를 보였다(정경희 외, 2012: 45-48).

1인 가구의 빈곤율은 성별과 고용상의 지위에 따라 차이를 크게 보인다. 정규직 남성의 경우, 빈곤율은 13.32%에 불과하였으나, 정규직 여성의 경우는 29.04%로 빈곤율이 두 배 이상 높았다. 실업 상태인 경우에는 모두 70% 이상의 높은 빈곤율을 보여주었다. 남성 비정규직 1인 가구의 빈곤율은 22.77%로 정규직 남성에 비해 1.9배 높았고, 여성 비정규직은 36.97%로 남성 비정규직에 비해서 1.6배 더 높았다(Shin and Kong, 2014). 이것은 가구 구성뿐만 아니라 고용상태에 따라 경제 상태가 크게 달라진다는 것을 보여준다.

대안의 모색

한국은 세계화를 통해서 외환위기를 겪었고, 경제적인 차원에서 위기를 극복한 대표적인 사례로 언급되고 있지만, 사회적인 차원에서는 심각한 수준의 사회양극화와 빈곤 심화를 경험한 대표적인 사례이기도 하다. 세계화를 본격적으로 추진한지 3년 만인 1997년에 외환위기를 경험하였고, IMF로부터 구제금융 지원을 받는 조건으로 추진한 경제개혁은 IMF로부터 빌린 부채를 예정보다 빨리 상환하는 성과를 보여주기도 하였다. 그러나 IMF가 요구한 개혁은 사회양극화와 같은 예상된 변화를 만들어 냈을 뿐만 아니라, 한국 사회가 내재적으로 겪고 있는 인구구조와 가족구조의 변화와 맞물려 전혀 예상하지 못한 새로운 사회변화도 나타나고 있다. 그리고 외환위기 이후 청년층의 불안전 고용과 근로 빈곤 증가로 결혼 연령이 늦어지고, 출산율이 더욱 저하되면서 한국은 세계에서 출산율이 가장 낮은 초저출산 국가가 되었다. 이는 세계에서 가장 빠른 속도록 진행되고 있는 인구 고령화와 맞물려, 복합적인 사회 문제를 낳고 있다. 특히 고령화는 가시적으로 노인 빈곤률과 노인 자살률과 깊은 관련을 맺고 있다.

IMF의 대안

IMF는 외환위기를 극복하기 위한 정책으로 이른바 신자유주의적 정책을 한국 정부에 강요했다. 김대중 정부는 정책적 자율성이 대단히 제한된 상태에서 외환위기를 극복하기 위한 정책을 집행하였다. IMF가 내세운 정책은 크게 경제정책과 사회정책으로 나눠진다. 경제정책은 공공부문 개혁, 노동시장 개혁과 재벌 지배구조 개혁을 포함하고 있으며, 사회정책은 사회적 안전망의 확충을 중심적인 내용으로 하고 있다. 경제정책으로 인하여 대규모 실업자와 빈곤층이 생겨날 것이기 때문에, IMF는 이들의 불만과 저항을 누그러뜨리기 위하여 사회적 안전망의 확충을 한국정부에 요구하였다. 사회정책은 위기관리 정책의 일환으로 제시되었다(신광영, 2002). 다시 말해서, 사회정책은 성공적인 구조조정을 위해서 필요한 수준에서 사회적 위기를 관리하여 구조조정을 성공적으로 달성하기 위한 수준에 머물렀다. 그러므로 사회권적 시민권을 확대하기 위한 목적이 아니라 수단적인 차원에서 최소한의 복지를 제공하는 수준에 머물렀다.[16]

구체적으로, 1998년 2월 7일 IMF는 사회위기를 막기 위한 최소한의

---

16 대표적으로 고용보험 수준은 OECD에서 가장 낮은 수준으로 실질적인 생활보장이 되지 못한다. 정부의 현금 이전은 3% 정도로 OECD 평균의 27% 수준에 불과하며, 이중 실업급여는 OECD 평균의 15% 수준에 불과하다.

사회적 안전망을 도입해야 한다고 주장하고, 그것을 구제금융 양해각서에 포함시켰다. 그리하여 1999년 7월 고용보험의 확대 실시와 1999년 9월 국민기초생활보장제도가 실시되었다. 폭발적으로 늘어나는 실업자와 빈곤 문제를 해결하기 위한 최소한의 정책이었다. IMF는 이른바 신자유주의적 경제개혁이 대량 실업과 빈곤층을 양산할 것이기 때문에, 이러한 사회적 안전망을 통해서 충격을 줄여야만 경제개혁이 성공할 수 있는 것을 이미 여러 차례 경험을 통해서 알고 있었다. 그러므로 노동시장 유연화를 위해서 고용보험을 강화하는 것이 필요하다는 점을 1997년 12월 5일 예비 협약안에도 삽입하였다. 그리고 1998년 2월 7일 최종 합의안에 고용보험기금을 7,000억 원에서 2조 원으로 늘리고, 빈곤층 소득지원을 포함한 공적 부조를 전년도에 비해서 13% 늘리는 등의 구체적인 내용도 포함시켰다. 실업수당을 받을 수 있는 조건도 대폭 완화하였다. 그런 점에서 1999년과 2000년에 도입된 복지제도는 IMF가 주도하는 경제개혁의 성공을 위한 방편이었다.

그럼에도 불구하고, 실업자 보호 수준은 OECD 최하위권이고, 빈곤율은 최상위권에 속하며, 비정규직과 정규직 격차도 최고 수준에 달하였다. 법적으로 제도화된 실업급여 수준과 실업급여 기간이 자체가 OECD 수준에서 취약할 뿐만 아니라, 그 제도가 제대로 집행되지 않아서, 사각지대가 대규모로 존재하고 있다. 예를 들어, 경제적으로 취약한 비정규직의 경우, 2010년 고용보험 가입율은 43.3%에 불과하였다(성재민, 2013: 58). 이것은 가장 고용불안정이 큰 비정규직의 경우에도 절반 이상이 제도적인 보호를 받고 있지 못했다는 것을 의미한다.

저임금 비정규직 고용의 증가로 근로 빈곤층이 크게 늘어났다. 인구학적으로 한국인의 수명은 빠르게 늘고 있지만, 노동시장에서의 평균 정년 연령은 오히려 낮아지면서, 퇴직 이후 소득이 없는 기간은 더 길어졌다. 결과적으로 노인복지 제도도 제대로 갖추어져 있지 않은 상태에서 수많은 노인들이 빈곤에 허덕이고 있다. 2013년 한국의 노인 빈곤율은 무려 47.2%로 OECD 최고 수준을 보여주었고, 이는 OECD 평균 노인 빈곤율 12.8%보다 거의 4배 가까이 되는 압도적으로 높은 수치이다.

통합적인 정책 대안

90년대 외환위기 이후 한국사회가 새롭게 직면하고 있는 문제들 － 광범위한 비정규직 고용과 근로 빈곤, 만혼과 낮은 출산율, 인구 고령화와 노인 빈곤화 － 은 개별적인 정책을 통해서 해소될 수 있는 문제들은 아니다. 여러 문제들이 각기 서로 다른 여러 가지 요인들의 복합적인 상호작용을 통해서 나타난 결과이기 때문이다. 그러므로 복합적인 사회문제를 해결하기 위한 여러 정책들이 하나의 패키지로 실시되어야만 효과를 거둘 수 있다.

또한 제대로 준비하지 못한 세계화가 가져온 쓰라린 경험에서 얻을 수 있는 교훈은 정책을 만드는 과정에서 장기적인 효과를 신중하게 고려해야만 한다는 점이다. 정책 대안은 현재 문제를 해결할 수 있을 뿐만 아니라. 장기적으로도 지속 가능성을 지녀야 한다. 사회적인 효과를 고려하지 않은 경제정책도 지속가능하지 않고, 경제적인 효과를 고려하지 않는 사회정책은 장기적으로 유지되기 어렵다는 점에서 의도한 그리고 의도하지 않은 파급효과를 다각도로 고려할 필요가 있다.

먼저 노동시장의 유연화로 인하여 발생하는 실업이나 불안정 고용으로 인한 위험으로부터 포괄적인 보호가 필요하다. 실업이나 비정규직 증가로 인한 빈곤 문제를 국가가 복지제도를 통해서 해결한다면, 노동시장의 불안정은 큰 문제가 되지 않는다. 비정규직을 원천적으로 없애는 것이 불가능한 경우, 국가가 정규직-비정규직 차별을 없애는 대신,

비정규직으로 인한 경제적 불안정으로부터 노동자들을 보호하는 것이다. 덴마크나 네덜란드에서 실시하고 있는 유연안전모형이 대표적인 예이다. 국가가 실업자의 생활보장을 할 뿐만 아니라 적극적인 노동시장 정책을 통해서 실업자들을 다시 일자리를 얻도록 고용 활성화 정책을 동시에 펴고 있다.

두 번째는 맞벌이 부부를 가족 모형으로 하는 가족 정책이다. 가족 정책의 핵심은 자녀를 둔 여성들이 경제활동을 할 수 있게 출산, 보육과 탁아와 관련된 복지 서비스를 국가가 포괄적으로 제공하여, 여성들이 아이를 낳고도 직장 생활을 할 수 있게 하는 정책이다. 한국은 여성이 일도 안(못)하고, 아이도 안 낳는 국가이다. 정반대의 경우가 출산율도 높고, 여성의 경제활동참가율도 높은 북유럽 국가들이다. 흔히 출산과 일은 병행하기 힘들지만, 두 가지 모두 가능케 하는 것은 가족복지제도이다.

세 번째는 노인 빈곤문제를 해결하기 위해서는 무엇보다도 정년 연령을 늦추는 사회적 합의가 필요하다. 현재 53세 정년 연령을 적어도 60세까지 연장하여, 근로를 통한 소득 획득 기회를 늘려야 한다. 7년 정도의 경제활동 기간을 연장하여 스스로 노후를 대비할 수 있도록 해야 한다. 기업은 가능한 한 나이든 사람들을 기피한다. 기업도 지속가능한 성장을 위해서도 빈곤층이 늘어나게 되면, 수요 부족으로 불황을 피할 수 없게 된다는 점을 인식할 필요가 있다. 그러나 개별 기업들은 여전히 단기적인 이익 극대화를 추구하기 때문에, 국가적인 수준에서 노사정 합의를 통한 정년 연장을 도모해야 한다.

마지막으로 노인이나 장애자와 같이 경제활동을 할 수 없는 사람들을 대상으로 하는 복지제도가 구비되어야 한다. 노령 인구가 더욱 폭발적으로 증가하는데, 노인 복지를 제대로 갖추지 못한다면, 한국은 노인 빈곤률 1위, 노인 자살률 1위 국가라는 불명예에서 벗어나기는 요원하다. 한국의 노인 복지지출은 복지 후진국인 터키나 칠레보다도 더 낮은 수준이다.[17]

서구는 1인당 국민소득 1만 불 시대에 복지국가 체제를 완성하였다. 일본과 한국은 1만 불 소득시대에 복지제도를 제대로 구비하지 못했다. 다가올 미래를 보지도 못했고, 그래서 준비하지도 못했다. 복지의 핵심은 더 많은 사람들이 일을 할 수 있게 만드는 제도이다. 저출산과 고령화 문제를 해결하면서 지속가능한 경제성장을 동시에 이루는 길은 새로운 통합적인 정책 패키지를 통해서만 가능하다.

결론

1990년대 김영삼 정부가 정책 노선으로 세계화를 내세운 것도 경제적인 목적에 이루어진 것이고, 김대중 정부가 세계화로 인한 충격과 그것을 극복하기 위한 정책적 대응도 주로 경제적인 차원에 머물렀다. 2000년 전후로 사회정책이 제도적인 차원에서 모색되었고, 그 결과 고용보험, 국민연금, 노인장기요양보험 등이 도입되어 새로운 사회변화에 따른 문제들에 대응하고자 하였지만, 어디까지나 경제적인 차원에서 이루어지는 정책을 보완하기 위하여 이루어졌다는 점에서 삶의 질과 시

---

17 2013년 GDP에서 복지지출이 차지하는 비중은 터키 12.5%, 한국 10.2%, 칠레 10.0% 순이었다. OECD 평균은 이들 국가들의 2배 정도 높은 복지지출을 보여주었고, 프랑스와 북유럽 국가들의 경우 이들 국가들보다 3배 정도 높은 복지지출을 보여주었다. 참고로 자료는 OECD https://stats.oecd.org/Index. aspx?DataSetCode=SOCX_AGG (2015년 8월 10일 접속)

민권을 강화시키기 위한 전후 유럽의 복지제도 발달과정과는 궤를 달리했다.

그 결과 복지제도가 도입되었음에도 불구하고 2000년대 두드러지게 나타난 한국사회의 특징은 세계화의 그늘이 더 깊어지고 사회문제가 더 심각한 수준에 이르게 되었다. 경제개혁 자체가 주로 노동시장 유연화를 중심으로 해서 이루어지면서, 비정규직 고용이 양산되었다. 불안정 노동의 증대는 노동시장에서 양극화를 낳아서 곧 바로 소득불평등의 심화와 빈곤층의 증가로 이어졌다.

또한 신자유주의적 외환위기를 극복하기 위한 정책들이 인구구조의 변화와 가족구조의 변화와 같은 내부적인 변화와 맞물려 사회위기를 증폭시키는 부정적인 결과를 낳았다. 외환위기를 극복하기 위해 IMF가 주문한 단기적인 경제정책들은 신자유주의 정책을 성공시키기 위한 위기관리 수준에서 이루어진 것이었기 때문에 그것이 가져올 장기적인 사회적 파급효과에 대해서는 관심을 기울지지 않았다.

1995년 도입된 고용보험법은 실업급여제도는 점차 확대되어 1998년 10월에는 1인 이상을 고용하는 사업장으로 확대되었고, 2002년 12월에는 고용보험이 일용직, 시간제를 포함한 비정규직 근로자들에게까지 확대되었다. 그러나 실업급여 기간이 짧고, 실업급여 수준이 낮아서 실질적인 생활보호가 제대로 이루어지지 못하고 있다. 더구나 보험에 가입되어 있지 않은 많은 사람들이 정책의 사각지대에 놓여 있어서 실업으로 인한 사회적 위험으로부터의 보호 기능은 대단히 취약했다.

한국의 사례에서 드러난 중요한 점은 세계화와 더불어 한국사회 내에서 이루어지고 있는 여러 가지 사회변화가 상호작용을 일으키면서 여러 가지 사회위기의 징후를 만들어 내고 있다는 점이다. 급격한 사회양극화와 빈곤 확대는 여러 사회위기 징후의 일부이다. 이미 많이 언급되었듯이, 출산율 저하와 인구 고령화와 같은 구조적인 변화에 대한 정책적 대응은 제대로 이루어지지 못하고 있다. 그 결과 2000년대 들어서서 자살과 증오 범죄와 같은 사회병리적인 사건들은 줄어들고 있지 않고 있다. 급격히 늘고 있는 자기 파괴적인 자살이나 외부로 폭발하는 증오 범죄의 증가 문제를 사회병리로 접근하기 보다는 치안문제로 접근하는 경향을 아직도 벗어나지 못하고 있다.

세계화의 그늘에서 벗어나기 위해서는 무엇보다도 저출산, 고령화, 사회양극화와 빈곤 심화와 같은 복합적인 사회위기에 내재된 복합적인 인과관계를 이해하고, 그것에 대응하는 종합적인 접근이 필요하다. 다시 말해서, 외환위기 이후 한국사회에서 나타나고 있는 사회양극화와 빈곤화의 원인을 진단하고 그것을 해소하기 위한 보다 융복합적인 접근이 필요하다. 그것은 단적으로 교육, 노동시장과 복지를 통합하는 적극적인 사회정책(active social policy)을 통해서만 해결 가능하다. 적극적인 사회정책은 사회정책과 노동시장 정책을 분리시키는 것이 아니라 통합시켜 정책효과를 극대화하는 정책이다.[18]

---

18   이러한 관점은 2000년대 유럽의 정책 노선이며, "사회적 투자", "유연안정모형", "제3의 길" 등 다양한 이름으로 불리고 있지만, 그 핵심은 노동시장 정책과 가족정책, 복지정책 등을 통합하여 정책의 효유성을 극대화한다는 점에 있다(Bonoli, 2013: 11-12).

참고문헌

경향신문. 1990. "OECD 조선부회/한국 정회원국 가입".『경향신문』. 1990년 10월 24일.

국민일보. 1991. "OECD도 개방 압력/자본거래자유화 통해 조속가입 요구." 1991년 11월 28일.

김유선. 2011. "비정규직 규모와 현실."『노동사회』. 153. 64-103.

김호준. 1990. "한미통상 세미나서 쏟아진 미측 주장." 서울신문 1990년 9월 20일.

남찬순. 1992. "미 "선진"국 수준의 통상의무/미. UR대한 압력 강화." 동아일보 1992년 2월 29일

동아일보. 1990. "해외서 농사지어 반입 추진/7차5년 계획 국제협력부문."『동아일보』. 1990년 12월 29일.

문창재. 1992. "OECD 한국가입 환영/오늘 이사회서 성명별듯/일지." 한국일보. 1992년 5월 18일.

변용찬·김동희·이송희. 2010.『결혼 형태 변화와 출산율의 상관성 연구』. 보건사회연구원. 연구보고서 2010-30-3.

서울신문. 1990. "미."대한 무역보복" 경고/방한 솔로몬 차관보".『서울신문』. 1990년 11월 16일.

서울신문. 1991. "OECD 96년 가입 추진/이 외무 밝혀." 1991년 10월 17일.

성재민. 2013. "근로형태 부가조사를 통해 본 비정규직 노동시장의 추이."『노동정책연구』1월호 49-61.

신광영. 2002. "한국의 경제위기와 복지개혁"『국가전략』8(1): 57-75.

신광영. 2014. "현대 한국의 복지정치와 복지담론."『경제와 사회』95: 39-66.

임완섭·노대명. 2013.『2013 빈곤통계 연보』. 보건사회연구원. 연구보고서 2013-17.

정경희·남상호·정은지·이지혜·이윤경·김정석·김혜영·진미정. 2012.『가족구조 변화와 정책적 함의: 1인 가구 증가현상과 생활실태를 중심으로』.

한국보건사회연구원. 연구보고서 2012-47-25.

통계청. 2005. 『세계 및 한국의 인구 현황』. 통계청 인구동향과.

Bonoli, Giuliano. 2013. *The Origins of Active Social Policy: Labour Market and Child Care Policies in a Comparative Perspective*. Oxford: Oxford University Press.

Krugman, Paul (ed.). 2000. *Currency Crises*. Chicago: University of Chicago Press.

Mishkin, Frederic S. 2006. *The Next Great Globalization*. New Jersey: Princeton University Press.

Nyce, Steven A. and Sybester J. Shieber. 2007. *The Economic Implication of Aging: The Costs of Living Happily Even After*. Cambridge: Cambridge University Press.

OECD. 2014a. OECD Economic Surveys Korea 2014. Paris: OECD.

World Health Organization. 2012. Global Health Observatory Data Repository(http://apps.who.int/gho/data/node.main.MHSUICIDE?lang=en 2015년 6월 20일 접속).

윤성이

7

뉴미디어 확산과 한국정치의 변화

머리말

1990년대까지만 하더라도 지하철 안에서 사람들은 신문이나 책을 읽고 있었다. 그렇지만 이제는 핸드폰이 책과 신문을 대신하고 있다. 2000년대 들어 인터넷을 비롯한 뉴미디어가 급속히 확산되면서 우리 삶의 방식이 완전히 바뀌고 있다. 디지털 세대라 불리는 젊은 층들에게 인터넷 없는 세상은 상상조차 할 수 없다. 디지털 시대의 정치 또한 과거 산업사회와는 전혀 다른 방식으로 전개되고 있다.

한국의 디지털 정치는 2000년 5월 출범한 '노사모'로부터 시작되었다. 4·13 총선에서 지역주의 벽을 넘지 못한 노무현 후보를 지원하기 위해 지지자들이 온라인에서 '노사모'를 결성하였다. 한국 최초의 정치인 팬클럽이 탄생한 것이다. 노사모의 활약에 힘입어 노무현 후보는 민주당 경선과 2002년 대선에서 승리할 수 있었다.

2002년 대선을 기점으로 급속히 확장된 디지털 정치는 끊임없이 기존 제도정치를 위협해 왔다. 이미 오래 전부터 정부를 비롯하여 국회, 정당 등 제도정치에 대한 불신은 높았다. 그렇지만 엘리트들이 끌고 가는 대의민주주의 아래서 국민들이 할 수 있는 일은 별로 없었다. 디지털 기술은 그간 침묵하던 시민들에게 정치적 불만을 표출하고 행동할 수 있는 환경을 마련해 주었다. 디지털로 무장한 시민들은 더 이상 고립된 개인이 아니다. 네이버와 다음 같은 포털 사이트에서 매일 수백만 명이 정치 뉴스를 읽고 정치권을 비판하는 글을 올리고 있다. 온라인 커뮤니티와 SNS를 통해 촘촘히 연결된 개인들은 그 어떤 정치집단보다도 강력한 정치세력을 만들 토대를 갖추고 있다.

2008년 광우병 촛불시위는 대의제도와 네트워크 정치가 충돌한 전형적인 사례이다. 석 달 가까이 계속된 촛불시위는 한 고등학생이 대통령 탄핵 온라인청원을 하면서 시작되었다. 각종 포털과 온라인 커뮤니티에는 정부의 미친 소 수입에 대한 비판이 넘쳐났다. 이들은 온라인 공간에만 머물지 않았다. 전국적으로 수십만 명의 시민들이 길거리로 나와 촛불을 들었다. 촛불의 힘에 눌린 이명박 정부는 두 차례에 걸쳐 사과성명을 발표했다. 그렇지만 네트워크로 연결된 개인들의 순수한 참여는 오래가지 못했다. 촛불시위가 시작되고 한 달여가 지나면서부터 네트워크 개인들은 점차 힘을 잃고 기존의 정치집단이 그 자리를 채우게 되었다. 체계적인 조직이나 지도부가 없는 네트워크 정치가 갖는 본질적 한계 때문이다.

디지털 기술의 발달이 한국정치의 변화를 특정한 방향으로 추동하지도 결정하지도 않는다. 그렇지만 새로운 기술이 사회변동의 기회를 제공하는 것은 분명하다. 특정한 기술의 등장이 한 사회를 어떤 방향으로 얼마만큼 변화시킬지는 매우 유동적이고 각 사회별로 다르게 나타난다. 이 글에서는 한국사회에서 디지털 기술의 확산과 이로 인한 정치현상의 변화를 살펴본다. 온라인 정치참여가 한국정치에 어떤 영향을 미쳤고 변화를 가져왔는지 살펴볼 것이며, 온라인 정치의 특성을 설명하면서 한국정치의 지형변화에 대해 논의할 것이다.

디지털 기술의 확산과 정치변화

기술발전과 사회변동의 관계

네트워크 기반 사회는 수직적 위계를 기반으로 하는 기존의 산업사회와 달리 개체 간의 수평적 관계와 참여, 공유, 개방을 중요시하는 사회다. 이와 같은 새로운 사회의 출현은 다양한 논쟁을 불러 일으켰는데, 그 핵심은 네트워크 사회가 단순히 기존 질서 내에서 일어나는 '흥미로운 현상'인지(기술결정론), 아니면 현대사회의 변동을 이끌어가는 '새로운 기본 동인'인지(사회구성론) 에 대한 것이었다.

기술결정론을 주장하는 벨(Bell, 1973), 포스터(Poster, 1990) 등에 의하면 네트워크 사회는 기존의 위계적 사회구조와 확연히 대별되는 새로운 사회이다. 이들 기술결정론자들은 대의민주주의는 참여적 민주주의에 의한 정치적 지배로 대체되고, 정보기술의 중요성이 증대하면서 생산력의 원천이 일부 기업 자체가 아닌 기업 간 정보시스템으로 변화될 것으로 예측한다. 카(Carr, 2010)는 기술의 변화가 인간의 뇌 구조에까지 영향을 미친다고 주장한다.

"무엇보다 중요한 것은 내 뇌가 작동하는 방식이 예전과 다르다는 것이다. 이제는 한 가지 일에 몇 분 이상 집중하는 것이 점점 더 어렵게 되었다. 심지어 컴퓨터를 사용하지 않을 때도 이메일을 체크하고, 사이트에 접속하고, 정보를 검색하고 싶은 생각이 떠나지 않는다. 항상 연결되어(connected) 있고 싶은 욕구가 간절해졌다."(The Shallows: What the Internet is doing to our Brains, p.16)

한편, 사회구성론자들은 정보화 또는 네트워크의 확장이 미칠 정치·경제적 변화는 그다지 크지 않으며 결국 그 변화 역시 기존의 민주주의 또는 시장경제의 변화의 연속선상에 있다고 주장한다. 오히려 실러(Schiller, 1997)와 같은 학자는 네트워크의 확대가 기존 위계질서의 정점에 서있는 소수의 특권을 보다 강화하는 결과를 초래할 것이라고 단언한다. 사회구성론자들은 사용자의 의지와 이해관계가 기술의 사회적 영향을 결정짓는다고 주장한다. 똑같은 기술이라도 사용자의 선택에 따라 기술 활용의 결과는 달라진다는 것이다. 또한 어떤 기술을 개발할 것인지 역시 인간의 필요와 선택에 의해 결정된다고 본다. 한편, 기술결정론자들은 기술의 내재적 원리가 정치사회의 변화를 추동한다고 본다. 기술결정론자들의 논리에 따르면 인터넷을 기반으로 한 디지털 네트워크 기술의 발달이 정치권력구조의 변화를 가져오는 것이다(민희·윤성이, 2009).

이러한 입장 차이는 한국사회의 미래상에 대한 논쟁에도 여실히 드러난다. 첫 번째 논쟁은 몇 해 전 촛불시위 정국 이후의 민주주의 모델에 대한 것이다. 하승우(2008), 조희연(2009) 등은 촛불시위를 기존 대의민주주의의 오작동에서 기인한 것으로 규정하고, 확대되는 정치적 의사표현, 정치참여를 적극적으로 수용하는 방향으로 '제도권 정치'를 개혁하는 것이 한국 민주주의의 미래를 보장하는 것임을 역설한다. 반면, 최장집(2008), 김수진(2008) 등은 직접민주주의로의 이행이 아닌 대의민주주의의 심화를 주문한다. 즉, 그간 배제된 시민세력의 대표성을 확대하는 방향으로 대의민주주의를 개선하는 것이 가장 중요하다는 것이다.

기술결정론과 사회구성론 사이의 논쟁은 그 치열함에도 불구하고 현실의 문제를 보다 객관적으로 바라보고 폭넓은 시각과 담론을 제공하는데 큰 한계가 있다. 무엇보다, 네트워크 기반 사회와 기존 위계적 거버넌스 구조 어느 일방의 우월적 위치를 상정하거나, 단절과 연속 어느 한쪽을 선택하는 이분법적 담론구조는 온당해 보이지 않는다. 즉, 기술결정론은 한국사회가 그간 축적해온 역사적 선행요인과 연속성을 무시하는 우를 범하고 있다. 반면, 사회구성론은 네트워크 사회가 가져온 다양한 정치적·물질적 이점을 애써 폄하할 가능성이 있다.

그동안 한국 사회는 제도적인 민주주의의 확립을 통해 시민의 민주의식의 향상 및 정치 참여 욕구의 증가를 가져왔으며, 정보화의 확산으로 인해 시민의 직접 참여를 가능케 하는 다양한 형태의 참여 기제들의 활성화를 초래했다. 첫째, 온라인 정치참여와 오프라인 정치참여의 융합현상이 증가하고 있다. 즉 조직 중심의 집단화된 정치참여의 양상에서 네트워크화된 개인들의 정치참여의 양상으로 변화하고 있다. 둘째, 정부 주도의 '대의적, 제도내적' 정치참여와 함께 시민 주도의 '직접적, 비제도적' 정치참여가 점차 확산되고 있다. 셋째, 공식화되고 제도화된 정치과정을 넘어서 지금껏 정치 이슈화되지 않았던 일상생활의 영역으로까지 정치참여가 확장되고 있다.

정보통신 인프라 확산과 디지털 세대의 등장

1990년대 중반부터 정부 주도의 정보화사업이 본격적으로 추진되면서 한국사회는 다른 국가에 비해 훨씬 빠른 속도로 정보사회로 진입하게 된다. 한국의 정보화는 정부가 국가기관 및 공공기관의 개별 네트워크를 구축하기 시작한 1987년으로 거슬러 올라간다. 이후 정부 주도의 정보화사업은 초고속통신기반 구축계획 수립(1993년), 정보통신부 출범(1994년), 초고속정보통신기반 구축사업 착수(1995년)로 이어졌다. 이러한 정보화 발전 흐름이 급격해진 시점은 1997년으로, IMF 관리로 이어진 외환위기 극복과 경제구조 개혁의 돌파구로 정보화가 채택되면서 정보통신산업은 핵심 성장산업으로 자리매김하게 되었다. 그 결과 정보통신분야 진출 기업은 1994년 5,837개에서 1997년 9,097개로

그리고 1999년에는 12,800개로 비약적으로 증가하였다. 그리고 1996
년부터 1998년까지 정부가 주도한 통신요금 인하는 공공기관의 통신서
비스 이용 수요를 성공적으로 창출하고 이는 다시 통신사업자의 수익
으로 환원되는 선순환 메커니즘을 정착시킴으로써 정보통신시장의 규
모를 급속히 팽창시켰다(윤성이·장우영, 2007).

특히 한국의 독특한 생활공간구조와 관련된 지리적 요인은 광대역
통신망의 구축을 용이하게 만들었다. 한국은 국민의 1/4이 서울에 밀집
하여 거주하며, 대부분의 주거지역이 대규모 아파트 단지이거나 인구밀
집지역이다. 따라서 도시와 주거 밀집지역을 중심으로 광대역통신망을
구축하는데 있어 최소 비용으로 최대 효과를 낳을 수 있었다. 그 결과
1997년 전국 80개 도시를 연결하는 광케이블망이 구축되었으며, 2005
년에는 초고속 국가망 및 공중망 등 전방위적 사회통신기반이 완성되
었다. 이로써 전국 모든 학교와 공공기관에서 별도의 비용을 들이지 않
고 자유롭게 인터넷을 이용할 수 있게 되었다(Chang, 2005).

우리 사회 인터넷 및 SNS 이용률도 급속하게 증가하였다. 인터넷 이
용자 수가 2001년 2천4백만 명에서 2013년에는 4천만 명이 넘어서면
서 만 3세 이상 인구 가운데 82%가 인터넷을 이용하고 있다. SNS 이용
률 역시 급속히 증가하였다. 정보통신정책연구원 조사에 따르면 SNS를
이용하고 있다는 응답이 2011년에 16.8%이던 것이 2014년에는 39.9%
로 급증하였다. 인터넷 및 SNS 이용률의 증가는 매체 이용행태의 변화
를 가져왔다. 1990년대 중반이후부터 매체 이용행태를 보면 TV 이용
률은 꾸준히 가장 높은 반면 신문 이용률은 점점 감소하고 인터넷 혹은
모바일 이용률은 점점 증가하는 양상을 보이고 있다. TV는 2000년대
초반 인터넷의 등장으로 한 동안 이용시간이 줄어들었지만 종합편성채
널이 등장한 2000년대 후반 다시 증가하는 추세를 보이고 있다. 1일 평

균 신문 이용시간은 1996년 43.5분에서 2013년에는 12분으로 급속히
줄어들었다. 반면, 인터넷의 1일 평균 이용시간은 2002년을 기점으로
급격히 증가하다가 모바일 이용이 확산되는 2000년대 후반부터 소폭
감소하는 양상을 보였다. 한국언론재단이 2014년에 조사한 하루 평균
기사/뉴스 및 시사보도 이용시간을 보면 TV가 46.2분으로 가장 많았고,
인터넷은 30.2분 그리고 신문이 가장 낮은 10.4분으로 나타났다.

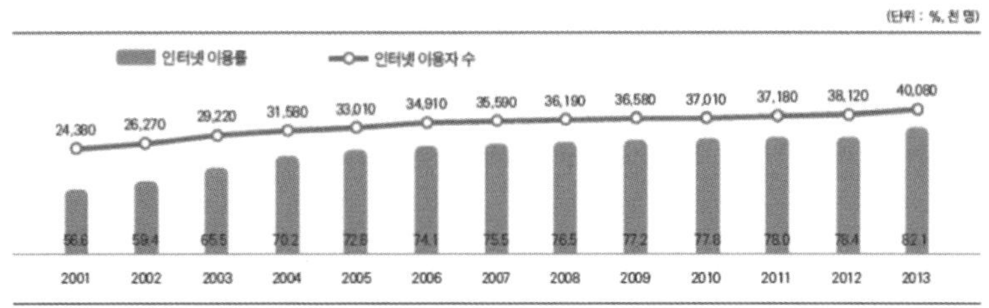

그림 1 인터넷 이용률 및 이용자 수 변화 추이
출처: 한국정보화진흥원. 2014 『국가정보화백서』, 318쪽.

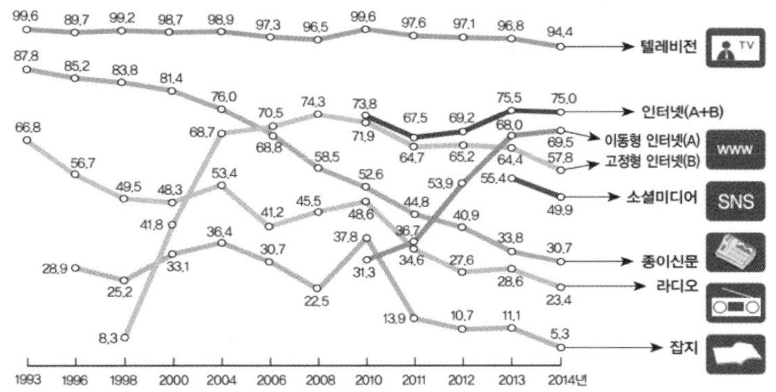

그림 2 미디어 이용률 추이(1993-2014)
출처: 한국언론진흥재단(2015). 2014 언론수용자 의식조사

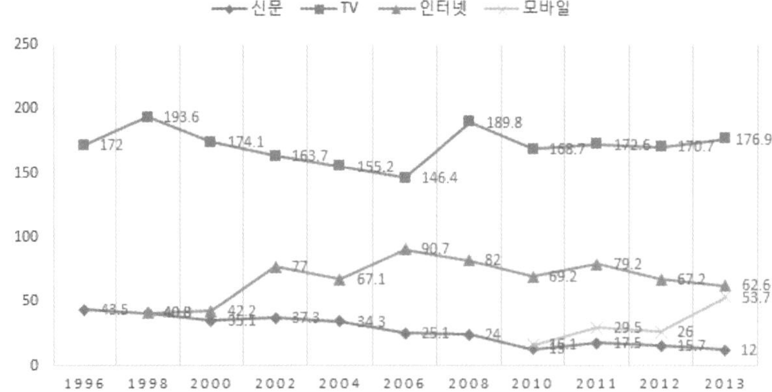

그림 3 미디어별 1일 평균 이용시간(분) (1996~2013)
출처: 국회입법조사처(2014, 2). 한국언론재단 언론수용자의식조사

기술 활용 혹은 매체 이용행태의 변화는 개인의 삶의 태도, 가치관, 스타일 등에 차이를 가져온다. 많은 연구들이 인터넷 세대는 과거 아날로그 세대와는 다른 가치관과 행동을 보인다고 주장하고 있다. 탭스콧(Tapscott, 1997)은 1977년에서 1997년 사이에 태어나 인터넷과 함께 성장한 세대를 N세대라 부르고, 이들은 기성세대와는 다른 가치관과 생활양식을 지니고 있다고 주장한다. 그는 웹2.0혁명이 넷 세대(net generation)를 만들었다고 주장하는데, 넷 세대는 철이 드는 시기부터 디지털화되어 있고 이에 따라 새로운 가치와 문화를 만드는 세대로 규정한다(Tapscott, 2008: 50-53). 탭스콧의 분석에 따르면 N세대는 기존의 권위에 대항하는 새로운 가치관을 가지고 있으며 민주주의에 대한 인식 역시 이전 세대와 달라, 정치적인 자기조직화를 통해 새로운 권력의 감시자 역할을 하는 것으로 나타난다. 탭스콧이 제시한 디지털 세대의 특성은 다음과 같다. 첫째, 디지털 세대에게 있어 최고의 가치는 선택의 자유이다. 그들은 일할 장소와 시간을 스스로 선택하고자 하며 정보와 상품 역시 다양하게 스스로 선택하고자 한다. 둘째, 개인의 개성에

맞게 제품을 변형하고, 업무방식도 원하는 대로 구성하고자 한다. 셋째, 탁월한 정보검색 능력을 바탕으로 철저한 조사와 분석을 통해 사안에 대한 사실과 거짓을 구분한다. 넷째, 이들은 자기중심적 세대가 아니다. 사회봉사 활동에 적극적으로 참여하고 약속을 지키고 성실함을 중시한다. 다섯째, 디지털 네트워크로 항상 연결되고 관계를 맺는 세대로서 협업에 익숙하다. 여섯째, 생계유지를 위한 일도 놀이처럼 즐거워야 한다. 이들은 일하면서 감정적 성취감을 얻고자 한다. 일곱째, 매사에 스피드를 추구하기에 즉각적인 피드백과 빠른 속도의 발전을 원한다. 여덟째, 발명의 문화 속에서 성장하여 혁신을 지향하고 전통적 명령과 통제의 위계질서를 거부한다(Tapscott, 2008).

한국사회에서 디지털 세대에 관한 논의는 1990년대 신세대론을 필두로 하여 X세대, Y세대, W세대, R세대, P세대 그리고 웹2.0 세대에 이르기까지 다양한 용어로 전개되었다. X세대는 1990년대 중반에 신세대를 이르는 말로 가장 많이 쓰였던 명칭이다. 이들은 물질적인 풍요 속에서 자기중심적인 가치관을 형성하였고, 처음에는 TV의 영향을 받았지만 점차 컴퓨터를 더 많이 이용하였다. 정성호(2011)에 따르면 X세대는 개인화, 즐거움 추구, 자연에의 욕구, 무경계화, 그리고 서비스 중시의 특징을 갖고 있다. 이들은 나만의 것을 추구하고, 인생은 즐거워야 한다는 사고방식을 갖고 있고, 유기농 채소를 좋아하고, 나이가 문제되지 않으며, 가격보다는 서비스가 좋은 곳을 찾는다. Y세대는 X세대와 유사한 특성을 보이지만 X세대가 '우리'보다는 '나'를 더 우선시했던 세대였던 비해 Y세대는 개성을 중시하면서도 긍정적인 공동체의식을 갖고 있다는 점에서 차이가 있다. W세대 혹은 R세대는 2002년 월드컵과 함께 등장한 세대이다. 이들은 월드컵 응원 과정에서 자발적 공동체, 열광적 에너지, 개방적 세계관과 같은 특성을 보였다. 'R세대'는 온라인을 통해 조직화한 후 오프라인으로까지 활동공간을 확장하였다는 점에서 오프라인 중심의 '386세대'와 온라인에서 주로 활동한 'N세대'와는 다른 모습을 보였다. 'W세대'는 강한 집단주의 성향을 보이는 386세대나 철저한 개인주의로 무장된 X세대와는 달리 각자의 개성을 추구하면서도 공동체 가치를 지향하는 특성이 있다.

우리사회 디지털 세대의 특성을 설명하는 또 다른 용어로 P세대가 있다. P세대는 70년대 후반에서 80년대 초반에 태어난 젊은 층으로 2002년 월드컵, 대선, 촛불시위 과정에서 적극적 참여와(participation), 열정(passion), 힘(potential power)을 보이면서 사회 패러다임의 변화를 주도하는 세대(paradigm-shifter)로 평가 받았다. P세대에게는 과거 386세대의 사회의식, X세대의 소비문화, N세대의 라이프스타일, W세대의 공동체 의식과 행동이 모두 융합되어 나타난다. P세대의 특징은 'CHIEF'로 요약된다. 첫째는 도전(challenge)으로 권위와 고정관념을 거부하고 새로움과 변화를 추구하는 자유로운 사고방식을 말한다. 둘째는 관계(human network)로 자신이 가진 정보를 기꺼이 공유하고 전파하며, 같은 생각과 취미를 가진 사람들과 연결되는 것을 좋아하고, 인간관계를 중시한다. 셋째는 개인(individual)으로 자신들의 개성과 다양성을 중히 여겨 사안에 대한 선호를 분명히 표현하며, 다양성이 사회발전을 촉진한다고 믿는다. 넷째는 경험(experience)으로 한 분야를 깊이 파기보다는 다양한 경험을 하고 싶어 하고, 모든 일에 있어 스스로 경험하고 체험한 후 판단하고자 한다. 다섯째는 감성(fun/feel)으로 사안을 판단하는데 있어 느낌과 감성을 중시하며, 무슨 일을 하든지 재미와 즐거움이 있어야 열심히 하게 된다(제일기획, 2003).

온라인 여론공간의 성장과 주도세력의 변화

디지털 세대의 성장과 확산은 우리사회 여론형성 과정에 커다란 변화를 가져왔다. 과거 전통매체 사회에서 여론형성은 정부와 국회, 정당 그리고 언론과 같은 사회 엘리트집단이 주도하였다. 엘리트 집단의 영향력은 의제설정 과정에서부터 나타난다. 우리사회 주요 쟁점이 무엇인지, 어떤 사안에 대해 사회적 갈등이 있고, 어떤 정책과 법제도가 만들어져야 하는지 등과 같은 의제설정 권한은 엘리트 집단이 사실상 독점하고 있었고 일반국민들은 설정된 의제에 대해 자신들의 입장을 제한적으로 표현할 뿐이었다. 설정된 의제를 어떤 시각과 틀 속에서 이해하고 판단하고 결정할 것인지의 문제도 엘리트 집단이 설정한 프레임 속에서 다뤄졌다. 정부와 정치권이 사안에 대한 쟁점을 설정하고 언론이 이를 보도하면 일반시민들은 대체로 그 틀 속에서 사안을 이해하고 판단하게 된다.

디지털 네트워크의 확산으로 인해 의제설정과 의제 프레임설정 권한이 엘리트집단에서 일반시민으로 대폭 분산되는 변화가 나타났다. 디지털 네트워크 속에서 시민들이 직접 의제를 제안하고 분석하고 판단하는 것이 가능해진 것이다. 이러한 온라인 여론공간의 확산은 우리사회 여론에 커다란 영향을 미치면서 정부정책과 법제도를 개선하는 결과를 낳기도 하였다.

2002년 SOFA 개정 촛불시위는 네티즌 '앙마'가 〈인터넷한겨레〉 토론방에서 문제를 제기한 후 인터넷 신문 〈오마이뉴스〉에서 집중보도하였고 이후 공중파 TV를 통해 전 국민들에게 전달되었다. 언론보도 후 10만 명이 넘는 시민들이 광화문 촛불시위에 참여하였다. 2005년에는 서귀포시가 결식아동에게 지급한 부실도시락 사진을 시민단체 '탐라자치연대'가 서귀포시 홈페이지와 다음과 네이버 등 포털 사이트에 올리

사례	초기발화자	의제 파급경로	인터넷 미디어	전통적 미디어	결과(정부정책 등)
2002년 SOFA 개정 촛불시위	네티즌 '앙마' (11.27)	『인터넷 한겨레』 토론방	『오마이뉴스』 (11.28)	공중파TV (11.30)	광화문 촛불시위에 10만 명 참여(11.30) 미대통령 부시 사과 (12.14)
2004년 친일인명사전 모금	네티즌 '참세상' (1.7 12:54)	『오마이뉴스』 독자의견	『오마이뉴스』 (1.7 15:00)	KBS (1.13)	모금개시 11일만에 5억원 모금
2005년 부실도시락 파문	지역시민단체 '탐라자치연 대'(1.8)	서귀포시 홈페이지 게시판, 다음, 네이버 등 포털 사이트	『연합뉴스』 포털서비스(1.10)	한라일보 (1.10) 공중파TV (1.11)	정부여당 도시락 단가 4000원으로 인상(1.14)
2005년 간호조무사 신생아 확대	무명의 네티즌 (5.1)	사이월드미니홈피, '임신과 출산 육아' 다음카페	주요포털사이트 (5.6)	공중파TV (5.6)	관련자 입건(5.6) 산부인과 병원 내 CCTV 설치
2005년 개X녀 사건	무명의 네티즌 (6.5 23:00)	'루리웹'사이트, '웃긴대학', '디시 인사이드' 등	『쿠키뉴스』 (5.6 11:00)	공중파TV (6.7)	지하철공사 지하철 10대 에티켓 발표 (6.11)
2005년 내무반 알몸진급식	무명의 네티즌	'디시인사이드', '웃긴대학'등 커뮤 니티 사이트	YTN 뉴스의 포털서비스(6.24)	YTN (6.24) 공중파TV (6.24)	정부여당 군 형법 개정안 마련(6.28)
2005년 황우석 논문 조작 사건	네티즌 'anonymos' (12.5)	'브릭', '디시인사 이드 과학갤러리'	『프레시안』 (12.5)	공중파TV (12.5)	논문 조작이 사실로 밝혀짐
2008년 촛불시위	네티즌 '안단테'	다음 아고라, 다수의 인터넷 카페	아프리카 TV (1인 미디어)	MBC '생방송 오늘아 침'(4.28) PD수첩 (4.29)	대통령 두 차례 사과성명 발표

출처: 김성태 · 이영환. 2006. "인터넷을 통한 새로운 의제 설정 모델의 적용: 의제 파급 (Agenda-Rippling)과 역의제 설정(Reversed Agenda-Setting)을 중심으로." 『한국언론 학보』 50(3). 필자가 재정리.

면서 파문이 번져갔다. 부실도시락에 대한 고발이 전국적으로 퍼져갔고 서귀포시장이 사과성명을 발표하고 정부는 도시락 단가를 4천원으로 인상하였다. 2005년에는 신생아 학대 동영상이 '임신과 출산 육아'라는 다음 카페에 게시되면서 관련자가 입건되었고 산부인과 병원 내 CCTV 를 설치하는 법안이 만들어졌다. 이 밖에도 '내무반 알몸진급식', '개똥 녀 사건', '황우석 논문조작 사건', '광우병 촛불시위' 등 많은 사회적 쟁 점들이 온라인 공간에서 시작되어 오프라인 언론으로 확산되면서 우리 사회 여론형성에 커다란 영향력을 행사하였다.

　　우리사회에서 온라인 여론의 영향력은 PC통신시대, 웹진시대, 포털 및 커뮤니티시대, 그리고 현재의 개인 미디어시대를 거치면서 점차 성장해 왔다. 인터넷 이용자가 많지 않았던 1990년대 후반 PC통신 시대에는 온라인 여론의 영향력은 매우 제한적이었다. 1990년대 후반 이후 딴지일보, 대자보, 오마이뉴스 등과 같은 인터넷 웹진이 네티즌들의 관심을 받으면서 온라인 여론의 영향력도 점차 커지게 되었다. 이 시기에는 소수의 논객들이 사회쟁점에 대한 논리적 글들을 인터넷 웹진에 게재하면서 많은 네티즌들의 공감을 얻었고 온라인 여론을 주도하는 집단으로 떠올랐다. 과거 정치엘리트와 주요 언론이 독점하던 의제설정기능과 여론 형성의 영향력이 적어도 온라인 공간에서는 웹진의 논객들에게 이전되는 양상이 나타났다. 그렇지만 이를 권력의 분산현상으로 해석할 수 없는 것은 온라인 여론권력이 다수의 네티즌들에게 분산된 것이 아니라 소수의 논객들에게 초중집화 되어 있었기 때문이다.

인터넷 포털이 확산되는 2004년을 전후하여 온라인 내부의 여론권력 지형도 변화가 나타났다. 소수의 논객들에게 집중되었던 온라인 여론권력이 포털과 다수의 블로그로 이동하는 모습이 보였기 때문이다. 포털 사이트 가운데 다음 아고라는 하루에 수만 명이 넘는 네티즌들이 접속하여 사회정치적 쟁점에 관한 댓글을 올리면서 온라인 여론 형성의 중심으로 자리 잡았다. 또한 많은 네티즌들이 포털 사이트 내부에 블로그를 개설하여 정치사회적 의견을 확산시켰다. 몇몇 블로그의 경우 하루 접속자 수가 수천 명에 달해 온라인 여론형성에 상당한 영향력을 발휘하였다. 온라인 여론을 주도하는 파워 블로거는 정치 영역뿐 아니라 경제, 사회, 문화, 예술 등 다양한 영역으로 분화되어 나타났다. 인터넷 웹진 논객과 파워 블로거만 보면 온라인 여론권력이 소수에게 집중되어 있었다고 볼 수 있다. 그렇지만 유명 포털의 경우 하루에도 수만 혹은 수십만 명이 넘는 네티즌들이 접속하고 있어 소수의 논객이나 블로거가 여론을 주도하는 것은 사실상 불가능하였다. 비록 특정 주제에 대해 특정 시기에 소수의 네티즌들이 온라인 여론형성을 주도한 경우는 있지만, 그렇다 하더라도 그 영향력이 오래 지속되지는 않았고 쟁점에 따라 그리고 시기 별로 새로운 여론 주도세력이 등장하는 것이 일반적인 모습이었다. 익명성을 전제로 하는 인터넷의 특성 상 사회적 지위나 권력을 배경으로 온라인 여론을 주도할 수는 없으며, 자신이 올린 글의 내용이 다른 네티즌들의 공감을 얻을 때만 온라인 여론에 영향력을 행사할 수 있다. 쟁점에 대한 전문가들만이 온라인 여론을 주도하는 것도 아니었다. 위의 〈표 1〉을 보더라도 대부분 무명의 네티즌이 사회문제를 온라인 공간을 통해 고발하였고 많은 네티즌들이 공감하면서 사회적 여론으로 형성되고 궁극적으로 정부정책의 변화를 가져왔다. 2008년 광우병 시위에서는 주도적인 역할을 한 집단을 보더라도 82Cook, MLB Park, 쭉빵, 마이클럽, 엽혹진 등과 같은 비정치적인 온라인 커뮤니티가 온라인 여론과 촛불시위를 주도하였다. 2009년 노무현 전 대통령 서거 국면에서도 정치적 문제와는 전혀 상관없는 쌍코, 소울드레서, 화장빨과 같은 온라인 커뮤니티가 주도적인 역할을 하였다.

그림 4 온라인 여론형성 지형의 변화

2009년 소셜 네트워크 서비스(social network service)가 등장하면서 온라인 여론권력은 새로운 지형을 보이게 된다. SNS의 등장은 1인 미디어 시대를 열었다. 개인들이 자기들만의 SNS 계정을 만들어 새로운 소식과 정보를 올리고 다른 사람들과 공유하는 것이 일상화 된 것이다. 과거에는 포털 사이트나 몇몇 유명 블로그가 네티즌을 한 곳으로 모우고 의견을 공유하는 허브(hub) 기능을 하였지만, 이제는 개인들의 자신의 SNS를 기점으로 하여 다른 사람들과 연결되어 있다. 자신의 공간에 머물러 있으면서도 다른 사람들과 끊임없이 연결되어 있는 네트워크 개인(networked individuals)이 온라인 여론의 주체로 자리 잡게 되었다. 네트워크 개인이 확산되면서 논객, 포털사이트, 파워 블로거들의 영향력은 과거보다 약해지고 온라인 여론권력이 탈집중화 되고 분산화 되는 양상이 나타났다. 여론형성의 주도세력이 더욱 다양화되고 세분화된 것이다. 웹진시대는 물론이고 포털과 블로그 시대까지만 하더라도 온라인 여론형성의 중심 역할을 하는 허브(hub) 사이트가 존재했다. 특정 사이트에 다수의 네티즌들이 접속하면서 자연스레 온라인 여론의 중심지가 만들어진 것이다. 그렇지만 소셜 네트워크 시대에서는 무수히 많은 노드(nod)만이 있을 뿐 중심부 역할을 하는 허브는 존재하지 않는다. 설사 있다하더라도 그 지속성은 매우 짧아 과거 유명 웹진 사이트나 포털과 같은 영향력을 갖기는 어렵게 되었다.

온라인 공간의 커뮤니케이션 양식 또한 많은 변화를 보였다. 웹진시대에는 정치적 이슈들이 온라인 토론의 주요 주제가 되었고, 논리적 주장과 설득이 강조되는 이성적 공론장을 구축하고자 했다. 그러나 탈집중화 시기를 거치면서 소통과 전달의 방식이 이성과 논리보다는 감성과 재미를 강조하는 양상으로 바뀌었고, 주제 역시 정치이슈에 집중되었던 것이 일상생활의 주제로까지 다양화되고 세분화되었다. 온라인 여론형성의 주체가 분산되면서 자연스럽게 커뮤니케이션 방식과 이슈의 성격까지 바뀌게 된 것이다.

온라인 정치참여와 정치 지형의 변화

온라인 참여와 정치의 변화

디지털 기술의 발달과 확산은 개인의 생활방식뿐 아니라 정치를 바라보는 인식과 정치참여의 행태에도 많은 변화를 가져왔다. 과거 아날로그 세대와 지금의 디지털 세대는 정치에 대한 인식과 행태에 있어 많은 차이를 보인다. 디지털 기술 활용에 따른 개인의 차이는 연령 차이에서 오는 세대 간 차이를 넘어선다. 윤성이·김주찬(2011)의 연구에 따르면 동일한 연령대라 하더라도 디지털 기술 이용행태가 다르면 이들의 시민의식에는 많은 차이가 있다. 같은 20대에서도 디지털 기술이용행태가 주로 이메일 확인이나 인터넷 검색을 주요목적으로 하는 웹1.0 집단이 '의무적 시민' 특성을 보인 반면 소셜 네트워크 서비스를 적극 활용하는 SNS 이용집단은 '자기실현적 시민'의 특성을 보인다.[1] 자기실현적 정치과정에 직접 참여하고자 하는 욕구가 높고 다양한 정치적 쟁점에 대해 적극적으로 자기의 의사를 표현하고자 한다. 디지털 시대의 시민에게 있어 일과 놀이, 이성과 감성, 사실과 가치, 중심과 주변 간 경계는 모호하며 중요하지도 않다. 이들에게 이상적인 시민은 '정치적인 것을 실천하는 시민', 자신의 삶을 스스로 결정하는 '자기 조직적 시민',

---

1 의무적 시민과 자기실현적 시민의 개념에 대해서는 Russell J. Dalton.. The Good Citizen.. University of California, Irvine. 2009 참조.

자신을 위해 사는 것이 곧 사회를 위해 사는 것과 일치하는 '사회적이면서 개인적인 시민', 그리고 개인의 감정이 정치 영역을 침투하는 '감성적 모니터 시민'을 의미한다(윤성이·김용철, 2009: 21-22).

디지털 세대의 확산은 자연히 정치참여 행태의 변화를 가져왔고 이는 한국정치 지형에 많은 변화를 초래하였다. 여기에서는 대표적인 사례로 노사모와 2008년 광우병 촛불시위를 살펴보면서 온라인 정치참여에 따른 한국정치의 변화에 대해 설명할 것이다. 노사모는 세계 최초의 정치인 팬클럽으로 온라인 공간에서 시작하면서 온라인 선거캠페인의 본격적인 등장을 알렸다. 2002년 대선에서 보여준 노사모의 영향력에 대해서 서로 다른 견해가 있으나, 노사모 없이 노무현 후보가 민주당 경선에서 승리할 수 없었고, 대통령에 당선될 수도 없었다는 사실 만큼은 분명하다. 노사모의 활약은 선거운동의 중심을 정당조직에서 후보의 사적 조직으로 바꾸어 놓았다. 선거와 관련한 정치권력이 정당에서 후보자로 그리고 지지자로 이동한 것이다. 한편 2008년 광우병 촛불시위는 우리사회 정치참여의 새로운 지형을 열었다. 과거 대규모 정치시위는 대부분 정치단체나 정치적인 시민단체가 주도하였다. 당연히 이들 조직이 주도하여 지지자를 동원하였고 시위의 목적과 투쟁방식을 결정하였다. 그렇지만 2008년 촛불시위에서는 여학생, 주부, 온라인 동호회와 같은 비정치적 집단이 시위를 주도하였다. 주도적인 참여세력은 있었으나 특정 조직이나 집단이 중심이 되는 지도부가 있는 것은 아니었다. 시위에 있어 정치권력이 조직과 집단에서 네트워크 개인으로 이전한 것이다.

노사모

최근 모든 대선과 총선에서 온라인 캠페인은 핵심적인 선거운동 수단으로 활용되고 있다. 온라인 선거운동이 본격적으로 시작된 것은

2002년 대선이었고, 그 중심에는 노사모가 있었다. 2003년 3월 6일 뉴욕 타임즈(The New York Times)는 2002년 대선 이후 한국이 하루아침에 보수에서 진보로, 노인지배에서 젊은 문화로, 견고한 친미에서 요동하는 우방정도로 변해 버렸으며, 이 변화의 동인은 인터넷에 있다고 보도했다. 뉴욕 타임즈가 보도한 한국사회의 변화는 노사모가 추동하였다. 온라인 팬클럽인 노사모(노무현을 사랑하는 사람들의 모임)는 2000년 4·13 총선에서 지역구도 타파를 외치며 부산의 지역구에 출마한 노무현 후보가 낙선한 후 네티즌 '늙은 여우'가 노무현의 홈페이지(www.knowhow.or.kr)에서 '노무현 팬클럽'을 결성하자고 제안하면서 시작되었다. 또 다른 네티즌 '절세미녀'는 임시게시판을 만들어 회원들을 모집하였다. 5월 17일 노사모 홈페이지가 정식으로 구축되었고 인터넷 뉴스매체인 '오마이뉴스'는 6월6일 대전에서 열린 노사모 창립총회의 전 과정을 인터넷으로 생중계하였다. 노무현 후보에 대한 젊은 층의 지지운동은 인터넷을 통해 시작하였고 확산되어 갔다. 노무현 후보의 온라인 지지기반인 노사모 회원 수는 2002년 대선 직전 7만 명에 이르렀으며 대선 직후에는 8만 명을 넘었다. 이들은 활동영역을 온라인 공간에 국한시키

표 2 최초의 정치인 팬 클럽, 노사모의 성장

2000.04.13	총선에서 부산에 출마한 노무현 낙선
2000.04.15	네티즌 '늙은여우'가 노무현의 홈페이지 '노하우' 게시판에 '팬클럽' 결정 제안 글 게시
2000.04.15~05.17	네티즌 '절세미녀'가 임시게시판을 개설하고 회원 모집
	각 지역별 모임 결성(수도권, 충청지역, 호남, 영남, 강원, 제주 등 수도권, 부산, 광주에서 첫 모임을 갖고 '노사모' 홈페이지 개설(05.17)과 함께 활동 시작
2000.05~2001.12	민주당「국민참여경선제」참여 결정 이전 시기
	정치동호회 성격, 영·호남 화합을 위한 사회운동을 주로 전개 2001.6.6, 1주년 행사, 회원 수 약 4천여 명
2002년 초	민주당의「국민참여경선제」에 참가해 노무현 후보를 대선 후보로 만드는데 성공
	국민 참여경선에 약 40만 명을 동원, 경선 시작 전 회원 수 4천 5백명, 광주 경선 4만 5천명
2002.05	적극적인 대선운동 전개하여 노무현 후보를 대통령으로 당선시키는데 기여
	회원 수 4만 8천 명에서 50만 명으로 대폭 확대 16개 동회회가 세분화해 500여 개의 커뮤니티 구성 결정
2002 대선 국면	'서프라이즈' 논객 사이트에서 노무현 후보지지 담론 생산·전파
2003년	노무현 대통령 당선 후, 노사모의 성격이 "시민운동형 정치단체"로 변화

지 않고 현실공간으로까지 확대하여 민주당 예비선거와 대선기간 동안 '노풍'을 만들어내는 근원지가 되었다.

노무현 선거운동 홈페이지는 다양한 볼거리를 제공하면서 네티즌들을 홈페이지로 유인하였고, 후보홍보, 유세일정 안내, 선거자금 모금 등과 같은 지지자 동원활동을 펼쳐갔다. 공식선거운동기간 동안 매일 30만 명 이상의 네티즌들이 노무현 선거운동 홈페이지에 접속하였고, 특히 정몽준의 노무현 지지철회 발언의 여파로 12월 19일 선거당일에는 86만 명이 넘는 기록적인 접속 수를 기록하였다. 노무현 후보의 온라인 선거운동은 선거자금 모금에서도 상당한 성공을 거두었다. 노무현 후보는 기존의 소수 다액 모금이라는 전통적 방식에서 탈피하여 인터넷을 이용한 다수 소액 모금방식을 도입하였다. 노무현 후보 홈페이지에서는 신용카드, 휴대폰, ARS, 온라인 송금, 희망돼지 저금통 등 다양한 방식을 이용해 선거자금을 모금하였고, 그 결과 20만 명이 넘는 지지자가 70여 억 원을 기부하였다.

노사모를 앞세운 선거운동이 온라인 선거 캠페인이 커다란 반향을 일으키며 새로운 선거문화를 도입하였으나, 젊은 지지자들을 투표소로 이끄는 데는 별반 성공하지 못하였다. 2002년 대선의 전체 투표율이 70.8%인데 반해 20대 투표율은 47.5%에 그쳤다. 무엇보다 전체 투표율과 20대 투표율 사이의 차이가 23.3%로 1997년 대선의 12.5%보다 거의 두 배에 달했다. 30대 투표율은 68.8%로 20대보다는 높았지만 전체 투표율에 비해 2% 낮은 수치였다. 지난 1997년 대선에서 30대 투표율이 82.6%로 전체 투표율보다 1.9% 높은 것을 고려하면 매우 실망스런 투표율이라 할 수 있다. 선거 캠페인의 궁극적인 목적이 지지자들을 동원하고 투표율을 높여 선거에서 승리하는 것이라고 할 때 노사모는 절반의 성공만을 거두었다 할 수 있다.

2008년 5월부터 7월까지 전국적으로 수십 만 명의 시민들이 미국산 쇠고기 수입에 반대하는 촛불시위에 참여하였다. 5월2일 '미친 소 수입을 반대하는 촛불문화제'에 약 1만 명이 참여하면서 시작한 촛불시위는 7월까지 세 달 가까이 지속되었고 시위 참여자도 국내뿐 아니라 해외로까지 확산되었다. 2008년 촛불시위는 네티즌 '안단테'가 포털 사이트 다음이 운영하는 토론방 아고라에 '이명박 대통령 탄핵요구 서명운동'을 촉구하면서 불붙기 시작했다. 4월 19일에는 10대 청소년들이 주축이 되어 '학원자율화 3단계 조치'에 반대하는 촛불문화제를 개최하면서 중고생들의 촛불시위 참여가 본격적으로 증가하였다. 네티즌들은 이명박 대통령 싸이월드 미니홈피에 접속하여 미국산 쇠고기 수입 전면개방에 항의하는 글을 올렸고, 청와대는 4월 30일 대통령 미니홈피의 글쓰기 기능을 폐쇄하였다. 미국산 쇠고기 수입에 대한 비판여론은 유튜

표 3 2008 촛불시위 전개 과정

2008.04.06	네티즌 '안단테'가 다음 아고라에 '이병박 대통령 탄핵요구 서명운동' 04.28 12만여 명, 05.01 40만여 명
2008.04.19	이명박 대통령 싸이월드 미니홈피 방문자 수 증가, 게시글 중 80%가 쇠고기 전면개방에 대한 항의 및 비판
2008.04.19	10대들 '학교자율화 3단계 조치'에 반대하는 촛불문화제 개최
2008.04.28	MBC '생방송 오늘아침' 방송, 유튜브에서 '함께보기 · 다시보기' 운동 전개
2008.04.29	MBC 'PD 수첩(미국산 쇠고기, 광우병에서 안전한가)' 방송, 유튜브에서 '함께보기 · 다시보기' 운동 전개
2008.04.30	대통령 미니홈피 방문객 글쓰기 기능 폐쇄, 청와대 홈페이지 자유게시판 항의성 글 급증(2008.05.01)
2008.05.03	'미친소닷넷', '정책반대시민연대' 등 촛불집회 개최, 안티 이명박 카페, 쭉방, 쌍코 등 참여, 촛불집회 전면적 확산
2008.05.04	경찰은 청계광장에서 열린 촛불집회를 불법으로 규정, 다음 아고라에서 '촛불집회 불법규정 철회 요구 서명운동' 시작
2008.05.06	'광우병 위험 미국산 쇠고기 전면수입을 반대하는 국민대책회의' 개최, 야당, 시민사회단체, 인터넷 모임 대표들이 참여
2008.05.13	경찰청 '광우병 괴담 유포자 및 촛불집회 주모자' 사법처리 방침 발표, 네티즌들 '자수운동' 전개
2008.05.15	지지율 급락(취임당시 50% → 05.15 23%)(한겨레 2008.05.16)
2008.05.23	대통령 대국민 담화문 '국민께 드리는 말씀' 발표
2008.05.24~25	인터넷 방송 '아프리카'에 네티즌들이 집회현장 생중계, 06.01까지 400만 명이상 네티즌 시청(한겨레 2008.06.03)
2008.05.30	다음 아고라 토론방에서 '조중동 불매 및 조중동 광고기업 불매' 100만 명 서명운동
2008.06.10	아프리카, 디지털 시위대가 '100만 촛불대행진' 생중계

브와 인터넷 방송 '아프리카 TV'를 통해 급속도로 확산되었다. 아프리카 TV는 촛불시위 현장을 생중계로 보도하였고 400만 명이 넘는 네티즌들이 이 장면을 시청하였다. 결국 이명박 정부는 촛불시위의 기세에 눌려 두 차례에 걸쳐 대국민 사과를 했다.

2008년 광우병 촛불시위는 한국정치의 새로운 지평을 연 사건으로 기록될 만하다. 2000년 미선·효순 추모 시위와 2004년 탄핵반대 촛불시위의 경우 대학생과 386세대를 중심으로 하는 진보세력이 주도하였다. 이에 반해 2008년 촛불시위의 발화자는 안단테라는 인터넷 필명을 쓰는 고등학생이었다. 2008년 촛불시위는, 적어도 시민단체들이 본격적으로 참여하기 시작한 6월 10일 이전까지는, 여중고생들이 주도하였고 유모차 부대와 일반 시민들로 확산되었다. 과거 촛불집회가 뚜렷한 이념과 정파적 성향을 보인데 반해 2008년 촛불집회는 철저히 탈이념의 모습을 보였다. 진보단체가 주도하는 청계천 집회를 거부하고 여의도광장에서 촛불집회를 분리 개최하였고, 민주노동당의 '다함께'가 촛불의 선도에 서는 것을 거부하였을 뿐 아니라, 80년대 운동가요와 운동구호 조차도 선뜻 받아들이지 않았다.

참여의 구조 측면에서 보면 시위참여자들은 기존의 정치 및 사회 조직을 통하지 않고 분산적이고 탈 중심적인 네트워크를 통해 참여하였다. 2008년 촛불시위는 조직이나 특정 정치세력이 주도하는 동원된 참여가 아닌 개인 단위의 자발적 참여가 주를 이루었다. 촛불을 선도한 청소년 집단들은 진보와 보수, 제도권과 비제도권 정치집단을 가리지 않고 모든 기존 조직을 거부하였다. 이러한 집단과 조직에 대한 거부현상은 정당, 언론, 그리고 시민단체와 같은 매개집단의 약화 내지는 무력화를 초래하였고, 대의민주주의의 적실성에 대한 의문을 제기하기도 하였다.

온라인 정치참여의 특성

온라인 정치참여는 기존의 정치참여와는 매우 다른 양상을 보이며, 이러한 정치참여 행태의 변화는 한국정치 전반에 커다란 변화를 불러왔다. 가장 큰 변화는 정치참여의 단위가 집단에서 개인으로 바뀌고 있다는 점이다. 과거 개인이 정치참여를 한다면 정당이나 시민단체 혹은 이익집단을 통해 자신들의 정치적 견해와 주장을 표출하는 것이 일반적이었다면, 이제는 디지털 네트워크 속에서 자신들의 정치적 견해와 요구를 표현하고 있다. 집단행동을 하는 방식도 기존 정치제도나 단체를 통하기 보다는 디지털 공간 속에서 모이고 섞이면서 세력을 형성하여 참여하는 모습이다. 온라인 정치참여가 낳은 또 다른 정치양상은 비정치 집단의 정치화이다. 과거에는 정치적 집단과 비정치 집단의 구분이 명확했다. 하지만 디지털 네트워크 안에서는 정치와 비정치의 경계가 모호하다. 2008년 촛불시위만 보더라도 여학생과 주부 그리고 화장빨, 소울드레서, MLBPark 등과 같이 과거의 기준으로 보면 비정치 집단들이 시위를 주도하고 적극적으로 참여했다. 온라인 정치참여의 또 다른 특성은 유희적 참여로 설명할 수 있다. 과거 정치에 있어 시위나 광장이 갖는 의미가 결의, 투쟁, 비장함, 장중함이라 한다면 디지털 세대에게 있어 정치참여는 항상 재미와 흥미가 같이 해야 하는 것이다.

네트워크 개인

네트워크를 기반으로 하는 정치참여는 블로그, 온라인 카페, 그리고 최근의 SNS(social network service)와 같은 웹2.0 기술을 근간으로 하고 있다. 웹2.0 기술은 개방성과 연결성 그리고 상호작용성을 특징으로 하고 있다. 웹2.0의 강점은 공동체내의 개인과 조직을 연결하는 네트워크 구축 능력이 탁월하다는 점에 있다. 웹2.0 기반의 네트워크를 통해 정보와 정보, 사람과 사람 사이의 연결이 강화될 뿐 아니라, 정보와 사람 간의 연쇄적인 연결구조 역시 과거에 비해 매우 다양하고 광범위하게 형성된다(한국인터넷진흥원, 2007: 106-107). 이러한 웹2.0 네트워크는 개인의 연결성을 강화시키면서 새로운 참여 아키텍처(architecture of participation)로 자리 잡고 있다.

2008년 촛불시위에서는 정치참여의 중심이 집단이나 조직이 아닌 네트워크 개인(networked individuals)으로 나타났다. 특정 집단이 촛불시위를 조직하고 지휘한 것이 아니라 광우병의 위험과 정부의 대응방식에 대해 문제를 공감하는 개인들이 온라인 공간에서 모이고 연결되면서 시위세력이 만들어 진 것이다. 네트워크는 중심세력이 존재하지 않으며 참여자 개개인이 연결되면서 역량을 발휘하게 된다. 따라서 촛불의 배후를 찾으라는 이명박 대통령의 지시는 네트워크 참여의 본질을 제대로 이해하지 못한데서 비롯된 것이다. 조직과 집단이 시위를 주도하는 경우 당연히 지도부가 있을 것이고, 이들과의 협상 혹은 처벌을 통해 시위를 통제할 수 있었을 것이다. 그렇지만 디지털 네트워크를 통해 확산된 시위는 배후 세력이 사실상 존재하지 않고, 시위가 어떤 방향으로 전개될지 예측하기도 매우 어렵다. 미리 짜인 전략과 계획에 의해 시위가 진행되는 것이 아니라 네트워크 내부의 토론을 통해 그때그때 정해지기 때문이다. 시위대가 어떤 요구 조건을 내세울지, 어떤 시위방식을 취할지, 그리고 얼마나 지속될지, 이 모든 것이 불특정 다중이 참여하는 온라인 네트워크 속에서 결정된다. 따라서 특정 조직이 주도하는 시위에 비해 온라인 네트워크를 통해 확산되는 시위를 관리하고 예측하기는 매우 어렵다.

네트워크 개인이 갖는 정치적 힘은 롱 테일 정치(long-tail politics)로 설명할 수 있다. 과거 엘리트 이론에 따르면 소수의 엘리트가 다수의 대중을 지배할 수 있었던 것은 정보를 독점하고 조직화되어 있기 때문이다. 그렇지만 디지털 네트워크가 확산되면서 엘리트 집단이 정보를 독점하는 것이 어려워졌고, 무엇보다 일반 대중은 더 이상 고립된 개인이 아니라 네트워크로 연결된 집단이 되었다. 디지털 네트워크 안에서는 다수의 꼬리가 소수의 머리보다 더 큰 힘을 가질 수 있다. 이전까지 별다른 정치적 힘을 갖지 못했던 여학생, 주부, 비정치 동호회가 2008년 촛불시위에서 주도적 역할을 할 수 있었던 것도 이러한 롱 테일 정치 때문이다.

비정치 집단의 정치화

2008년 촛불의 특징은 전통적 비정치참여 집단으로 분류되었던 청소년과 주부들이 주축을 이루었으며, 개인들의 참여도 정치집단이 아닌 MLB Park, Soul Dresser, 82Cook 등과 같은 비정치적 동호회를 중심으로 나타났다는 점이다. 그 가운데서도 2008년 촛불시위에서 보여준 청소년 정치참여는 대단히 이례적인 현상이었다. 서구와는 달리 우리나라는 전통적으로 청소년의 정치사회화에 대한 사회적 인식이나 노력이 소극적이었다. 장기간의 유교문화와 권위주의 통치는 청소년의 정치적 탈 동원(political demobilization)을 조장해왔다. 민주화 이후 더욱 과도해진 교육열과 입시경쟁 환경 또한 청소년을 탈정치집단으로 머물도록 하였다. 과거 4·19혁명과 유신철폐운동, 1987년 민주화운동 과정에서 중고생의 참여가 간헐적으로 있긴 했다. 그렇지만 그것은 거대한 정치변동이라는 국면적 특수성에 따른 것이었으며, 그 규모 또한 중고생 일부가 후방집단으로 참여하는 정도였다. 이에 비하면 2008년 촛불시위에서의 청소년들의 대규모 참여는 매우 이례적인 현상이다. 언론보도와 경찰의 추산을 종합해보면 5월 촛불시위의 경우 전체 참여자의 50-60%

표 4 2008년 촛불시위 주요 온라인 커뮤니티 활동

커뮤니티	특성	촛불시위 활동
소울드레서	20~30대 8만 명 여성패션 카페	청계광장 독자 집회, 광고모금(5일 만에 1천 7백만원)
마이클럽	여성 포털사이트	지원성금 모금, 신문광고, 음식물 지원, 후원사업 등
동방신기 팬클럽	가수 동방신기 팬클럽	회원들의 집회참여
미주한인 주부모임	캐나다와 미국 한인주부 모임	광고참여, 미주지역 촛불시위 주도
B2cook	여성요리정보 사이트	하위 커뮤니티 소모임 나라사랑모임 결성, 유모차 부대, 광고주 불매운동 전개, 편향된 언론보도에 반대하는 시위주도, 생수, 수건, 김밥 등 후원
엽혹진	회원 수 280만 연예정보사이트	자체 깃발을 들고 6월 초까지 10대 여학생 수 백 명 집회 참여
MLB 파크	미국 야구 동호회	신문광고 참여, 온라인 토론, 집회참여(모금운동 5일 동안 1,343만원 432명 참여)
SLR 클럽	디지털 카메라 동호회	집회참여, 이슈토론방 활동
DVD 프라임	DVD 동호회	집회참여, 시사토론방 활동
부산맘 아기사랑	다음 사이버 커뮤니티	광고성금 모금, 집회참여, 불매운동 주도
이화이언	이화사랑 커뮤니티	1,800만원 광고성금, 사이버 토론방 운영
스노로즈	숙명여대 커뮤니티	집회 참여, 광고성금, 사이버 토론방 운영
화도사랑	남양주 화도지역 커뮤니티	서울시청 집회참가, 남양주 지역집회 조직, 집회 후기 홍보

출처: 송경재. 2011. "이슈형 사이버 커뮤니티 네트워크의 시민참여." 『국가전략』 17(2).

가 청소년들일 정도로 매우 폭발적이었다(Yun and Chang, 2001).

온라인 커뮤니티들의 시위참여도 정치적 집단보다는 비정치적 커뮤니티들의 활동이 더욱 적극적이었다. 여성 패션에 관심이 있는 20-30대가 모여 있는 온라인 카페 '소울드레서'는 미국산 쇠고기 수입에 반대하는 집회를 청계광장에서 독자적으로 열었고, 모금을 통해 쇠고기 수입반대 신문광고를 게재하였다. 요리에 관심이 있는 여성들이 모여 만든 '82cook'는 유모차 부대 만들어 시위에 참여하였고, 시위현장에서 생수, 김밥, 수건 등을 나눠주며 참가자들을 독려했다. '엽혹진'은 주로 10대들이 모여서 만든 연예정보 사이트이다. 정치와는 아무 상관도 없는 이들은 자체 깃발을 만들어 촛불시위에 수백 명이 참여하였다.

유희적 참여

디지털 세대의 정치참여 방식은 과거 386세대와는 다른 모습을 보였다. 이들에게 정치참여는 더 이상 무겁고 번거로운 의무가 아니었다. 이들은 '즐거움과 재미'를 통해 자신들의 정치적 의사를 표현하고자 했다. 재미와 흥미가 동반하는 디지털 세대의 정치참여 방식을 '유희적 참여'(playful participation)라 부른다. 이러한 유희적 참여는 비단 한국뿐 아니라 외국의 디지털 세대에게도 공통적으로 나타나는 특징이다. 유희적 참여의 시작은 2002년 노사모에서부터 찾을 수 있다. 노사모 모임에서는 80년대 민주화투쟁에서 흔히 보았던 과격한 구호나 운동가요 그리고 화염병은 더 이상 등장하지 않는다. 참가자들의 얼굴에서 엄숙함이나 비장함을 찾기는 어렵다. 대신에 함께 뒤섞여 노래하고 춤추는 축제를 만들고 있었다. 노사모 참여후기 가운데 하나이다. "노사모들은 가만히 있지를 않았다. 명동한복판에서 지나가는 인파와 뒤섞여 앰프에서 나오는 음악에 맞춰 연실 몸을 흔들기도 하고 스카프나 목도리를 흔들면서 함께 노래를 불러댔다."

디지털세대가 소통하고 공감하는 방식은 이성과 엄숙한 의식이 아

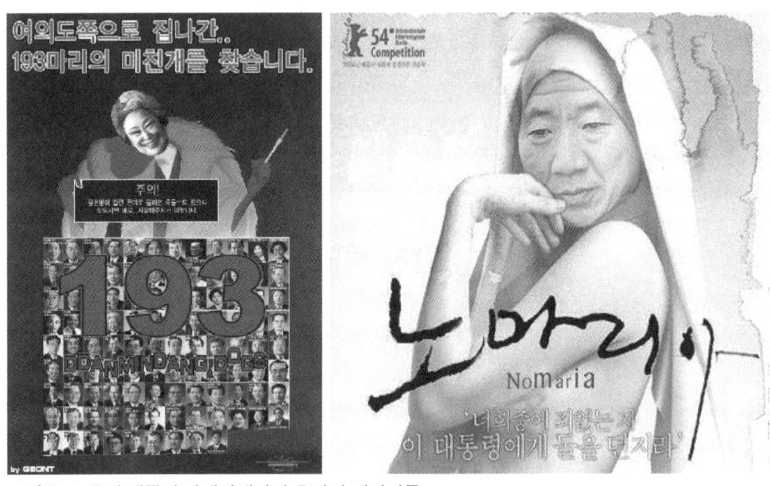

그림 5 노무현 대통령 탄핵반대관련 온라인 패러디물
출처: 좌측-동아일보 2004.3.13. "탄핵 참여의원 명단 인터넷 공개 확산, 우측- 노컷뉴스 2004.3.15. "지금 인터넷은 탄핵전쟁 중"

니라 감성과 놀이이다. 노무현 선거캠프는 이러한 디지털 세대의 특성을 잘 파고들었다. '노무현의 눈물', '기타 치는 대통령'처럼 디지털 세대의 감성을 건드리는 선거광고 비디오는 인터넷 홈페이지를 통해 45만 회 이상 재방영되었다.

유희적 참여의 또 다른 형태는 패러디 문화에서 찾을 수 있다. 2004년 노무현 대통령 탄핵안 가결에 반대하는 네티즌들이 온라인에서 영화 포스터 패러디, 만화, 플래시 동영상을 만들어 탄핵반대운동을 확산해나갔다. 탄핵반대운동과 관련하여, 인터넷 포털사이트 네이버와 다음에 "국민을 협박하지 말라" 카페를 개설하여 7만 명 이상이 회원으로 가입했다. 여기에서 '개판이나' 노래, '탄핵의 제왕'과 같은 패러디물이 확산되었다. 온라인 경매 사이트 옥션(Auction)에서 "개 대량방출. 눈물의 떨이 합니다. 여의도 쪽으로 집나간 193마리의 미친개를 찾습니다"라는 제목의 패러디가 실렸다. 딴지일보(www.ddanzi.com)는 '4.15일은 쓰레기 분리수거의 날'이라는 배너와 탄핵반대 패러디를 확산시켰다.

디지털 세대의 유희적 참여는 트위터를 이용한 투표 인증 샷 놀이로 진화하였다. 그간 디지털 세대의 정치참여는 시위와 같은 비제도적 참여가 중심이 되었다. 그렇지만 시위만으로는 우리정치를 바꿀 수 없다는 사실을 깨달으면서 2010년 지방선거를 기점으로 트위터를 이용한 투표독려 운동을 펼쳐갔다. 사회적 인지도가 높은 소설가, 화가, 연예인들이 투표 인증샷 놀이에 동참하면서 2030세대로부터 기대 이상의 호응을 얻게 되었다. 소설가 이외수는 자신의 트위터에 투표 인증샷을 올리면 소설책을 선물하겠다 약속했고, 한 화가는 투표한 20대 1,000명에게 본인의 판화를 주겠다고 했다. 소녀시대, 노홍철, 2PM 등 인기 연예인들도 투표 인증샷 대열에 동참했다. "투표 포기는 주권을 포기하는 것" "선투표 후욕설" "88만원세대 88% 기록하자"와 같은 투표를 독려하는 트윗 글도 활발하게 퍼져 나갔다.

투표 인증샷 효과는 디지털 세대의 투표율 증가로 나타났다. 60대 투표율의 경우 2006년 지방선거 70.9%에서 2010년에는 69.3%로 소폭 하락하였으나, 20대의 경우 2006년 33.9%에서 2010년에는 41.1%로 7.2% 상승하였다. 이는 전체 투표율 상승 3.9%보다 훨씬 높은 것이다. 디지털세대의 투표율 상승은 19대 총선에서도 이어졌다. 18대 총선 투표율과 비교하여 20대 전반은 12.5%, 20대 후반은 13.7%가 증가하였다.

나가며: 뉴미디어와 대의제도의 상호작용

기술 변화의 사회적 결과는 기술의 특성과 그것을 수용하고 이용하는 사회적 맥락 간의 상호작용에 의해서 결정된다. 이런 점에서 한국정치는 디지털 기술의 영향이 상당하게 나타날 개연성을 갖고 있다. 뉴미디어의 확산에 따른 대의제도의 변화 양상은 뉴미디어 기술의 확산 정도와 기존 대의제도의 성숙도 사이의 상호작용에 의해서 결정된다. 뉴미디어 기술이 급속히 확산되더라도 한 국가의 대의정치가 성숙되고 국민의 신뢰를 받고 있다면 기존 대의제도와 뉴미디어 정치 간에 충돌이 발생할 가능성은 낮다. 온라인 정치참여는 기존 대의제도의 틀 안에서 이루어질 가능성이 높기 때문이다. 한편 기존 대의제도에 대한 국민의 불신이 높은 상태에서 뉴미디어 정치가 활발하게 나타난다면 양자 사이에는 충돌현상을 보일 가능성이 높다. 기존 정치를 불신하는 국민들이 디지털 네트워크를 이용해 대의정치를 우회하거나 기존 제도와 충돌하는 방식으로 정치적 욕구를 표출할 가능성이 높기 때문이다. 한국의 경우 디지털 기술의 확산속도가 매우 빠르다. 세계전기통신연합

(International Telecommunication Union)은 매년 인터넷, 컴퓨터, SNS 보급률과 이용수준을 종합적으로 평가하여 각국의 정보통신기술 이용지수(ICT Index)를 발표하는데 한국은 2012년 8.81점으로 세계 1위를 차지했다. 한편 기존 정치에 대한 불만은 매우 높다. 새로운 기술로 무장한 네트워크 개인들이 기존 정치에 대한 불만과 스스로 참여하고자 하는 욕구를 분출하고 있다. 네트워크 참여가 확산되면서 기존 정치제도는 더욱 불안정한 모습을 보이고 있다.

2008년 촛불시위는 향후 한국정치에 중요한 교훈을 주고 있다. 네트워크 정치가 일상화되었다 하지만 제도정치를 대체할 수는 없다. 여전히 우리 정치의 미래는 정부, 국회, 정당을 중심으로 하는 제도정치에 달려있다. 그렇지만 시민의 목소리를 소홀히 하고서는 제도정치가 안정적으로 유지되기 어렵다. 네트워크로 연결된 개인들은 더 이상 정치적으로 무관심하지도 무능력하지도 않다. 이들은 항시라도 제도정치를 위협할 준비가 되어 있다.

결국 우리 정치의 미래는 제도정치와 네트워크 정치 간의 융합에 달려있다. 제도정치는 이제까지 누려온 정치적 기득권을 과감하게 내려놓아야 한다. 제도정치의 제일 밑단에서부터 네트워크 개인들의 목소리를 수용할 수 있는 제도적 장치를 마련해야 한다. 정부와 정당은 정책안을 준비하는 첫 걸음부터 네트워크 개인과 함께 해야 한다. 네트워크 공간 속으로 들어가 국민들과 항시적으로 소통하고 있어야 한다. 지금까지 숱한 정치개혁 방안이 만들어졌지만 별다른 성과가 없었던 것은 변화된 정치 환경, 즉 네트워크 정치에 대한 이해와 수용이 부족했기 때문이다. 정치는 사람을 대상으로 한다. 21세기 정보사회를 살고 있는 디지털 세대들의 삶의 방식과 정치인식은 과거와는 확연히 다르다. 그렇다면 정치제도와 정치하는 방식도 이에 맞춰 변해야 한다.

김수진. 2008. "촛불집회와 정당정치 그리고 대의민주주의." 경향신문 주최 촛불집회와 한국민주주의 긴급시국대토론회. 서울. 6월.

민희·윤성이. 2009. "정보화시대에 있어서 대의제의 적실성 탐색."『21세기정치학회보』19권 2호.

송경재. 2011. "이슈형 사이버 커뮤니티 네트워크의 시민참여."『국가전략』17권 2호.

윤성이·김용철. 2009.『디지털 컨버전스 환경에서 정치 거버넌스의 변화』서울: 정보통신정책연구원.

윤성이·김주찬. 2011. "기술세대와 시민의식의 변화: 소셜 네트워크 서비스 활용을 중심으로."『21세기정치학회보』2집 1호.

윤성이·장우영. 2007. "한국의 온라인 정치참여 특성: 수요자 중심 모델을 중심으로."『정보화정책』14권 4호. 82-101.

정성호. 2011.『20대의 정체성』. 서울: 살림출판사.

제일기획. 2003.『대한민국 변화의 태풍: '젊은 그들'을 말한다』. 서울: 제일기획.

조희연. 2009. "급진민주주의론의 개념적·이론적 기초에 대한 시론."『민주주의의 외부와 급진민주주의 전략』성공회대 급진민주주의 세미나 창간 준비 1호.

최장집. 2008. "촛불집회가 할 수 있는 것과 할 수 없는 것." 경향신문 주최 촛불집회와 한국민주주의 긴급시국대토론회. 서울: 6월.

하승우. 2008. "촛불집회와 진보정당의 과제." 진보신당·경향신문 공동주최 제2차 긴급시국대토론회 발표집. 서울. 6월.

한국인터넷진흥원. 2007.『UCC 이용실태 조사』서울: 한국인터넷진흥원.

Bell, Daniel. 1973. *The Coming of Post-industrial Society*. New York: Basic.

Dalton, Russell. 2006. *Citizen Politics: Public opinion and political par-*

ties in advanced industrial democracies. Washington: CQ Press.

Dalton, Russell. 2009. *The Good Citizen.* Washington: SAGE.

Poster, Mark. 1980. *The Mode of Information: Poststructuralism and Social Context.* Chicago: University of Chicago Press.

Shiller, Dan. 1997. "The Information Commodity: A Preliminary View," In Jim Davis, Thomas A. Hirschl and Michael Stack (eds). *Cutting Edge: Techonology, Information Capitalism and Social Revolution.* London: Verso.

Tapscott, Don. 1997. *Growing Digital: The Rise of the net Generation.* New York: McGraw-Hill.

Tapscott, Don. 2008. *Grown Up Digital: How the Net Generation is Changing Your World HC.* New York: McGraw-Hill.

Yun, Seongyi and Chang Woo-young. 2011. "Political Participation of Teenagers in the Information Era." *Social Science Computer Review.* vol. 29. no. 2.

8

이중으로 위험한 불안사회, 한국

이재열

머리말

한국은 과거 어느 때보다도 경제적으로는 윤택한 삶을 영위하고 있다. 세계은행의 발표에 따르면 2014년에 한국의 일인당 국민소득(GNI)은 27,090달러인데, 이를 구매력 기준으로 환산하면 34,620달러에 달한다.[1] 상대적으로 싼 물가 덕분이다. 한국인의 소득수준은 이미 남유럽 국가들을 모두 추월했다. 그리스(2만 6천 달러)는 물론이고, 스페인(3만 2천 달러)이나 이태리(3만 4천 달러)에 비해서도 높다. 프랑스(3만9천 달러), 영국(3만 8천 달러), 일본(3만 7천 달러) 보다는 조금 낮지만, 큰 차이가 없다. 소득수준만으로는 말 그대로 선진국이다.

광복 70주년을 기념하는 2015년, 한국은 과거 어느 때보다 경제적으로 윤택한 삶을 영위하고 있다. 보릿고개를 넘겨야 할 만큼 끼니를 걱정하던 궁핍했던 시기는 지났다. 가난 속에 태어난 전후 세대들이 폭풍 성장의 주역이 되어 '한강의 기적'을 이루었고, 이제는 "생존"이 아닌 쾌적한 삶을 논할 시기가 되었다.

---

1 http://data.worldbank.org/indicator/NY.GDP.MKTP.CD [2015년 9월 23일 검색]

그러나 국민들은 선진국이 되기에는 아직 멀었다고 생각한다. 그래서 선거 때만 되면 정치권을 중심으로 '선진화'란 구호가 난무한다. 한국은 아직 선진국이 아니기 때문에 노력해서 선진국이 되자는 뜻일 것이다. 물질적 풍요 속에서도 한국인은 여전히 불안하고, 국민들의 자의식은 '불안한 서민'이다. 예를 들면 스스로를 중산층이라고 여기는 중산층 귀속감은 1980년대에 70-80%를 넘었으나, 현재는 20%수준으로 축소됐다(이재열, 2014: 120-121).

그러나 한국인은 여전히 불안하다. 불안의 근원은 어디일까. 그것은 위험에 대한 두려움에서 온다. 졸속적이고 압축적으로 쌓인 근대성의 속에는 다양한 위험의 요소들도 함께 압축되었다. 일정 시간이 지난 후, 압축이 풀리면서 대형재난이나 외환위기의 형태로 터져 나왔다. 고성장기의 어두운 측면을 제대로 청산하지 못해서 발생한 과거형 위험은 현재도 세월호 침몰과 같은 형태로 진행형이다. 반면 환경 문제나 저출산·고령화처럼 산업화 이후에 현실화되기 시작했고, 피하기 힘든 미래형 위험은 점차 커지고 있다. 현재 한국은 과거형 위험과 미래형 위험 모두에 노출된, 그래서 이중위험에 노출된 불안사회가 됐다.

박근혜 정부는 복지와 안전을 최우선 공약으로 하여 출범했다. 보수정부임에도 불구하고 '맞춤형 복지'를 표방하고 복지예산을 대폭 늘리는 공약을 내세웠다. 또한 '안전'을 최우선 순위에 두고 행정안전부를 '안전행정부'로 바꾸었다. 그럼에도 불구하고 국민들은 여전히 불안하다.

위험과 근대성

역사적으로 재앙 체험은 집단적이고 격렬한 반응을 낳았다는 점에서 '재난의 해석학'을 필요로 한다. 구약성서에 기록된 지진과 가뭄, 메뚜기 떼 등의 재난은 인간의 죄악에 대한 야훼의 무서운 심판으로 해석되었다. 16세기를 전후한 소빙기(小氷期)에 빈번하였던 천변지이(天變地異)에 대한 조선사람들의 반응은 우주를 지배하는 성리학적 원리에서 어긋난 데 대한 반성으로 승화되어, 위로는 왕의 부덕(不德)에 대한 힐난과 상소를, 아래로는 백성들에 대한 금주령과 검소한 생활에 대한 강조를 낳곤 했다(이태진, 1996).

반면에 같은 시기 천재지변과 전염병에 대한 유럽인들의 반응은 악마의 사주를 받은 마녀에 대한 광기 어린 사냥으로 나타났다. 1920년대 일본의 간토 대지진이 조선인 학살로 이어진 것도 같은 맥락이다. 이처럼 재앙의 경험이 회개와 주술의 강화로 내연(內燃)하거나, 희생양을 찾아 외파(外破)했지만, 근대 이전 시기 재앙에 대한 주된 반응은 종교적이라는 데서는 공통적이다.

반면에 서구적 근대의 형성은 재난에 대한 합리적이고 과학적인 대응과 궤를 같이한다. 위험을 예측하고 통제하려는 노력은 과학기술과 의술의 발전뿐 아니라 보험산업의 성장과 복지국가적 위험관리체계로 구현되었으며, 통계학은 국가학과 동일한 지위에 오르게 된 것이다(이재열 외, 2005).

보통사람들은 체험한 사고(事故)에서 얻은 기억의 프리즘을 통해 다가올 위험의 전조(前兆)를 느낀다. 반면에 전문가들은 현상의 이면에 자리 잡은 구조와 원리에 대한 통찰을 통해 다가올 재난을 예감하고 그 피해에 대해 전율한다.

지난 광복 70년 역사를 근대성의 형성과정으로 이해한다면 어떻게 요약할 수 있을까. 제대로 된 복지국가에 아직 진입하지 못했고, 빈번한 바이러스로 인한 감염병에 아직 전문적으로 대응하지 못하고 있다는 점은 아직도 한국이 전통적 위험을 벗어난 사회라고 말하기 어렵다. 지난 광복 70년은 위험의 역사이기도 하다. 한국인의 삶에 불안을 가져온 위험요소들은 매우 다양하며, 시대적으로 다양한 양상을 띠고 나타났다. 위험의 요소는 삶의 전 영역에 걸쳐 있다. 그래서 위험으로부터 자유로운 삶은 없다고 말하는 것도 무리가 아닐 것이다.

한국인이 그동안 경험한 다양한 위험요소들을 유형화하면 국가적 안보위험, 자연재해, 지구적 생태위험, 정치적 억압, 경제사회적 위험, 기술적 재난, 사회적 해체 등으로 나누어볼 수 있을 것이다(서울대 사회발전연구소·한국안전학회, 2005). 광복이후 가장 큰 위험은 국가적 안보위험이었다. 광복 후 5년 만에 한국전쟁을 거쳤는데, 이는 2차 대전 이후 가장 큰 규모의 국제전쟁으로 비화한 것이다. 휴전을 했지만 동서 냉전시기 최전선이 되었고, 군사적으로 가장 민감한 지역으로 남았다. 남북교류협력이 확대되면서 그 위험이 줄기는 했지만, 최근 수년간 교류는 중단상태고 북한의 핵무장으로 인해 위협은 여전히 진행형이다. 남북의 군사적 대치는 개인의 자유보다는 국가의 생존을 정당화하는 적대적 상호의존구조를 만들었고, 그 결과 정치권력의 자의적 행사로 인한 기본권 유린이 중요한 위험요소인 권위주의 체제도 거쳤다. 그러나 1987년의 민주화 이후 정치적 억압의 위험은 점차 줄어들었다. 한때 보릿고개로 대별되던, 기본적 의식주를 해결치 못하던 시절의 경제적 생계의 위험은 절대빈곤률이 줄고 실업이 줄어들면서 해소된 듯이 보였다. 그러나 이제 우리는 상대적 빈곤과 박탈감이 주는 위험에 직면해있다. 특히 사회 구성원간 집단적 신뢰가 붕괴되고 유기적인 의존관계가 해체되면서 집단이기주의나 집단 간 갈등, 가족해체, 자살 등의 사회적 해체위험이 점차 증가하고 있다. 더구나 산업화로 인하여 산업재해나 자동차사고, 대형건축물의 붕괴, 교통수단의 충돌과 추락, 정보화에 따른 위험 등 위험을 둘러싼 전선은 점차 확대되는 경향이다.

　더구나 눈을 크게 돌려보면 오존층 파괴로 인한 지구온난화나 사막화, 생물종의 멸종, 삼림파괴 등으로 기상이변이 점차 심해지고, 그에 따라 국지적 폭우가 증가하는 등 자연재난의 위험도 증가하고 있다. 지구의 생태적 위험은 인류의 문명이 고도화되면서 가속화되었다. 그리고 그 피해는 어느 한 국가에 국한되지 않는다. 지구라는 조그마한 행성 위에서 인류가 삶을 지속해 나가기 위해서는 지속가능한 생활에 대해 심각하게 고민하지 않으면 안되는 시대가 되었다.

졸속적 근대성과 숙성형 위험

　우리는 21세기에 살고 있지만 아직도 20세기 과거형 위험으로부터 자유롭지 못하다. 과거의 문제를 제대로 청산하지 못해서다. 같은 잘못과 실수가 반복되고 있음에도 제대로 학습하지 못했다는 뜻이다. 흔히 '소 잃고 외양간 고친다'고 하는데, 소를 잃었더라도 외양간을 고치면 추가적인 피해를 막을 수 있기 때문에 사후적 학습에 성공하여 문제를 개선하게된 점에서는 바람직한 반응이라고 할 수 있다. 그러나 소를 잃고도 외양간을 고치지 않거나, 혹은 고치는 시늉에 그치는 경우 심각한 결과를 낳는다. 사고 원인에 대한 근본 처방을 결여하여 유사한 사고가 반복될 여지가 많기 때문이다.

　2014년 세월호의 침몰사고는 전형적인 과거형 위험이다. 사고의 원인과 진행과정을 살펴보면 너무도 많은 의문과 자책이 뒤따른다. 일본에서는 폐기처분한 선령 20년이 넘은 고물선을 어떻게 수입해 들여오게 되었는지, 그리고 무리하게 증축하고 구조를 변경하여 선박 복원력에 문제가 생기게 했는지, 승객관리와 과적관리는 왜 그렇게 부실했는지, 안전훈련은 왜 형식적인 데 그쳤는지, 안개 속에서 왜 그렇게 무리하게 출항했는지, 선장과 선박직 직원들은 왜 그렇게 책임감이 없게 행동했는지, 해경은 왜 초기 대응에 실패하고 골든타임을 허비했는지, 중앙안전대책본부에서는 왜 사망자 집계를 둘러싸고 그렇게 오락가락했는지. 이러한 질문에 대한 대답을 찾다 보면 세월호 침몰은 '숙성된 사고(incubated accident)'의 전형이라는 것을 알게 된다(장덕진 외, 2015).

과거의 실패로부터 학습하지 못한 대가가 뼈아팠다. 꽃다운 나이의 아이들을 포함, 295명이 사망했고, 9명이 실종됐다. 참담한 현실의 이면에는 규제 시스템의 허술한 틈을 비집고 들어선 청해진해운의 고위험추구 경영방식이 자리 잡고 있었다. 사고 이력이 있는 중고 선박을 도입해 무리하게 증축하고 구조를 변경한 결과 심각한 복원력 문제가 발생했는데도 규제와 감독은 소홀했다. 소홀한 승객관리나, 평형수를 빼는 대신 일상적인 과적이 가능했던 배경에는 해양수산부 출신 관료가 해운조합-한국선급-선박안전기술공단 등 관련 조직을 장악한 부패의 고리가 있었다.

그렇다면 세월호 침몰은 온갖 불운이 겹친 우연의 일치인가. 그렇지 않다. 세월호와 쌍둥이처럼 닮은 사고는 1990년대부터 반복돼왔다. 서해훼리호 침몰 당시 사건을 담당했던 검사는 세월호 사고를 두고 "21년의 시차를 두고 똑같은 사고가 반복됐다. 아무것도 바뀐 것이 없다"며 분통을 터뜨렸다. 반복된 사고에도 불구하고 안전의 의미를 제대로 새기지 못한 것이다. 삼풍백화점 붕괴(1995년)·성수대교 붕괴(1994) 등도 모두 숙성형 사고로 분류될 수 있는 것들이다.[2]

2 90년대 재난에 대한 시스템적 분석으로는 이상팔 (1995), 이재열 (1998), 임현진 외 (2003) 등을 참고.

재난을 숙성된 사고라고 정의한 것은 터너(Turner and Pidgeon, 1997)다. 그는 '재난이란 사전의 경고들을 무시하거나 간과하는 문화 속에서 축적된 위험의 요소들이 한꺼번에 동일한 시간과 공간에 집중하여 나타나 한 사회나 사회의 하위체계의 존속을 위협하는 사건'이라고 정의하였다. 위기가 숙성되는 이유는 위험요소를 위험으로 인지하지 않는 잘못된 가정에 따라 행동하거나, 불충분한 정보에 의존하거나, 혹은 사전에 경고를 이해하지 못하는 조직문화가 강하거나, 최악의 결과를 상정하고 행동하기를 주저하는 경향 등이 있기 때문이라는 것이다.

아지리스(Argyris)는 조직학습의 이론을 활용하여 숙성형 사고가 반복되는 이유에 대해 설명한다. 그에 따르면 조직학습에는 두가지 유형이 있다고 본다(Argyris, 1997). 첫 번째는 단일순환학습(single-loop learning)이다. 어떤 위험 원인이 있을 때 이를 내재화하는 것이다. 즉, 시스템의 오류를 가져온 전제에 대해 의문을 제기하지 않고 그 안에서 해법을 찾다 보면 위험을 관용하여 그냥 지나치거나, 조직의 간판을 바꾸거나 책임자를 찾아 처벌하여 희생양을 삼는 등의 반응을 하게 된다. 정책이나 제도에 다소 문제가 있어도 이를 그냥 두고 오히려 안전관련 규제를 완화시키는 경향도 생겨난다. 이럴 경우 또 다른 재난을 피하지 못하게 된다.

반면에 우리는 과거 재난으로부터 배워 미리 대비할 수도 있다. 이를 사전학습이라고 하는데, 쉽게 말해서 소 잃기 전에 외양간을 확실히 고치는 것이다. 그런데 우리는 소를 잃고도 외양간을 제대로 고치지 못하는 행태를 반복해 왔다. 재난의 근본적인 해결책을 찾기 보다는 누구의 탓인지 희생양을 찾는데 더 집중하는 경향이 강했다. 그래서 주무장관의 사표를 받고 실무자를 처벌하는데 그치게 되면 사건은 종결되고, 개혁은 백지화 혹은 교착되고 재난은 다시 반복된다. 이런 위험관용, 학습의 부재, 희생양 찾기 등은 전형적인 내재화 전략이다. 내재화 전략은 시스템의 변화 없이 희생과 재난 간 악순환의 고리를 만들어 내는 것이다.

때문에 위험을 더 이상 허용하지 않겠다고 할 경우 시스템이 전제해 온 가정을 근본적으로 재검토해야 한다. 이것을 외재화 전략이라고 하는데 핵심은 문제를 외부에 명백히 드러내는 것이다. 외부전문가에게 개방하여 재난의 원인을 철저히 규명하고 그에 걸맞게 조직의 전략과 체질까지 바꾸는 것이다. 그런 의미에서 외재화 전략은 이중순환학습(double-loop learning)에 해당한다. 문제를 구성하는 프레임 안에서 노력하는 것이 아니라, 문제를 구성하는 프레임 자체를 의문시하고 이를 해결할 해법을 찾기 때문이다.

그렇다면 90년대에 빈발한 사고들과 세월호 참사의 공통점은 무엇인가? 그 이유는 다음과 같은 몇가지 요인으로 나눌 수 있다.

첫 번째는 경제 논리가 안전을 압도하고 있기 때문이다. 규제는 무조건 철폐하는 것이 좋다고 이야기하면서 안전과 관련한 규제까지 풀어버린 이유도 안전을 비용으로 치부하기 때문이다. 동남아의 한 국가에서는 교통사고로 사람을 치어 죽이더라도 200만원 남짓이면 민형사상의 모든 책임을 면책받는다고 한다. 사람의 목숨에 값을 매기는 것은 불가능하다. 그러나 보험회사의 경우에는 여러 가지 방법을 이용하여 사람 목숨의 값을 매기는 것이 현실이다. 이것을 인정한다면 고인의 목숨값은 200만원에 불과한 것이다. 과연 이러한 사회가 안전에 대한 비용을 아끼지 않고 투자할 수 있을까. 그렇다면 우리 사회의 목숨값은 과연 적절하게 매겨왔는가.

안전에 대한 소홀한 투자는 숙성된 사고를 반복적으로 낳는다. 안전은 인간의 기본적인 욕구다. 메슬로의 욕구이론에 따르면 인간의, 욕구는 5단계로 나아간다(Maslow, 1943). ① 생리적 욕구, ② 안전의 욕구,

③ 애정과 소속의 욕구, ④ 존중의 욕구, ⑤ 자아실현의 욕구로의 이동이다. 먹고 사는 생존에 관한 것이 생리적 욕구이고 그 다음 단계가 바로 안전인 것이다. 현재 한국의 경제성장을 고려하면 생리적 욕구를 충족시키는 단계는 훨씬 벗어났고, 안전에 대한 기대 수준이나 가치도 크게 올라갔다. 하지만 한국 사회의 시스템은 여전히 안전에 관한 한 개인의 욕구를 충분히 충족시켜주고 있지 못한 실정이다.

두 번째는 조직과 제도들 간의 조율의 실패다. 이는 시스템 실패의 증상이다. 산업화와 도시화 등 근대적 변동은 과거 단일한 조직구조를 복잡하게 연동된 시스템으로 변천시켜 나간다. 뒤르케임 식으로 표현한다면 과거의 마을공동체는 동심원적 구조로 이해됐다. 마을마다 종교의 례기능, 교육기능, 생산기능, 오락기능 등이 미분화된 상태에서 자족적으로 생활하는 경향이 강했다. 그러나 근대화는 급속한 조직의 팽창과 조직들간의 전문화와 상호의존성의 심화를 가져왔다. 이제는 자족적으로 생활하기 보다는 자신의 전문성을 최대한 살리되, 서로 협력해야 성과를 얻을 수 있는 사회로 진입하게 된 것이다. 그러나 여전히 공식적인 시스템 내에서조차 협력이 어렵다.

재난안전통신망 구축 실패는 상징적이다. 재난 발생시 일사불란한 지휘통제체제를 갖추기 위해서는 신뢰성 있고 안전하며, 정부부처와 관련기관들 간에 호환 가능한 공통의 통신망이 필수적이다. 그런데 2003년 대구지하철 참사에서 확인된 것은 기관들마다 서로 다른 무선통신망을 사용하여 구조가 지체되었다는 사실이었다. 그래서 일관된 통신체제를 도입하기 위해 국가재난안전통신망 구축사업을 추진한 바 있는데, 기술방식, 경제성 등에 대한 논란으로 인해 10여년이 지나도록 진전을 이루지 못했다. 결국 2014년 세월호 참사에서 일관된 재난안전통신망을 갖추지 못한 시스템의 결정적 결함이 다시 드러났다. 새롭게 구성된 국민안전처에서 본격적으로 새롭게 재난안전통신망을 구축하는 일을 시작하였지만 여전히 논란은 해소되지 않고 있다.

수도권 지하철 4호선은 조정의 실패를 상징적으로 보여준다. 서울 경계를 벗어난 선바위-오이도 구간은 건설 당시 철도청이 주장한 교류전원과 시 경계 이내를 담당하는 지하철공사의 기준인 직류전원이 서로 맞지 않았고, 좌측통행과 우측통행에 대해서도 두 기관은 다른 기준을 고집하였다. 그 결과는 전세계적으로 유일하게 존재하는 '절연구간'이다. 이 구간에서는 전동차에 전류가 통하지 않는다. 그래서 절연구간에서는 전동차가 달리던 속도를 유지하면서 빠져나와야 하는데, 그래서 꽈배기굴처럼 만들어서 관성으로 계속 달리게 만들었고, 이 구간을 통과하는 동안 전력공급방식, 신호체계방식, 그리고 통행방향 방식을 바꾸게 했다. 두 기관간 조정의 실패가 죄없는 전동차로 하여금 곡예운행을 하게 한 셈이다. 그만큼 운행의 위험은 증대되었다.

세 번째는 부패와 이로 인한 규제의 실패다. 한국의 건설업은 세계적 수준의 기술력을 발휘하여 전세계에 기념비적인 건축물들을 지은 경험이 있다. 현대건설이 1965년에 태국 고속도로 공사를 수주한 이후, 말레이시아, 싱가포르, 필리핀, 베트남 등에서 해외건설시대를 열었고, 1970년대 중동진출을 본격화하였다. 리비아 대수로 공사, 사우디아라비아의 도로건설공사, 공항과 항만, 수도, 석유저장탱크공사 등은 모두 성공적인 사업들이다. 매우 열악한 환경에서도 성공적으로 사업을 수행한 기업들이 국내에서 건설한 건축물들은 정작 부실시공이 많았고, 다리와 백화점, 그리고 건축물들의 붕괴사고가 이어졌다. 외국의 철저한 감리제도하에서 작업했을 때는 기술적으로 매우 뛰어난 역량을 발휘한 기업들인데, 정작 국내의 감리시스템과 규제하에서 작업한 결과는 부실로 이어졌다는 것은 제도의 수준이 건축물의 안전에 매우 심각한 영향을 미쳤음을 보여주는 것이다. 삼풍백화점이나 성수대교 붕괴, 그리고 세월호 참사에서 공통적으로 발견되는 사실은 안전과 관련된 규제가 제대로 지켜지지 않았다는 점이다. 이는 규제체제가 이해의 먹이사슬에 의해 이완되는 부패현상과 연관되었음을 보여준다.

정상사고와 미래형 재난의 위험

미국의 사회학자 찰스 페로우는 현대사회의 재난을 '정상사고(normal accident)'라고 명명한 바 있다(Perrow, 1999). 사고란 비정상을 의미한다. 그런데 정상사고라니 일종의 형용모순처럼 들린다. 그런데 페로우가 의도한 것은 고도로 복잡해진 시스템 하에서는 '피할 수 없는 재난'이 존재한다는 점에서 정상적이라는 의미다. 마치 통계학 개론수준으로 이야기한다면 정규분포상에서 양 극단에 존재하는 일들처럼, 발생확률은 매우 낮지만 일단 발생하면 치명적 피해를 주는 재난이 존재한다는 것이다. 더구나 산업화·과학발달·세계화로 인해 과거에 일어날 가능성이 없었던 위험들이 더 빈번하게 발생하게 된다.

정상사고는 특성상 책임소재가 분명치 않다. 개인의 실수나 판단착오로 돌리기 어려운 '피할 수 없는 사고'이기 때문이다. 가령 작은 금속링의 부식으로 새어나온 연료가 점화돼 발사 73초만에 공중 폭발한 우주왕복선 챌린저호 사고(1986년)나, 발전기 운전원의 순간적인 자동정지 기능 차단 실패로 폭발한 체르노빌 원전사고(1986년)는 누구의 책임인가. 실수가 있다손 치더라도 보통 사람들이 누구나 범할 수 있는 사소한 실수나 판단오류 정도에 불과했다. 그럼에도 불구하고 이러한 사소한 실수가 복잡한 시스템과 결합하게 되면 순간적으로 그 효과가 증폭되어 대형 재난으로 귀결되었다.

한국적 현실에서도 미래형 재난으로서의 정상사고 가능성은 도처에 존재한다. 주위를 둘러보면, 기존의 철도망은 시속 300km를 넘는 고속 철도망으로 대체되고 있다. 고속철도의 운행을 위해서는 다양하고 복잡한 시스템이 함께 발전해야 한다. 열차가 초고속으로 신속하고 정확하고 안전하게 운행하기 위해서는 기계, 전기, 전자, 통신기술과 토목기술이 복합적으로 발전해야 한다. 또한 선로를 평탄화하고 직선화하며, 주행저항을 감소시키고, 열차의 자동제어기술도 첨단화하게 된다. 이처럼 긴박하게 서로 결합되고, 상호작용이 복잡한 시스템일수록 사소한 결함이나 실수로 인한 위험이 커지게 된다. 전세계와 연결된 인터넷망은 말 그대로 네트워크의 네트워크다. 그래서 '좁은 세상'이 정보의 소통을 효율적으로 만들지만 한번 바이러스에 감염되면 전체 시스템이 순식간에 다운될 수 있는 가능성도 존재한다. 복잡하게 뻗어나간 전력 그리드망이 사소한 단전 등으로 인해 대정전(blackout)으로 귀결될 수 있는 것도 같은 이치다.

이러한 정상사고의 가능성을 잘 보여준 것은 2003년의 대구지하철 방화사건이었다. 이 사고는 두뇌가 손상되어 자신의 일에 대해 책임질 수 없는 한 장애인에 의한 방화사건이다. 그래서 그 성격으로 보면 테러와 유사하다. 그 결과 대구 중앙로역에 정차한 전동차에서 화재가 발생했는데, 여러 우여곡절을 거친 후, 화재당시에는 현장에 없었던 다른 전동차가 화재현장에 진입했고, 뒤늦게 위험을 인지한 기관사가 열차를 후진시키려 했으나, 전원이 차단되어 움직이지 못했고, 출입문이 봉쇄되어 그 안에 있던 승객들 중 192명이 사망하고 21명이 실종되었으며, 151명이 부상한 사건이다. 불과 20여분동안에 대참사로 귀결된 이 재난은 그 본질에 있어서 정상사고의 특성을 잘 보여준다. 대구지하철의 설계나 시공의 의도, 운행방식, 그리고 사건후 처리과정 등은 모두 선의에 입각하여 피해를 최소화하기 위해 만들어진 것들이었다. 그러나 결정적인 시점에 의도된 것과는 다른 결과들을 낳았다. 성력화(省力化)를 통해 적자운영을 벗어나려한 결과 기관사의 숫자를 줄여 비상시의 적절한 대응을 어렵게 했고, 자동전원 차단장치는 결정적 순간에 위험방지 보다는 전동차의 탈출을 차단하는 결과를 낳았으며, 출입구의 셔터는 지하상가의 인명과 재산을 보호하는 목적 대신 간신히 칠흑같이 어두운 연기 속을 빠져 나온 생존자들의 최후 탈출구를 막는 역할을 했다. 모두 머피의 법칙이 이중 삼중으로 발생한 양상이다(이재열·김동우, 2004).

문제는 우리의 문명이 이같은 정상사고의 가능성을 높이는 방향으로 진화하고 있다는 점이다. 과거형 재난이라고 할 수 있는 90년대형 붕괴사고나 세월호 사고가 숙성형 사고의 특징을 가진다고 한다면, 미래형 사고는 정상사고의 특성을 갖는다. 대체로 숙성형 사고의 경우에는 오랜 기간에 걸쳐 위험요소들이 비교적 단순한 경로를 거쳐 축적되고 숙성되는데도 불구하고 적절한 점검과 대응이 이루어지지 않다 보니 결과적으로 특정 시점에 축적된 위험에너지가 폭발하는 양상을 띠었다. 그럼에도 불구하고 책임의 소재가 분명했고, 또한 시스템의 개선을 통해 문제를 개선할 수 있는 방향도 분명했다. 그러나 정상사고의 경우에는 매우 짧은 시간에 여러 요인들이 복합적으로 얽혀 돌발적으로 현실화되는 위험이라는 점에서 피하기가 어렵고, 또 매우 사소한 인간적 실수나 기계적 결함이 엄청난 결과를 낳는다는 점에서 누군가에게 법적 책임을 묻기 어렵다는 특징을 갖는다.

2015년 한국사회를 뒤흔든 이름도 생소한 감염병인 중동호흡기증후군(MERS·메르스)은 또다른 미래형 위험의 양상을 보여준다. 1명의 환자가 발생한지 두 달도 안돼 수만명을 위험에 노출시켰고, 184명에게 전염되었으며, 33명을 사망케 했다. 정치·경제·사회 모든 분야가 요동 쳤다. 질병 자체가 지니고 있는 위험보다도 강한 공포의 바이러스가 무 섭게 번졌다. 여기에는 한국 사회가 느끼는 불안과 위기의 현실이 고스 란히 응축돼 있다. 메르스 확산은 과거형 위험과 미래형 위험이 혼합된 현실을 보여준다. 아직 치료제나 예방 백신이 만들어지지 않은 신종 바 이러스의 전파라는 점에서는 피할 수 없는 측면이 있다. 미래형 위험인 것이다. 그러나 동시에 과거로부터의 경험이나 교훈을 제대로 활용하지 못했다는 점에서는 과거형 위험의 요소도 있다.

과거 2003년 사스나 2009년 신종플루가 유행했을 때는 일부 노출되 기도 했지만 그래도 중국이나 홍콩 등의 인접국에 비해서는 모범적으 로 유행을 막을 수 있었는데, 당시의 경험이 적절하게 활용되지 않았고, 대응방식도 제대로 작동하지 않았다는 점에서는 시스템 실패의 요소도 존재한다. 많은 전문가들은 메르스와 같은 신종 전염병을 원천봉쇄하 는 것은 사실상 불가능하다고 본다. 특히 일정한 잠복기를 가지기 때문 에 발열과 같은 증상이 나타나지 않은 환자를 사전에 판별하고 격리하 는 일은 불가능하다. 국가간 교류나 이동이 증가하고 지리적 경계의 문 턱이 낮아지는 현실에서 잠재적 질병의 전파는 과거 어느때보다 활발 해질 것이고, 앞으로도 유사한 일은 반복될 가능성이 많다.

그러나 메르스 유입 자체가 미래형 위험이라고 해서 확산까지 불가 항력으로 설명할 수는 없다. 메르스 유입은 처음 경험하는 일이지만, 다 른 감염병을 경험하면서 드러난 문제점과 교훈을 체화하여 시스템의 개선으로 이끌지 못한 것이다.

독일의 사회학자 울리히 벡은 이런 맥락에서 메르스의 유입과 같은 형태의 위험을 미래형 위험이라고 분류한다(Beck, 1999). 미래형 위험의 특징은 경계의 소멸이다. 국경과 같은 공간적 경계, 현세대와 미래세대를 나누는 시간의 경계가 소멸돼 '그들'의 위험이 '우리'의 위험으로 쉽게 치환된다. 가령 서해를 사이에 두고 중국 동해안에서 가동중이거나 건설중인 200여개 원전에서 사고가 생긴다면, 편서풍과 제트기류로 인해 그 피해는 우리에게 고스란히 전달될 것이다. 또 우리에게만 피해가 미치는 것이 아니라 다음 세대까지 이어진다. 이는 우리의 원전 안전 시스템이 잘 작동한다고 해서 막을 수 없는 불가항력적 위험이다. 또한 사회적 책임의 경계도 소멸되어 조직화된 무책임성(organized irresponsibility)이 증가하게 된다. 태안반도의 해안선을 심각하게 오염시켰던 허베이스트리트호 기름유출사고를 떠올리면 이해가 된다. 현실에 남겨진 피해는 수조원대에 달하였지만, 법적 책임은 미미한 처벌에 그쳤다. 이처럼 전사회적으로 심각한 피해를 낳는 재난이 발생하더라도 현행의 법률체계나 사회적 시스템은 이에 적절히 대응하지 못한다는 점에서 미래형 위험은 사회적인 무책임성을 잘 드러낸다.

새로운 사회적 위험

미래형 위험은 정상사고에 그치지 않고 더 복잡하게 분화할 전망이다. 『위험사회』의 저자인 독일의 사회학자 울리히 벡이 이야기한 위험사회는 단순히 물리적 위험만을 이야기하는 것이 아니다. 두 차례 한국을 방문한 벡 교수는 유럽이 수백년 걸쳐 이룬 근대화를 한국은 압축적으로 진행했기에 위험도 압축적으로 발생했다면서 한국은 아주 특별하게 위험한 사회라고 진단한 바 있다.

새로운 사회적 위험은 비교적 최근에 등장한 위험이다. 전통적인 시각에서 사회적 위험은 제조업 중심의 완전고용사회를 모델로 했다. 가장으로서 딸린 가족을 부양하는 책임을 진 남성산업노동자는 전통적인 산업사회의 중심축이었다. 1997년 외환위기 이전 고도성장기 한국경제도 이와 유사한 특성을 가졌다. 평생직장의 신화가 존재했고, 한번 취업하면 빈곤과 실업의 위험으로부터 자유로왔고, 직장을 중심으로 제공된 기업복지는 질병과 같은 건강상의 위험에 대한 충분한 대비가 되었으며, 피부양 가족들의 교육비나 훈련비용도 상당부분 해결되었다. 더구나 퇴직시에 일시로 받는 퇴직금이나 특정 직업별로 제공된 연금은 노후생활보장의 원천이 되었고, 그것이 부족하다 해도, 평생직장을 다닌 이들은 조금 넉넉하게 마련한 내 집, 대체로는 아파트를 소유함으로 해서 노후대책을 마련하였다. 지속적으로 상승한 부동산 가격은 노후를 위한 든든한 재원이 되곤 했다.

그러나 상황은 바뀌었다. 외환위기 이후 구조조정의 충격으로 평생직장의 신화는 깨졌다. 소수의 과잉보호 받는 핵심적 노동력을 제하고 나면 고용의 불안정성이 증대되었다. 더구나 제조업 중심 경제가 탈산업화하면서 지식정보 중심으로 바뀌게 되자 노동의 종말이 현실화되었다. 고용의 주기는 짧아진 반면 전직을 위한 훈련의 필요성은 증대되었다. 단절적이고 불안정한 고용, 비정형적인 직업경력 등이 일반화된 것이다. 핵가족 모델이 해체되면서 1인가구가 증가하고 있고, 홀부모 가정이 급격히 늘어났다. 늘어난 평균수명으로 인해 퇴직 후 30년을 살아내야 하는 상황이 되었는데, 기대수명과 건강수명 간에는 10여년의 차이가 난다. 즉 죽음 이전의 10년간 질병으로 고생하는 인구가 급격히 늘어난 것이다. 이는 아픈 노인에 대한 돌봄의 필요성이 크게 증가했음을 의미한다. 현재의 의료보험체계 하에서 의료비 부담은 상대적으로 적다. 그러나 집중적 간병을 요하는 중풍이나 치매 등에 걸릴 경우, 의료비 부담보다 간병비의 부담이 훨씬 크다. 웬만한 중산층 가구도 감당하기 힘든 비용이 들어가는 것이다. 과거의 위험담지자가 가장인 남성산업노동력이었다면, 이제는 위험의 범위가 확대되었다. 여성노동자, 저숙련이나 비숙련 노동인구, 청년실업자, 노인 등이 모두 파편화되고 비정형화되어 수시로 우리를 괴롭히는 위험을 담지해야 하는 주체가 된 것이다.

새로운 사회적 위험은 개인들의 합리적 선택에도 불구하고 피하기 어렵다는 특징을 갖는다. 가령 일-가정 양립이 어려운 상황에서 여성들은 출산을 기피한다. 이는 개인으로선 합리적 선택이다. 하지만 그 결과는 사회 재생산의 위기를 낳고, 저출산-고령화 구조를 고착화시키는 위험요인으로 작용한다. 이런 사회 구조가 계속되면서 연금 같은 복지 문제에서는 젊은 세대와 노인 세대의 세대간 갈등 양상까지 나타나고 있다.

정규직-비정규직, 고소득층-저소득층과 같은 이중구조의 심화도 한국 사회를 위협하는 위험요인이다. 서구의 비정규직이 주로 파트타임으로 일하는 이들을 의미한다면, 한국의 비정규직은 정규직과 사실상 동일한 일을 함에도 불구하고 고용보장이 되지 않고 저소득에 시달리는, 신분적 차별을 받는 일자리를 의미한다. 예를 들자면 한국의 비정규직은 전체 노동력의 1/3 이상을 차지하고 있어서 OECD 국가 중 2위 규모이며, 그 증가 속도는 OECD 국가 중 1위에 해당한다(장지연, 2014: 164-166). 또한 대학교육과 노동수요 간의 불일치가 심화되면서 사실상 구직활동을 포기해서 실업자로 잡히지 않고, 그렇다고 교육이나 훈련을 받는 것도 아닌 잉여인력으로서의 NEET족이 급격히 늘어나고 있다. 그 뿌리는 1990년대 초반의 대학설립준칙주의에 따른 대학정원의 자율화에서 찾을 수 있다. 지난 20여 년간 지속적으로 대학진학률이 상승한 결과 대졸자의 규모는 1천만명을 넘어섰는데, 정작 대졸자에 걸맞은 괜찮은 일자리의 규모는 500만개 내외에서 고정되어 있는 결과

대학을 졸업하고도 취업하지 못하는 니트족의 증가가 현실화된 것이다 (장광수·임진·김상훈, 2011).

그 결과는 장시간 노동과 피로사회로 나타나고 있다. 현재 한국인의 노동시간은 멕시코에 이어 OECD국가들 중 2번째로 길다. 그러나 일자리가 없는 사람들에게는 이런 장시간 노동도 부러움의 대상이다. 일찍이 고용시장에서 밀려난 이들은 자영업자로 변신하는데, 자영업자들의 대부분은 자기착취적 장시간 노동에도 불구하고 생계를 유지하기 힘든 '은폐된 실업자'의 모습을 하고 있다.

한때 전체 국민들의 80%는 스스로를 중산층이라고 여긴 적이 있다. 국민소득이 2천달러에서 5천달러 수준에 머물었을 때다. 그러나 최근에는 20%만이 스스로를 중산층이라 여긴다. 계층적 자신감이 사라진 것이다. 예전보다 훨씬 더 잘 살게 됐음에도 계층적 자신감은 반대로 급격히 떨어진 것이다. 생애주기별로 사람들은 생활 자체를 늘 위험으로 인식하고 있는 위험사회의 특징을 보이고 있다.

지난 1990년대 초반 0.27에 불과했던 지니계수는 계속 늘어나 이제는 0.33 수준을 추월했고, 최근의 연구들에 따르면 한국의 불평등이 이미 심각하다는 미국의 불평등 수준에 근접했거나 추월했다고 한다. 전체 가구 중 중위소득계층, 즉 중위소득의 50%에서 150%에 해당하는 가구의 비중과 소득비중도 2000년대 이후 지속적으로 감소하고 있다.

자살률은 급증했다. 전통적으로 높은 자살률을 보인 북유럽이나 일본의 수준을 추월하여 OECD국가중 자살률이 1위라는 부끄러운 현실 속에 생활만족도는 지속적으로 낮아졌다. 예를 들면 전통적으로 자살률이 높은 핀란드의 자살자 수는 남성의 경우 인구 10만명당 40명대 수준에서 점차 줄어들고 있고, 일본의 남성 자살률은 10만명당 30명 수준에 머물고 있다. 그런데 1990년대 초만 해도 10만명당 10명에 불과했던 한국인의 남성 자살자수는 지속적으로 늘어 현재는 10만명당 40명 수준에 육박했다. 여성의 경우에도 그 패턴은 동일하다(이민아, 2012).

　반면에 한국인의 삶에 대한 만족도는 OECD국가중 최저수준이다. UN의 조사에 따르면 한국인의 행복도는 전체 국가들 중 41위에 해당한다. 아시아 국가들 중에서도 매우 낮은 수준이다. 이러한 낮은 행복감의 이면에는 높은 노인 빈곤률이 자리잡고 있다. 2000년 전후 자료를 기준으로 하면 한국의 노인들은 10명 중 4명이 빈곤층에 해당하는데, 이는 OECD 기준으로 하면 가장 높은 비율이다. 그리고 그것은 한국의 노인 자살률이 세계적으로도 가장 높은 이유를 설명해준다.

새로운 거버넌스의 필요성

　한국은 위험사회로 머물 것인가, 안전사회로 변모할 것인가. 질문은 오래 전에 던져졌다. 서해훼리호가 침몰했고, 삼풍백화점이 무너졌다. 하지만 이 질문은 2015년 현재도 여전히 유효하다. 세월호 침몰과 메르스 확산이, 늘어가는 사회적 위험이 여전히 우리에게 묻고 있다.

　위험은 무조건 피해야 할 회피대상만은 아니다. 슘페터가 지적한바 같이 사회 발전은 혁신에 따르는 위험을 적극적으로 수용하려는 진취적 태도로부터 가능해진다. 영국의 토니 블레어 전총리는 정부의 핵심 역할을 '혁신과 변화라는 한 축과, 충격과 위기의 관리라는 또 다른 축 간의 균형'에서 찾았다. 위험관리는 정부에게 부담이 아니라 혁신을 통해 공공의 신뢰를 얻을 수 있는 좋은 기회를 제공한다는 뜻이다.

　그러나 위험관리 역량이 취약한 2015년 한국은 두 개의 전선(戰線)을 가진 불안사회다. 첫째는 아직 청산하지 못한 과거형 위험이다. 졸속적 근대화 과정에서 빈발한 실패로부터 제대로 배우지 못한 결과, 여전히 현재진행형이다. 세월호 참사나 메르스 사태는 지난 졸속성장기에 구조화된 위험의 요소들이 여전히 제거되지 않은 한국의 현실을 다시 돌아보게 만드는 계기가 되었다. 둘째, 빠른 속도로 다가오는 미래 위험이다. 세계화와 네트워크화로 복잡하게 얽히고 긴박하게 맞물린 세계에서 돌발적 재난이 증가하고, 광범한 기술진보와 고삐 풀린 자본의 전지구적 쏠림으로 인해 노동의 종말이 현실화했다. 출산과 진학, 군대경험, 연애와 결혼, 출산과 부양, 전직과 은퇴 등의 생애 전 과정이 모두 위험으로 인식되는 반면, 전통적인 안전장치인 가족과 공동체는 와해되었고, 국가의 복지투자는 아직 초보수준이다. 그 격차만큼 자살자도 급증하고 있다.

대가족 중심의 전통사회에서는 가족이나 지역 커뮤니티가 위험에 대비한 비빌 언덕의 역할을 했다. 젊은 세대가 노인을 봉양하고, 동네에 어려운 사람이 있으면 십시일반 도움을 준 것이다. 하지만 현재 한국사회에는 위험을 흡수해줄 전통적 시스템은 와해되었다. 1인 가구와 독거노인이 늘어나면서 '각자도생'이 거의 유일한 해법이라고 여기게 됐다. 부모를 부양해야 한다고 생각하는 젊은이의 비중은 지속적으로 하락하였다. 1998년에만 해도 응답자의 90%는 '자녀가 부모를 부양해야 한다'고 응답했지만, 2010년 사회조사에서는 단 30%만이 그렇다고 응답했다. 향후 자녀와 같이 살고 싶다고 하는 응답은 지속적으로 줄어들었다. 효를 중심으로 한 세대간의 선물교환의 약속은 이제 신기루처럼 사라진 것이다. 골목길이나 마을을 중심으로 함께 음식을 나누던 공동체는 층간소음으로 인해 칼부림을 하는 닫힌 아파트촌으로 변모했다.

하지만 한국사회가 닥친 과거와 미래형 위험으로 인한 이중위험은 개인이 모두 맞설 수 있는 성질이 아니다. '개인주의'로 대표되는 서구

사회는 위험에 대한 불안의 상당부분을 복지와 위기관리 시스템으로 사회화시켰다. 질병·재난 같은 과거형 위험은 물론 사회구조 변화에 따른 불평등 심화 같은 새로운 사회적 위험을 계산해서 개인이 풀기 어려운 문제를 복지와 안전 시스템으로 풀어왔다. 그것이 복지국가이자 근대성이다. 그러기 위해선 신뢰와 투명성을 바탕으로 한 새로운 거버넌스를 구축해야 한다.

불안을 극복할 사회시스템을 마련하는 일은 다시 정치의 문제로 돌아온다. 투명한 거버넌스를 구축해야 하는데, 이는 정치개혁을 요구한다. 승자독식의 단임제 대통령제와 양당독점체제는 정권창출을 위한 포퓰리즘(인기영합주의)성 '한방공약'을 만들기 쉽다. 그러나 복잡한 시스템으로 굴러가는 현대사회의 위험요소를 관리하기에는 맞지 않는다. 10~20년 일관성 있게 위험 요소를 관리할 수 있는 방법을 고민해야 한다.

이중불안사회를 풀어갈 키워드는 '함께 사는 능력'이다. 사회적 관계의 수준이라는 점에서 사회의 질(social quality)이라 불러도 좋다. 그런데 한국의 '함께 사는 능력'은 경제협력개발기구(OECD) 국가들 중 꼴찌다. 사람이나 제도에 대한 불신이 심각하고, 규칙의 공정성도 믿지 않는다. 정치는 냉소의 대상이고, 차별과 배제가 판친다.

이러한 현실을 뒤집을 거버넌스 개혁의 핵심은 '공공성 제고'다. 그리고 그것은 국가개조 수준의 경장(更張)을 필요로 한다.

첫째, 제도의 공익성을 높여야 한다. 세월호 침몰상황에서 구조활동을 포기하고 민간기업에 구조를 맡긴 해경이나, 메르스 파동 때 공공병원이 부족해 쩔쩔맨 보건복지부의 사례는 공익성 개념이 없는 국가의 맨얼굴을 보여줬다. 외부성 효과가 큰 위험일수록 민간이나 시장에만 맡길 수는 없다. 전쟁에 대비해 군대가 필요하듯, 대규모 재난에는 공공방재조직이, 감염병에는 공공병원이 잘 갖추어져야 한다. 사회적 위험에 대비하여 복지지출과 사회서비스도 확대되어야 한다.

둘째, 제도의 공정성을 높여야 한다. 친소관계에 따른 연고적 동원이나 부패고리를 통해 불법과 탈법을 눈감아주는 밀실거래와 야합을 벗어나야 숙성형 재난을 피할 수 있다. 공정한 과세와 복지비 지출이 이루어져야 '새로운 사회적 위험'을 정교하고 효과적인 '적극적 노동시장 정책'을 통해 극복할 수 있고 건전한 재정 균형도 이룰 수 있다.

셋째, 공개성과 투명성이다. 투명성의 결여는 재난의 원인으로 작용했을 뿐 아니라 사후 처리과정에서도 반복되었다. 비밀주의는 정부에 대한 불신을 낳고, 사회적 증폭과정을 거쳐 심각한 사회적 갈등을 낳았다. 규칙의 투명성과 기관에 대한 신뢰를 획기적으로 개선하지 않는 한 불안의 사회적 증폭을 막을 수 없다.

넷째, 시민들의 참여를 확대할 수 있는 정치개혁이다. 승자 독식의 단임제 대통령과 양당 독점체제로는 이중불안사회의 복잡한 문제를 제대로 다루지 못했다. 비난의 정치에 몰두하다 보니, 과거형 재난으로부터 배우는데도 실패했고, 미래형 위험에 대한 선제적 대비에도 실패했다. 이중불안사회의 증상들을 치유하려면 시민들이 직접 자신들의 문제에 대해 토론하는 공론장이 활성화되어야 한다. 또한 시민들의 요구에 부응하는 정치인들이 성장할 수 있게 정당공천의 기준이 비례성 위주로 바뀌어야 한다.

광복 70년. 산업화로 '성장'을, 민주화로 '자유'를 구현한 한국이 지향할 다음 단계는 복지사회를 통한 '공화(共和)'의 구현이다. 파국적 위험에 대비한 공익적 제도, 공정한 규칙, 높은 신뢰와 개방성, 그리고 시민적 참여의 확대를 통해 우리는 '각자도생'을 넘어 '함께 사는 안심사회'로 나아갈 수 있을 것이다.

서울대 사회발전연구소. 한국안전학회. 2005. 『사회안전지수 개발을 위한 국민안
　　전의식조사』.

이민아. 2012. '한국의 노인자살: 국제비교와 노인자살의 추세. 『한국의 사회동향
　　2012』. 통계개발원.

이상팔. 1995. '도시재난사고의 예방단계에서 정부조직학습: 삼풍백화점붕괴사고
　　사례를 중심으로'. 『한국행정학보』 제 29권 4호 1335-1361.

이재열. 1998. '대형사고와 위험: 일상화한 비일상성'. 『사상』 제 38호. 180-199.

이재열 외. 2005. 『한국사회의 위험구조 변화』. 서울: 정보통신정책연구원

이재열. 2014. "중산층이 사라진 서민사회의 등장". 강원택 김병연 안상훈 이재열
　　최인철 공저 『당신은 중산층입니까』 파주: 21세기북스.

이재열·김동우. 2004. "이중적 위험사회형 재난의 구조: 대구 지하철 화재사고를
　　중심으로 한 비교사례연구". 『한국사회학』 38(3) 143-176.

이태진. 1996. 「小氷期(1500~1750년)의 天體現象的원인:『朝鮮王朝實錄』의 관련
　　기록 분석」.『國史館論叢』72.

임현진 외. 2003. 『한국사회의 위험과 안전』. 서울대학교 출판부.

장광수·임진·김상훈. 2011. '양질의 일자리 수급상황 및 대응방향.'『한국은행 경
　　제브리프』 4월호.

장덕진 외. 2015. 『세월호가 우리에게 묻다: 재난과 공공성의 사회학』. 파주: 한울
　　아카데미.

장지연. 2014. '노동영역의 주요 동향.'『한국의 사회동향 2014』. 통계개발원.

Argyris, Chris. 1977. 'Double-loop Learning in Organizations.' *Harvard
　　Business Review*. Vol. 55.

Beck, Urlich. 1999. *World Risk Society*. Cambridge: UK: Polity.

Maslow, Abraham. 1943. 'A Theory of Human Motivation.' *Psychological*

Review. 50: 370–396.

Perrow, Charles. 1999. *Normal Accidents: Living with High Risk Technologies Updated edition*. Princeton University Press.

Turner B. A. and N. F. Pidgeon. 1997. *Man-made Disasters*. Butterworth-Heinemann.